Бурятские сказки

부랴트인 이야기

<지식을만드는지식 소설선집>은
인류의 유산으로 남을 만한 작품만을 선정합니다.
오랜 시간 그 작품을 연구한 전문가가
정확한 번역, 전문적인 해설, 풍부한 작가 소개, 친절한 주석을 제공하는
고급 소설 선집입니다.

지식을만드는지식 소설선집

시베리아 설화집

Бурятские сказки

부랴트인 이야기

작자 미상

김은희 옮김

대한민국, 서울, 지식을만드는지식, 2019

편집자 일러두기

- 이 책은 ≪Бурятские волшебные сказки≫(наука, новосибирск, 1993), ≪Бурятские народные сказки о животных≫(бытовные. наука, новосибирск, 2000)를 원전으로 옮긴이가 가려 뽑아 번역했습니다.
- 주석은 모두 옮긴이가 단 것입니다.
- 외래어 표기는 현행 한글어문규정의 외래어표기법을 따랐습니다.

차 례

마법담

영웅담

일상담

동물담

전설

마법담

용사와 백조 아내

어느 마을에 고아 젊은이가 살았다. 그는 가난해서 집집마다 다니면서 먹을 것을 구해야만 했다. 어느 날 그는 한 부자한테 머슴을 살게 되었다. 1년 동안 일하고 말을 받기로 했다. 그 말은 말 떼와 함께 초원에서 풀을 뜯었다. 1년이 흘렀고 이 말 값을 번 후에 그 말을 잡으려고 아침부터 출발했다. 그런데 일곱 마리 늑대가 그 말을 먹어 버렸다. "아이고, 나같이 이렇게 운수 나쁜 사람이 또 있을까!" 이렇게 말하고 그는 다시 일감을 찾으러 떠났다.

그가 숲을 가고 있을 때 한 사람을 보았는데 그는 커다란 하얀 도끼로 장작을 패서 몇 사젠[1)]을 쌓고 있었다. 온종일 장작을 패서 하루에 4사젠씩 쌓았다. 청년이 그에게 다가가서 물었다.

"온종일 4사젠을 쌓습니까?"

"그렇소."

"그런 도끼라면 나도 쌓겠소." 청년은 이렇게 말하면서 그를 쳐다보았다.

---

1) 1사젠은 2.134미터다.

이 사람보다 더 높이 쌓을 수 있는 그런 사람은 세상에 없었다. 청년이 그렇게 말하자 그 사람이 말했다.

"어디 봅시다. 당신은 하루 동안에 4사젠을 쌓을 수 없을 거요."

그들은 말다툼을 했고 다음 날 청년은 일을 하기 시작했다. 동이 틀 때부터 온종일 그는 쉬지도 않고 먹지도 않고 장작을 팼다. 더워지기 시작하자 데겔(외투)을 벗었다. 해가 저물었을 때 그는 거의 4사젠을 끝내고 있었다. 30센티 정도만 남았다. 곧 해가 들어갈 것인데 청년은 여전히 장작을 패고 또 팼다. 해가 반쯤 산 너머로 졌을 때 그는 애원하기 시작했다.

"해야, 해야. 조금만 더 기다려 줘. 지지 말고."

아무리 애원을 해도 해는 져 버렸다. 4사젠까지는 겨우 두 뼘 정도밖에 안 남았다.

청년은 상심했다. 내기에 져서 이제 1년을 그 사람의 일을 해 주어서 갚아야만 했다.

청년은 그 사람한테서 꼬박 1년을 열심히 일했다. 내기에 져서 1년을 일했지만, 일을 아주 잘했다고 곡식 알곡을 포상으로 받았다. 청년은 이 알곡을 조그마한 땅덩어리에 심었다. 가을에 수확할 때가 도래했을 때 우박과 함께 폭우가 쏟아져서 곡식을 모두 망쳤다. '에이, 나처럼 운수 없는 사람이 또 있을까.' 고아 청년은 이렇게 생각했다.

가난에서 벗어나기 위해서 청년은 고기를 잡으러 바다로 향했고 고기잡이 그물과, 토끼와 노루를 잡을 올가미를 샀다.

바닷가에 도착해서 작은 초막을 지었다. 바다에 그물을 던져 물고기를 잡아서 먹었고 올가미에 걸린 동물들과 노루들을 잡았다. 그렇게 초막에서 살아갔다. 여름에 그는 초막 옆에 누워서 하늘을 찬찬히 보며 뜨거운 태양 아래서 배를 따뜻하게 데웠고 겨울에는 자기 집 화덕 불로 등을 데웠다. 누워서 편안히 지냈다. 그렇게 해가 바뀌어 한 해 한 해가 흘러갔다.

어느 여름날 고아 청년이 초막 옆에 누워 배를 따뜻하게 데우고 있는데 그 위로 큰 소리를 내며 하얀 새 일곱 마리가 날아가서 바닷가에 앉았다. 청년은 가만히 일어나서 생각했다. '내가 저 새들을 잡을 수 있을까?' 그리고 그 새들 쪽으로 살금살금 다가가기 시작했다.

다가가 보니 일곱 마리 하얀 새는 옷을 벗어 버리고 일곱 명의 매우 아름다운 아가씨로 변했다. 그런 다음 물에 들어가 목욕을 하며 멀리멀리 헤엄쳐 가기 시작했다. 청년은 새들이 시야에서 사라질 때까지 앉아서 기다렸다. 그들이 사라지자마자 청년은 숨어 있던 곳에서 나와서 가장 아름다운 새 옷을 훔쳐서 도로 숨었다.

일곱 아가씨들은 오랫동안 헤엄을 쳤다. 실컷 목욕을 하고 장난을 치고는 해변으로 돌아왔다. 그들 중 여섯은 자기 옷을 입고 또다시 여섯 마리의 하얀 새로 변해서 날아갔다. 그들 중 한 명만이 남아서 관목숲 속에 몸을 숨기고 앉아 있었다.

저녁이 되었다. 어두워지자 아가씨는 소리쳤다.

"만약 당신이 젊은이라면 내 남편이 되어 주세요. 만약 당신이 늙은 사람이라면 내 아버지가 되어 주세요. 나오셔서 제 옷을 주세요."

청년이 나와서 그녀에게 옷을 돌려주었는데 격자무늬 비단 스카프만 남겨 두었다.

그는 그녀를 데려왔고 그들은 남편과 아내가 되었다.

그녀는 말할 수 없을 정도로 그렇게 아름다웠다. 아침부터 저녁까지 청년은 아내를 계속 보고 또 보면서 감탄을 했다. 아내는 그에게 음식과 마실 것을 준비해 주었다.

"여보, 왜 그렇게 앉아서 저만 바라보고 계세요? 우리한테 먹을 것이 별로 남지 않았어요. 가서 올가미를 확인해 보세요." 아내가 말했다.

"아니오, 나는 당신을 보지 않고는 하루도 살 수가 없소." 그가 대답했다.

그러자 아내는 종이에 자신의 얼굴을 그려 남편의 손에 쥐여 주고 그를 떠나보냈다. 청년은 그 종이를 가지고 동물들이 올가미에 걸렸는지 물고기가 그물에 걸렸는지 확인하러 갔다. 갑자기 강풍이 불어와서 그의 손에서 종이를 뺏어 날려 버렸다.

이레 낮과 밤을 그 종이는 바람에 날아갔다. 이레째에 그 종잇조각은 아바하이 칸의 궁전 앞에 떨어졌다. 병사들이 여인의 얼굴이 그려진 그 종이를 집어 들어서 칸에게 가져갔다. 칸은 그 종이를 보자마자 그 얼굴의 여인을 사랑하게 되었다. 이 아가씨를 어서 빨리 찾기 위해 군대를 소집하기 시작했다. 아바하이 칸은 삼백 명으로 된 군대를 무장시켰고 세 달치 양식을 저장하고는 동쪽으로 방향을 잡고 먼 길에 올랐다. 얼마 안 가 저장 음식이 떨어졌고 말도 지쳤다. 커다란 바다에 이르러 거기서 조금 쉬어 가기로 결정했다.

진지를 쳤을 때 칸은 병사 두 명을 보내며 이렇게 말했다. "동물들과 노루를 잡아 오너라." 두 병사는 아무것도 잡지를 못했고 되돌아오고 싶던 차에 갑자기 검둥오리를 발견했다. 그들은 그 오리를 죽였고 되돌아가기 시작했다. 가다가 보니 초막 비슷한 허름한 집에서 연기가 나고 있었다.

"저기에 들어가서 이 새를 구워 보자." 병사들은 이렇게 결심하고 들어갔다.

들어가 보니 초막은 어스름하고 어두침침했다. 구석에는 한 미녀가 앉아서 무엇인가를 바느질하고 있었다. 화덕 옆에서는 젊은 청년이 무엇인가를 만들고 있었다. 들어가서 병사들은 인사를 하고 물었다.

"당신네 불에 이 새를 좀 구울 수 있을까요?"

"되지요, 되고말고요." 주인이 이렇게 말하고 화덕의 불을 조절했다.

병사들은 불에 새를 구우면서도 청년의 아내인 이 미녀에게서 눈을 뗄 수가 없었다. 새에 대해서는 완전히 잊어버렸다. 병사들은 그녀를 보고 또 보다가 새를 완전히 태워 버렸다. 아차 싶었을 때는 이미 아무것도 남지 않았고 재뿐이었다.

"이제 우리는 칸한테 무엇을 가져다드리지? 우리를 죽일 거야!"

그들은 이렇게 말하고 서글퍼서 울기 시작했다. 고아 청년의 아내가 그들을 보더니 물었다.

"울지 마세요. 댁들은 누구시고 어디서 오는 길이세요?"

"우리는 아바하이 칸의 병사들이에요. 석 달 전에 아바하이 칸의 궁전에 미녀의 얼굴이 그려진 종잇조각이 떨어졌어요. 칸은 그녀와 결혼하기로 결심했죠. 군대를 무장시켜 그녀를 찾아 출발했던 거예요." 그들이 대답했다.

"여기에 들어왔다는 것도 여기서 본 것도 말하지 말아 주세요."

이 말과 함께 그녀는 새까맣게 다 타 버린 새를 들고 구석으로 가서 그 새를 쓰다듬으면서 무엇인가를 속삭였다. 그 후에 그들에게 새를 돌려주었는데 새는 아주 잘 구워져 있었다. 병사들은 너무 기뻐서 새를 받아 들고 고맙다고 말한 후 겨우겨우 청년의 아내한테서 눈을 떼서 떠났다.

병사들은 그 새를 칸에게 가져다가 바쳤다. 칸은 매우 배가 고팠다. 아주 만족스럽게 칸은 이 새를 먹기 시작했지만 다 먹을 수가 없었다. 삼백 명의 병사들에게 나눠 주었다. 삼백 명의 병사들은 새를 간신히 다 먹어 치웠다. 모두가 배부르도록 실컷 먹었다.

"에이구, 이렇게도 배부른 새도 있다니, 이 자리에 이틀은 더 머물러야겠군!"

칸은 이렇게 명령했다. 그렇게 그들은 거기서 잠시 쉬고 말과 암말들을 먹이기 위해서 이틀을 더 머물렀다.

다음 날 칸은 또다시 그런 새를 잡아 오라고 두 병사를 보냈다. 병사들은 오랫동안 다니고 또 다녀 저녁때가 되어서야 그런 새를 잡을 수가 있었다. 그들은 또다시 고아 청년에게 가서 거기서 새를 굽기로 결정했다.

"이제는 새를 구울 때는 그의 아내를 쳐다보지 않아야겠어. 안 그랬다간 새를 또 태워 버릴 테니까. 만약 또 태우더라도 그 여자가 그 새를 또다시 예전의 모습으로 돌려놓지는 않을 거니까."

이렇게 말하고 그들은 집으로 들어가서 인사를 하고는 재빨리 새를 구워서 한 번도 그 여주인을 쳐다보지 않고 나왔다. 그들은 새를 칸에게 바쳤다. 칸은 그 새를 혼자서 다 먹었는데도 배가 부르지 않았다.

"에이, 무슨 새를 잡아서 가져온 것이냐? 나를 비웃는 것이냐!"

칸은 격노했다.

두 명의 군인을 가두고 그들을 때리고 혼쭐을 내기 시작했다. 칸이 자신들을 죽도록 때릴까 봐 무서워서 겨우 목숨을 붙이고 있던 군인들은 칸에게 모든 것을 말했다.

"멀리 북쪽에 초막이 있는데 거기에 남편과 아내가 살고 있어요. 부인이 매우 아름다워요. 처음에 새를 구울 때 그 미녀를 쳐다보다가 불에 너무 오래 두어서 다 타 버렸어요. 그러자 미녀가 우리한테서 새를 가져다가 구석으로 가서 주문을 외고 새한테 말을 했더니 새가 예전처럼 그렇게 되었어요. 나머지는 칸께서 아실 거예요." 그들은 계속 말했다.

"그런데 오늘 우리는 둘이서 오리를 구우면서 한 번도 여주인을 쳐다보지 않았고 굽기만 해서 여기로 가져온 거예요.”

이 말을 듣고 칸은 환호성을 쳤다.

“에이, 그 여자가 바로 그녀다. 내가 좋아한 여자다!”

그리고 칸은 군대를 끌고 거기로 갔다. 가서 보니 모든 것이 말한 대로였다. 칸은 그 여자와 여자의 남편을 묶어서 재빨리 자기 영지로 향했다. 곧 그들은 궁전에 도착했다. 거기서 칸은 남편과 아내를 철 창고에 가두고 보초를 두 명 세워 놓았다.

다음 날 그 청년을 없애 버리려고 칸은 그에게 과제를 주었다.

“멀고 먼 동쪽에 흉악한 붉은 개가 있는데 그 개를 데려와라.”

청년은 슬프고 음울해졌다. ‘이렇게 내가 죽을 때가 왔구나.’ 그는 아내에게 가면서 이렇게 생각했다. 아내는 남편이 슬프고 음울한 것을 알아채고 물었다.

“왜 그렇게 슬프고 우울해지셨어요?”

“칸이 나한테 먼 동쪽으로 가서 흉악한 붉은 개를 잡아오라고 명령했소. 이제 나는 죽게 되었소.” 남편은 고개를 숙이고 이렇게 대답했다.

“전혀 슬퍼할 것 없어요.” 아내는 말했다. 아내는 쇠갈고리가 달린 장대를 만들어 그에게 주면서 말했다.

"흉악한 붉은 개가 가까이 오면 이걸 개의 아가리에 깊게 쑤셔 넣은 다음 목줄에 매어 칸한테 끌고 가세요."

아침이 왔다. 동이 트자 청년은 길을 떠났다. 가고 또 가서 숲에 도착했다. 그는 숲을 오랫동안 다니다가 마침내 흉악한 붉은 개를 만났다. 개는 너무나 거대했다. 개는 사람을 보자마자 달려들었다. 개가 물려고 아가리를 벌리는 순간 청년은 개의 목구멍에 장대를 쑤셔 넣었다. 깊이 장대를 밀어 넣은 다음 손잡이에 끈을 묶어서 개를 목줄로 묶어 끌고 갔다. 해가 질 때 그는 돌아와 궁전의 칸에게 가서 소리쳤다.

"받으세요. 칸이시여, 흉악한 붉은 개를 끌고 왔어요!"

칸이 나와서 보고 너무 놀라 소리쳤다.

"어서 개를 풀어 줘라!"

청년이 밧줄을 풀고 밧줄로 한 번 개를 세게 때리고 자유롭게 풀어 주었다.

다음 날 칸은 그를 불러서 이런 과제를 주었다.

"뜨거운 지옥으로 내려가서 그 바닥을 깨끗이 청소해라."

또다시 청년은 슬퍼지고 우울해졌다. '이렇게 뜨거운 지옥 바닥에서 죽게 되었구나'라고 생각했다.

슬퍼진 청년은 아내에게 왔다. 아내가 남편에게 물었다.

"왜 그렇게 슬프고 우울해요?"

"나보고 뜨거운 지옥 바닥으로 내려가서 깨끗하게 청소

하라는구려. 이번에야말로 내게 끝이 온 모양이오." 남편이 대답했다.

"괜찮아요. 슬퍼하지 마세요. 무슨 수가 있겠지요." 그녀는 이렇게 말하고 남편에게 붉은 비단실을 주었다.

"참을 수 없게 되었을 때 이 붉은 비단실을 위로 던지시면 그 실 덕분에 올라오게 되실 거예요."

청년은 다음 날 아침 지옥의 문 입구에 내려가기 위한 곳에 도착했다. 보초들이 가죽 밧줄로 청년을 내려보내기 시작했다. 내려가고 점심때까지 계속 내려가서 정오가 되어서야 그의 발이 지옥 바닥에 닿았다. 거기는 끔찍한 악취가 났고 뜨거웠다. 여기저기에 죽은 시체들이 뒹굴었다. 청년은 지옥 바닥을 깨끗하게 하고 싶었지만 그럴 수가 없었다. 죽은 사람들의 손을 끌어당기면 손이 떨어져 나갔고 다리를 잡아당기면 다리가 떨어져 나갔다. 그렇게 그들은 썩어 갔던 것이다. 청년은 뜨겁고 악취 나고 숨이 막혀서 더 이상 참을 수가 없었다. 그는 위로 붉은 비단실을 던졌고 순식간에 또다시 땅 위에 올라오게 되었다. 그가 나왔을 때 지옥의 보초들은 무서워서 벌벌 떨었다.

"칸에게 가서 지옥 바닥을 번쩍번쩍 윤이 나도록 청소했다고 보고하시오." 청년이 말했다.

"만약 칸이 못 믿겠다면 직접 가서 보시라고 하시오."

칸은 고아 청년을 뜨거운 지옥에서도 죽일 수가 없었다. 다음 날 칸은 그를 자기한테 오라고 불러서 명령했다.

"별의 아들과 태양의 아들한테서 공물을 받아 오너라."

'이렇게도 어려운 과제를 주다니. 이렇게 아내와 작별할 때가 오고야 말았구나.' 청년은 이렇게 생각했다. 집으로 들어가자 아내가 물었다.

"무슨 생각을 그렇게 하세요, 여보?"

"나보고 하늘로 올라가서 별과 태양의 아들들한테 공물을 받아 오라는구려. 내가 어떻게 하늘로 올라가며, 어떻게 그들을 찾는단 말이오?"

"그렇게 슬퍼할 것 없어요. 무슨 방법이 있겠지요." 아내는 이렇게 말하고 그에게 80사젠 길이의 붉은 비단실과 격자무늬 스카프를 주었다.

"80사젠 길이의 이 비단실을 위로 던지세요. 하늘에 걸릴 거예요. 그러면 그 실을 따라 올라가세요. 하늘로 올라가게 되면 거기에 강철 울타리와 은으로 된 문이 있는 집이 있을 거예요. 거기로 들어가세요. 거기에 내 어머니가 살아요. 사위가 왔다고 말하세요. 집으로 들어가서 적당한 때를 골라 이 격자무늬 스카프를 꺼내 보여 주세요. 그러면 모든 것이 잘될 거예요. 어머니는 해의 아들과 별의 아들이 어디에 사는지 아실 거예요."

다음 날 아침 동이 트자 청년은 일어나서 칸의 궁전으로 가서 보초 두 명을 달라고 부탁했다. 두 명의 보초를 데리고 길을 떠났다. 그들은 얼마 동안 갔다. 청년은 붉은 비단실을 꺼내서 위로 던졌다. 던지자마자 80사젠 길이의 비단실은 하늘의 문에 걸렸고 그는 그 실을 잡고 위로 기어오르기 시작했다. 태양이 저물 때에서야 하늘 문에 도달했다. 그 문으로 들어가니 얼마나 아름다운지! 갖가지 꽃들로 뒤덮인 초원이 펼쳐졌고 새하얗게 번쩍이는 돌로 된 아름다운 산들이 보였다. 하늘은 온화하고 다양한 색깔의 빛으로 번쩍였다. 너무나 아름다웠다!

청년은 이 모든 것을 오랫동안 넋을 놓고 보았고 그다음에 아래를 보니 보초 한 명이 비단실을 붙잡고 이미 3사젠 위로 올라오고 있었다. 청년이 비단실을 하늘 문고리에서 풀었더니 확 내려가면서 보초가 그 순간에 밑으로 떨어졌다. 비단실을 끌어당겨서 보니 끊어져서 3사젠이 짧아져 버렸다. '에이, 이런 낭패가 있나. 보초가 떨어져서 죽었겠군.' 청년이 이렇게 생각하고 밑을 보았다. 떨어진 보초는 얼마간 누워 있다가 일어나서 위를 보았다. "아무 일도 없구나." 청년은 이렇게 말하고 시끄럽게 쿵쾅거리면서 하늘 문을 세게 닫았다.

문에서부터 멀리까지 겨우 보이는 오솔길이 나 있었다.

고아 청년은 비단실을 주머니에 넣고 오솔길을 갔다.

가고 또 가다가 보니 강철 울타리와 강철 문이 있는 집이 서 있었다. 그는 거기로 들어가지 않고 계속 갔다. 가다가 보니 앞에 강철 울타리와 은백색 문이 있는 집이 있었다. 조용히 그는 문을 밀고 들어갔다. 그 앞에 금도금한 밝은 은빛 문이 빛나며 무지갯빛으로 반짝이고 있었다. '하늘의 거주민들의 집은 얼마나 아름다운가!' 청년은 이렇게 생각하면서 목적한 것을 이루기 위해서 다음 문을 열고 들어갔다.

들어가 보니 그의 아내를 아주 닮았지만 약간 더 늙은 한 여인이 있었는데, 그녀는 마치 도요새처럼 유연하고 부드럽게 집을 왔다 갔다 하고 있었다. 청년이 들어오자 그녀는 특별히 관심도 기울이지 않고 얼핏 쳐다보았다.

"안녕하세요." 청년이 말했다.

"쿠룬가[2] 좀 주세요. 아침부터 입으로 들어간 것이 없어서 목이라도 축이고 싶어요."

여인은 황금 선반에서 쿠룬가가 든 나무 양동이를 내려서 문턱으로 던져 주었다. 청년은 앉아서 조용히 쿠룬가를 마셨다. 여인은 그에게 관심도 기울이지 않았다. 그러자 청년은 격자무늬 비단 스카프를 꺼내서 그 수건으로 땀을 닦

---

2) 몽골인과 부랴트족이 마시는, 우유로 만든 시큼한 음료다.

기 시작했다. 여인이 이 스카프를 보자마자 단번에 변해서 친절하고 호의적이 되었다.

"아이, 이렇다니까! 나이가 드니 노망이 든다니까!" 그녀가 소리쳤다.

"아래 세계에서 내 사위가 온 것도 모르다니!"

그녀는 쿠룬가를 저쪽으로 던져 버리고 고아 청년의 오른손을 잡고는 일곱 장막 너머로 이끌어서 은식탁에 앉혔다. 이런저런 술을 그에게 따라 주고 그 앞에 딸기를 비롯한 수많은 과일을 놓아 주었다. 그렇게 그들은 인사를 나누었고 편안한 대화를 해 나갔다. 길에서 일어난 모든 것을 청년은 그녀에게 말해 주었다. 여인은 딸에 대해서 이것저것 꼬치꼬치 물었다. 그런 다음 청년은 여기에 온 이유를 말했다. 그는 장모 집에 이삼일을 머물렀다. 이 동안에 장모는 아래 세계에서 온 사위를 정성껏 대접했다. 그들은 모든 것을 상의했다. 사흘 후에 청년은 길 떠날 채비를 하기 시작했다.

장모가 그를 설득했다.

"하룻밤만 더 머물게. 쉬어 가게."

"가야 해요." 그가 대답했다.

장모에게 별의 아들에게 가는 길을 물어 출발했다. 온종일 그는 걸어가서 저녁때가 되어서야 별의 아들에게 도착했다. 별의 아들은 아름다운 궁전에 살고 있었다. 그가 마당으로 들어가니 별 아들의 아내가 문턱에서 먼지를 쓸어 내고 있었다. 청년이 인사를 했다. 그는 문턱을 넘고 싶었는데 별 아들의 아내가 빗자루로 그의 머리를 때렸다. 청년은 우는 척했고 격자무늬 스카프를 꺼내서 눈물을 닦기 시작했다. 별 아들의 아내는 이렇게 야단을 치며 어쩔 줄 몰랐다.

"에이구, 내가 무슨 짓을 한 거야? 아래 세계에서 온 제부를 몰라보다니." 이렇게 말하고 그녀는 빗자루를 저쪽으로 던져 버리고 청년을 집으로 데려갔다.

청년은 정신을 차리기도 전에 은백색 식탁에 앉아 있었다. 별 아들의 아내는 매우 기뻐하면서 은백색 식탁에 앉은 그 앞에 수많은 음식을 놓아 대접했다. 별 아들 아내는 청년에게 모든 것에 대해 캐물었다. 그의 일과 걱정거리며, 어떻게 거기까지 오게 되었는지, 청년의 아내가 된 여자 친구는 어떻게 사는지 등에 대해 꼬치꼬치 물었다. 청년은 모든 질문에 대해 분명히 대답해 주었다.

하루가 지났고 별의 아들이 집으로 돌아왔다. 그가 도착하기에 앞서 별 아들의 아내는 청년에게 말했다.

"이제 곧 별의 아들이 올 거예요. 당신은 추위로 얼어 버릴 수도 있어요. 따뜻한 움으로 들어가세요." 그러더니 강제로 그를 그 움에 내려보냈다. 움의 더위는 참을 수가 없었다.

별의 아들이 집으로 돌아왔다. 아내가 그를 맞으러 나와서 말했다.

"어서 빨리 갑옷을 벗으세요. 그렇지 않으면 아래 세계에서 온 제부를 얼어 죽이겠어요."

별의 아들과 함께 강추위가 몰아닥쳤다. 얼마 전에 더웠던 움도 매우 추워졌다. 청년은 겨우 참고 있었다.

별의 아들은 갑옷을 벗고 청년에게 내려갔다. 청년은 그런 추위를 겨우겨우 견디고 있었다. 청년을 집으로 데려와서 그를 따뜻하게 하고 담배를 피우고 보드카를 마셨다. 오랫동안 그들은 이야기를 나누었다. 청년은 또다시 길에서 일어났던 일과 왜 그에게 왔는지를 모두 이야기했다. 그는 별의 아들 집에서 하룻밤을 보내고 계속 갔다.

"하룻밤만 더 머무시오." 별의 아들과 그 아내가 부탁했다. 하지만 청년은 가야 한다고 계속 말했다. 그들에게 길을 물어서 계속 갔다.

그는 가고 또 가다가 수탉 두 마리가 싸우고 있는 것을 보았다. 그중 한 마리는 하얗고 한 마리는 붉었다. 이 두 마리의 수탉은 싸우면서 청년에게 말했다.

"당신은 태양의 아들에게 가는 중이니 무엇 때문에 우리가 이렇게 싸우는지 그에게 물어보시오."

"물어보리다." 청년은 이렇게 말하고 계속 걸어갔다.

계속 가다가 보니 암소의 뿔 위에 앉아서 신음하며 울고 있는 여자가 보였다.

청년이 그녀에게 다가가자 그녀가 물었다.

"어디로 가시는 길이세요?"

청년이 대답했다.

"태양의 아들한테 갑니다."

"그러면 내 운명에 대해 좀 물어봐 주세요. 어떤 죄로 이렇게도 벌을 받고 있는 건지요?"

그는 가고 또 갔다. 갑자기 땅 위에 누워 있는 여자가 보였다. 그녀의 입술로 물이 흘러 들어가고 있었고 다른 쪽에서는 흘러나와 작은 개울처럼 계속 흘러갔다. 그녀는 매우 고통스러워했다. 그녀에게 다가가서 물었다.

"왜 그렇게 누워 계세요?"

"청년, 나 자신도 알 수가 없다오. 당신은 태양의 아들한테 가는 길이지요? 태양의 아들을 만나거든 그에게 나에 대해 좀 물어봐 주세요." 여자가 부탁했다.

"물어보지요." 그는 이렇게 말하고 계속 길을 갔다.

청년은 얼마 동안 가다가 겨우 태양의 아들한테 도착했다. 들어가니 태양의 아들 아내가 문턱에서 먼지를 쓸어 내고 있었다. 청년이 그녀에게 다가가서 인사를 했다. 집으로 들어가려고 하자마자 그녀가 그의 정수리를 빗자루로 때렸다. 청년은 마치 우는 것처럼 하고는 그 스카프를 꺼내서 눈을 닦기 시작했다. 여자가 이것을 보더니 소리쳤다.

"아이구, 우리 제부가 왔구나!"

청년의 손을 붙잡고 대접하려고 집으로 데려갔다. 그런 다음 이렇게 말했다.

"이제 곧 내 남편이 올 거예요. 빨리 차가운 움으로 들어가요."

곧 태양의 아들이 도착했고 청년은 차가운 움 속에서 더워지기 시작해서 땀이 우박처럼 흘러내렸다. 청년은 겨우겨우 참고 있었다.

태양의 아들 아내가 남편에게 말했다.

"어서 빨리 옷을 벗으세요. 안 그러면 아래 세계에서 우리한테 온 제부를 태워 죽이겠어요. 어서 갑옷을 벗고 움으로 내려가서 우리 제부를 데려오세요."

태양의 아들은 갑옷을 재빨리 벗고 움으로 가서 청년을 데리고 나왔다. 그들은 청년을 대접하고 그와 대화를 나누었다. 겪었던 모든 것에 대해서, 생각했던 모든 것에 대해 청년은 그들에게 말했다. 자신이 온 목적에 대해서도 말했다.

"아바하이 칸은 태양의 아들과 별의 아들인 당신들이 그에게 공물을 바쳐야 한대요. 그래서 제가 이렇게 공물을 받으러 왔습니다."

"에이, 불쌍한 아바하이 칸이 당신을 죽일 방법을 찾고 있는 거로군요. 그는 별의 추위와 태양의 뜨거움으로 당신을 죽이려고 했어요. 우리는 아바하이 칸한테 아무것도 빚진 것이 없지만 그에게 우리한테 받은 공물을 가져다주시오." 태양의 아들이 말했다.

그런 다음 청년에게 물었다.

"길에서 무엇을 보았고 무엇을 알게 되었소?"

"당신한테 오는 도중에 수탉 두 마리가 싸우는 것을 보았습니다. 흰 수탉과 붉은 수탉이었어요. 그들은 왜 자신들이 싸우고 있는지 알아봐 달라고 했습니다. 그리고 계속 가는데 암소의 뿔 위에 앉아 있는 여자를 만났습니다. 그녀는 신음하면서 울고 있었어요. 내가 여기로 가는 중이라고 말하자 그녀는 자신의 고통이 오랫동안 계속될지 알아봐 달라고 부탁했습니다. 그리고 저는 계속 갔습니다. 가다가 보니 땅 위에 여자가 누워 있었습니다. 그녀의 입으로 물이 흘러 들어가서 다른 쪽으로 흘러나오고 있었습니다. 그녀는 자신의 불행에 대해 물어봐 달라고 부탁했습니다. 왜 그들은 그런 고통과 불행을 감내해야 하는 것입니까?" 청년은 태양의 아들에게 물었다.

태양의 아들은 청년을 대접하고는 머물러 있게 했다. 다음 날 아침 그에게 말했다.

"내 일을 하러 가야겠소. 세상과 땅을 데우러 가오."

이 말과 함께 그는 자기 옷을 주워 들었다. 고아 청년은 그에게 부탁했다.

"저를 데려가 주세요. 우주를 보고 싶어요."

"안 되오. 내 열기 때문에 타 버릴 것이오."

"내게 형님 옷을 주면 되잖소. 조금이라도 우주를 보고 싶소. 아래 세계에서 온 유일한 동서인 내 부탁을 거절하지 마시오." 청년이 간청했다.

"자네는 40푸트[3]나 되는 내 모자를 머리에 쓸 수가 없을 것이고 내 갑옷도 맞지 않을 것이오." 태양의 아들이 대답했다.

"형님은 여덟 개의 기적을 알지 않소. 내 부탁을 들어주시오. 형님의 옷을 주시오."

이렇게 간청을 하자 태양의 아들은 주문을 외고 그를 보냈다.

"내 말 알탄 샤르가를 타고 출발하시오. 모든 일에 그의 말을 들으시오. 낮이 되면 여든여덟 개 다리의 은식탁에서 점심을 먹고 저녁이 되면 돌아오시오." 그런 요구를 했다.

청년은 그의 말을 타고 출발했다. 말을 타고 가다가 한 노인 신을 만났는데 그는 엎드려서 아래의 땅을 보고 있었

---

3) 1푸트는 16.38킬로그램이다.

다. 그에게 다가갔다.

"노인장, 왜 누워 계십니까?" 그가 물었다.

"저기서 일곱 마리 내 개들이 먹을 것을 달라며 위에 있는 나를 보고 있다오. 그래서 어떤 가축을 먹으라고 알려 줄지를 이렇게 엎드려서 살펴보면서 찾고 있다오."

"아이고, 마침내 당신을 만났군요!"

청년은 이렇게 말하고 말에서 내렸다.

"내가 무슨 죄가 있다고 내가 1년 내내 일한 대가인 말을 늑대들한테 먹으라고 주었단 말이오?"

청년은 격노해서 그에게 단단히 벌을 주고 손과 다리를 부러뜨리고 두 눈을 파내 버렸다.

"내 말을 가리켜 준 대가를 알게 될 거요." 청년은 이렇게 말하고 계속 말을 달렸다.

말을 타고 가다가 보니 다른 노인이 엎드려서 아래를 보고 있었다.

"안녕하세요, 노인장." 청년이 말했다.

"왜 그렇게 엎드려서 아래를 보고 계세요? 어디 아프세요?" 그가 물었다.

노인이 일어나서 대답했다.

"하늘 문을 통해 나흘 동안 내가 뿌렸던 비와 폭우, 돌 우박을 도로 모아들일 수가 없어서 그렇다오."

"이렇게 당신을 만났구려!"

청년은 소리쳤다. 말에서 내려서 노인을 채찍으로 호되게 때리고 그의 손과 발을 부러뜨리고 두 눈을 파내 버렸다. 그리고 이렇게 말하고는 계속해서 말을 타고 달렸다.

"내 수확을 모두 망친 대가가 바로 이거다."

그는 말을 타고 계속 갔다. 점심 먹을 시간이 되었다. 그는 다리가 여든여덟인 은식탁에 앉아서 발로 차서 식탁의 여덟 개 다리를 부러뜨리고 음식을 먹고 담배를 피우기 시작했다. 그런 다음 계속 갔고 저녁때가 되어서야 집에 무사히 돌아왔다. 그가 돌아왔을 때 태양의 아들이 물었다.

"잘 다녀왔습니까? 무엇을 보았습니까? 누구를 만났습니까?"

"성공적으로 다녀왔습니다. 특별한 것은 보지 못했고 아무도 만나지 못했습니다." 이렇게 대답했다.

다음 날 동이 틀 때 청년은 집으로 떠날 채비를 하기 시작했다. 작별할 때 태양의 아들은 그에게 금지팡이를 주면서 말했다.

"이 지팡이를 아바하이 칸에게 전해 주시오. 집에 돌아가다가 땅바닥에 누워 있는 여자를 보게 될 거요. 젊은 어머니가 그녀에게 아이에게 먹일 우유를 달라고 부탁했는데 우유를 가지고 있었음에도 주지 않았다오. 그래서 그 벌로 그녀는 평생 땅바닥에 그렇게 누워 있게 될 것이오. 두 번째 여자에게는 이렇게 말하시오. 전생(前生)에서 가엾게 여기지도 않고 젖을 짰던 암소를 채찍과 돌로 때렸기 때문에 천 년을 그렇게 앉아 있어야 한다고. 싸우고 있는 두 수탉한테 가게 되거든 지팡이를 그들에게 휘두르시오. 그런 다음 집으로 가서 행복하게 사시오." 태양의 아들은 그에게 이렇게 축복했다.

청년은 태양의 아들의 집에서 나와서 길을 떠났다. 그는 태양의 아들의 말을 첫 번째 여자에게 전해 주고 계속 길을 갔다. 두 번째 여자에게도 태양의 아들의 말을 전해 주었다. 그는 계속 가서 싸우고 있는 수탉에게 이르렀다. 청년은 황금 지팡이를 그들에게 휘둘렀고 수탉들은 금과 은으로 변해서 산산이 부서졌다.

청년은 계속해서 갔다. 별의 아들에게까지 와서 그의 집에서 하룻밤을 지내고 장모에게 가서 사흘을 보냈다. 그런 다음 아래로 내려가기 위해서 하늘 문으로 출발했다. 하늘 문에 다가가서 비단실을 하늘 문 손잡이에 묶고 아래로 내려가기 시작했다. 청년이 내려가는데 실이 짧았고 땅까지는 3사젠이 부족했다. 겨우 그는 땅으로 뛰어내려서 칸에게 갔다.

그런데 칸은 이 동안에 고아 청년이 오래전에 죽었다고

판단하고 결혼식을 치를 준비를 하고 있었다. 칸은 청년이 살아 있는 것을 보고 너무 놀라서 군인들에게 명령했다.

"그를 붙잡아 죽여 없애 버려라!"

그리고 자신도 직접 모든 사람들 앞에서 청년을 장검으로 베어 버리려고 청년한테 달려갔다. 그러자 청년은 황금 지팡이를 칸에게 휘둘렀고 칸은 죽은 듯이 쓰러졌다. 보초병들이 달려들었고 청년은 또다시 지팡이를 휘둘렀다. 보초병들도 정신을 잃고 쓰러졌다. 청년은 밖으로 도망쳐 나왔는데 거기서 보초들이 그를 둘러쌌고 또다시 황금 지팡이를 휘두르자 모두가 정신을 잃고 쓰러졌다.

그런 다음 그는 아내한테 가서 편안하게 쉬었다. 아침 일찍 동이 터 올랐을 때 아무런 이유도 없이 북 치고 나팔 부는 소리가 들려왔다. 마당에 수많은 사람들이 모여 있었다.

'우리 집에 무슨 일이 생긴 거지?' 청년은 이렇게 생각하고는 황금 지팡이를 들고 밖으로 나갔다. 거기엔 셀 수 없이 많은 사람들이 있었다. 그들은 북을 치고 나팔을 불며 오른손을 들어 올리며 모두가 한목소리로 그에게 부탁했다.

"우리의 칸이 되어 주세요!"

그래서 청년은 아바하이 칸 대신에 칸이 되었고 하늘의 딸은 칸의 아내가 되었다. 대연회가 개최되었다. 아흐레 낮과 아흐레 밤을 잔치를 벌였고 모두가 즐거워했다. 열흘째에 모두가 흩어졌다. 모든 사람들이 모든 신하들이 행복하고 만족스러워하며 집으로 흩어져 갔다.

그때부터 청년은 아내와 함께 편안히 살기 시작했고 많은 아이들을 낳았으며 행복하게 살았다.

아가씨와 비로드처럼 검고 말을 할 줄 아는 말

옛날 한 옛날에 남편이 아내와 살고 있었는데 그들에게는 딸이 하나 있었고 그렇게 셋이서 살아갔다. 그들의 딸은 매일 가축에게 풀을 뜯기며 방목했다. 노인들과 노파들이 하는 일이란 무엇이겠는가, 차와 음식을 끓이고 집에 앉아 있을밖에. 어느 날 딸이 가축을 방목하러 나갔을 때 이 두 노인에게 황갈색 말을 타고 방랑하는 라마승이 도착했다.

"람바가이[4]여, 람바가이여. 어서 들어와서 앉으세요." 노인들은 손님을 위한 자리로 공손하게 초대했다. 요가 덮인 아름답고 낮은 나무 침대에 앉히고 융숭하게 대접하기 시작했다.

"우리 집에서 묵고 가지 않으시겠어요? 쉬다가 가지 않으시겠어요?" 주인이 말했다.

"아니요. 댁에서 묵고 가지 않을 겁니다." 라마승이 대답했다.

"왜 우리 집에서 묵고 싶지 않으십니까? 왜 쉬어 가지 않으려고 하십니까?" 그에게 쉬어 갈 것을 청했다.

---

4) 라마승에 대한 존칭이다.

"당신네 집에는 끔찍한 귀신이 자리를 틀고 있어서 묵을 수가 없고 잠을 잘 수도 없소이다."

"도대체 누가, 무엇이 자리를 틀고 있단 말입니까? 람바가이여, 우리를 정화시켜 주시고 그 귀신한테서 해방해 주십시오. 어디에, 어느 자리에 숨어 있단 말입니까?" 그들이 라마승에게 물었다.

"당신들에게 외동딸이 있지요. 바로 그녀한테서 추잡한 것이 나오고 있습니다. 그리고 그 딸이 당신들 둘을 모두 잡아먹으려고 하고 있어요." 라마승은 노인들을 놀라게 했다.

"딸한테서 어떻게 해방될 수 있습니까? 우리는 그 아이를 친딸로 여겼는데요. 만약 그렇다면 우리를 해방해 주세요. 우리는 그녀가 우리를 잡아먹는 걸 원치 않아요." 노인들이 말했다.

"이레 동안 당신들은 그녀를 벌주고 때려서 저 멀리 쫓아내야만 합니다. 그러면 그녀는 나가게 될 것이고 도망칠 수 없을 것이오." 라마승이 말했다.

저녁 늦게 딸이 가축을 방목지에서 몰고 왔을 때 어머니는 아버지와 함께 그녀에게 욕을 하고 소리치기 시작했다.

"저리 가, 나가!" 이 말만 들렸다.

"아버지, 어머니, 무슨 일이세요? 누가 어머니 아버지의 이성을 흐려 놓았나요? 무슨 일이 있으셨어요?" 딸이 물었다.

"너는 부정한 사람이다. 아무것도 묻지 말고 어서 나가라. 당장 나가라!"

그들은 이렇게 소리치며 때리고 내쫓기만 할 뿐 아무것도 알지 못했다.

"누군가가 부모님을 해쳤구나. 이제 어떻게 할까? 무슨 일이 있어도 가축을 방목하고 암소 젖을 짜고 부모님을 보살펴 드려야지. 어떻게 되는지 보자." 아가씨는 이렇게 결심하고 예전처럼 아침부터 가축을 방목하러 나가고 암소 젖을 짰다. 어머니와 아버지는 그녀에게 먹을 것도, 마실 것도 주지 않았다. 살기가 어렵게 되었다.

이때 사람처럼 말을 할 줄 아는, 그녀의 비로드처럼 검은 말이 다가왔다.

"당신과 나는 이제 여기에 남아 있을 수가 없어요. 여기서 나가야만 해요. 떠나요. 저는 빨리 달릴 것이니, 당신은 안장을 꽉 붙잡고만 계세요. 제가 '눈을 뜨세요' 하고 말하면 눈을 뜨고 '감으세요'라고 말하면 눈을 감으세요. 이렇게 둘이서 출발해요. 이 밤에, 밤과 여명 사이에 떠나요. 당신은 신께 기도해야만 해요. 어머니와 아버지가 당신을 때리고 쫓아낼 테니 당신은 계속 기도하셔야만 해요." 말이 말했다.

그리고 잠시 잠을 잔 후 한밤중, 새벽이 되기 전에 아가씨는 침상에서 일어나서 두세 번 신에게 절을 했는데 아버지와 어머니는 또다시 그녀에게 덤벼들어 그녀를 이리저리로 밀치고 잡아당기고 했다.

"아버지, 어머니, 저를 가엾게 여겨 주세요! 누가 아버지 어머니의 이성을 마비시켰나요?"

그녀는 그들에게 애원했지만 소용이 없었다. 아가씨는 되돌아와서 두세 번 신에게 절을 한 후 말에 올라탔다.

"눈을 감아요." 말이 말했다.

아가씨는 눈을 감았고 위 세계로 가는 것인지, 아래 세계로 가는 것인지, 바다 위를 나는 것인지 알 수가 없었고 말은 번개처럼 질주해 지나갔다. 갑자기 말이 말했다.

"자, 눈을 뜨세요."

아가씨가 눈을 뜨고 보니 매우 아름다운 산 위에 멈추어 있었다. 여기를 봐도 딸기, 저기를 봐도 딸기였다. 그들은 이 딸기를 먹고 배고픔과 갈증을 덜었다. 여기를 봐도 샘물이 솟았고 저기를 봐도 샘물이 솟아났다. 그들은 이 샘물을 마시고 열매와 딸기로 배를 채웠다. 그렇게 이런 것들을 먹고 즐기면서 살기 시작했다. 이렇게 그들은 살아갔다. 이 산으로부터 북쪽에 어느 칸이 살고 있었다. 어느 날 이 칸의 아내가 그에게 말했다.

"내가 지난밤에 꿈을 꾸었는데 남쪽 산에 있는 여자가 우리 며느리가 되어야만 한대요." 그녀가 칸에게 말했다.

"그 여자가 대체 누구요?" 칸이 물었다. "어떻게 당신은 지체 높은 사람의 며느리를 산에서 찾는다고 말할 수 있단 말이오? 지체 높은 칸들은 그런 지체 높은 사람들과 사돈을 맺어야 하고 고관들의 딸을 며느리로 맞아 사돈이 되고 결혼식을 올리고 가족을 이루는 것이 관습이잖소. 그런데 당신은 높은 산에서 며느리를 들이고 싶단 말이오? 도대체 무슨 말을 하는 거요? 당신 꿈에 대해서는 내일 얘기합시다."

그날 밤에 칸의 아내는 또다시 꿈을 꾸었다.

"남쪽 산에서 사는 여자가 우리 며느리가 되어야만 한다니까요." 칸의 아내는 또다시 말했다.

"좋소. 여자들의 꿈은 무분별하고 앞뒤가 맞지 않지만 칸 아내의 꿈은 다를 수도 있지. 당신 꿈을 한 사흘 두고 보고 그다음에 결정합시다." 칸이 말했다.

사흘이 지났고 칸의 아내는 매일 밤 같은 꿈을 꾸었다.

'도대체 무슨 꿈이관데 아내가 계속 꾼단 말인가?' 칸은 이렇게 생각하고 하인 두 명을 불러서 명령을 내렸다.

"남쪽 산으로 가서 거기 누가 사는지 보고 모든 것을 알아봐라!"

두 하인은 남쪽 산으로 갔다. 그 아가씨의 말이 그녀에게 말했다.

"두 명의 하인을, 두 사람을 아가씨에 대해 알아 오라고 보냈어요. 아가씨가 누구인지, 남자인지 여자인지도 모르게 해야 돼요."

파견된 사람들이 나타나서 인사도 하지 않고 둘러보더니 되돌아가 버렸다. 그들은 칸에게 와서 이렇게 보고했다.

"말에 관해서라면 정말 멋진 말이었습니다! 사람에 관해서도 아름다운 사람이라고 말할 수 있습니다! 그들은 둘 다 모두 아름다웠습니다. 너무나 아름다웠습니다." 그들은 더 이상은 아무 말도 할 수가 없었다.

"내가 너희를 보냈던 것은 그들이 아름다운지 아닌지를 알아보라고 한 것이 아니었다. 다시 가거라! 그 사람이 남자인지 여자인지 알아보아라! 그가 어디서 왔는지 캐물어 알아봐라." 칸은 그들에게 호통을 친 후 다시 보냈다.

또다시 그 두 사람이 남쪽 산에 도착했고 인사를 했다.

"안녕하세요!" 그들이 말했다.

"안녕하세요."

더 이상 무슨 말을 해야 할지 몰라서 도로 되돌아와서 이렇게 말했다.

"그 둘은 형용할 수 없이 아름답지만 그 사람이 남자인지 여자인지 알 수가 없어요. 칸이시여, 어떻게 알아낼 수 있을까요?" 그들이 물었다.

"남자를 가려내는 세 가지 시합을 개최해야겠다." 칸이 결심했다.

말이 아가씨에게 이렇게 말했다.

"칸은 아가씨가 여자인지 남자인지 알아내기 위해서 세 가지 시합을 개최하기로 결정했어요. 아가씨는 남자인지 여자인지 숨길 줄 알아야만 해요. 아가씨는 그 칸의 며느리가 되어서는 안 돼요. 씨름 장사를 위한 시합을 열 거예요. 아가씨는 그들과 싸워야만 해요. 말 경주를 할 텐데 아가씨도 시합해야 하니까 저를 세우세요. 아가씨한테 활을 한 번 쏘라고 할 거예요." 말이 말했다.

"그런 다음 칸은 고관들의 잔치에 초대할 거예요. 우리는 이 초대를 거절할 수가 없으니 반드시 거기에 가야만 해요. 남자들을 위한 이 세 시합에 참가하세요." 말이 말했다.

그리고 곧 두 명의 파견인이 와서 초대장을 주고는 떠났다. 잔치에는 상당히 많은 수의 사람들이 모였다. 칸의 장사들과 용사들이 많이 모였고 누가 더 강한지 보기 위해 사람들이 모여들었다. 남자 옷으로 갈아입은 그 아가씨는 거기서 위풍당당하게 서 있었다.

"틀림없이 아가씨야, 정말 아가씨라니까." 서로서로 속닥거리면서 칸의 신하들이 이야기를 주고받았다.

그리고 그 아가씨는 칸의 장사들과 용사들과 싸웠고 그

들을 이 끝에서 저 끝으로 이리저리로 내던졌다.

"에이, 의심할 여지없이 청년이네. 의심의 여지가 없이 청년이야!"

외침 소리들이 들렸다.

아무도 그 아가씨의 말을 타고 말 경주에 나가 시합하길 원치 않았다. 왜냐하면 그 말은 형편없는 한 살배기 망아지로 변해서 도착했기 때문이었다. 어린아이조차도 그 말에 타길 원치 않았다. 하지만 아가씨가 직접 말 경주에 참가할 수도 없었다. 왜냐하면 이때 아가씨는 씨름 시합에 참가하고 있었기 때문이다. 그러자 단 한 노인만이 그 말에 타겠다고 했는데, 그 노인은 칸의 목동으로 한 번 잠이 들면 3년 내내 잘 수 있는 그런 사람이었다. 이 노인만이 그 말에 타는 것에 동의했다. 노인을 그 형편없는 망아지에 태우고 달리게 했다.

이전에 말은 아가씨에게 이렇게 예고했다.

"아가씨는 말 경주 거리가 얼마나 되는지 칸에게 물어보세요. 칸은 뭐라고 대답해 줄 거예요. 그러면 아가씨는 '그 거리는 송아지를 풀 뜯게 풀어 놓는 거리밖에 안 되네요'라고 말하세요. 그러면 칸이 너희는 경주에서 말이 어느 정도의 거리를 달려야만 하느냐고 물을 거예요. 이 말에 아가씨는 '우리 경주에서는 3년을 가야 할 거리를 달려야 합니다'라고 대답하세요." 말이 그런 충고를 했다.

그래서 아가씨는 칸에게 물었다.

"칸의 경주에서는 어느 정도 거리를 달려야 합니까?"

"말들은 여기서 보이는 세 개 산의 가운데를 지나 달려야 한다." 칸이 대답했다.

"우리한테는 송아지를 풀 뜯게 풀어 놓는 거리와 마찬가지네요." 아가씨가 단숨에 말했다.

"그래? 그렇다면 너의 형편없는 망아지가 도착하면 바로 경주를 시작하자. 경주를 위한 거리를 어떻게 정할 거냐?" 칸이 물었다.

"우리네 경주는 3년 내내 갈 수 있는 거리를 달려야 합니다." 아가씨가 대답했다.

"그래, 좋다. 그렇게 정하자." 칸은 이렇게 결정하고 경주 장소로 갔다.

모두가 경주 장소에 도착했고 아이들과 소년들은 장비를 준비하고 스스로도 채비를 갖추었다. 이때 노인은 형편없는 망아지 위에서 이미 잠이 들었다. 말들은 달리기 시작했다. 노인은 말고삐를 잡고 계속 잤다. 말이 그를 깨우면서 한쪽 옆구리로 뒤집고 다른 쪽으로 뒤집고 땅 위에서 질질 끌었다. 하지만 아무리 해도 노인은 잠이 깨지 않았다. 말은 노인을 때리기까지 해 보았다. 하지만 노인을 깨울 수가 없었고 3년이 흐른 뒤에서야 그는 잠에서 깼다. 노인은 칸의 말들을 따라 달리기 시작했고 한 부락에 다다랐다.

"칸의 말들이 지나간 지가 오래되었습니까?" 노인이 물었다.

"3년 전에 지나갔는데 물어볼 게 무엇 있습니까." 사람들이 대답했다.

노인은 또다시 달리기 시작했다. 달리고 또 달려서 다른 부락에 도착해서 물었다.

"칸의 말들이 지나간 지 오래되었습니까?"

"지나간 지 3개월 되었습니다." 사람들이 그에게 대답했다.

노인은 달리고 또 달려서 또 다른 한 부락에 도착해서 똑같이 물었다.

"사흘 전 지나갔습니다." 사람들이 그에게 대답했다.

"어쨌든 이제 가깝군." 노인은 이렇게 말하고는 계속 달려갔다.

이때 칸의 지친 말들은 천천한 달음박질로 가고 있었다. 그런데 노인은 회오리바람처럼 그들 사이를 내달렸다. 태양은 이미 지고 있었다.

"오, 오. 이제 우리 말들이 달려온다. 이제 곧 우리 말들이 달려온다." 칸의 궁전에서 망원경을 보고 사람들이 말했다.

먼지가 기둥처럼 피어올랐다. 그런데 아가씨는 망원경도 없이 자기 눈으로 보고 있었다. 갑자기 아가씨는 자신의 말이 달려오는 것을 보았다.

"자, 이제 내가 두 번 승리했지요?" 아가씨는 칸에게 물었다.

"그렇군. 그렇게 되었군." 칸이 마지못해 대답했다.

그들이 이야기하는 동안 칸의 백발백중 화살들이 활에서 날아갔다. 그 화살들은 금과 은 바늘 사이를 날아 지나 커다란 검은 바위까지 날아가 꽂혔다.

'내가 과연 저렇게 활을 쏠 수 있을까.' 아가씨가 속으로 생각했다.

'과연 백발백중 화살들이군. 어떻게 화살을 더 멀리 쏠 수 있을까.' 아가씨는 이렇게 생각하고 화살을 쏘았다. 아가씨의 화살은 금과 은 바늘귀 사이를 통과해서 커다란 검은 바위까지 날아가 바위를 산산조각 내고 계속 날아가서 철을 꿰뚫어 철이 녹아 버렸다.

"자, 칸이시여. 세 번을 내가 이긴 것입니까?" 아가씨가 칸에게 물었다.

"그렇군. 그렇게 되었군." 칸이 마지못해 대답했다.

의심할 여지 없이 '이 사람은 청년'이라고 그 아가씨에 대해서 모두가 확신했다.

아가씨는 자신의 말을 타고 그 남쪽 산으로 되돌아가기 위해 출발했고 그들은 둘이서 예전처럼 살기 시작했다. 그들은 그렇게 살아갔다.

얼마간의 시간이 흘렀다. 칸의 아내가 또다시 칸에게 말했다.

"또다시 꿈을 꾸었는데 남쪽 산에 있는 아가씨가 우리 며느리가 되어야만 한대요."

"무슨 말을 또 되풀이하는 거요. 우리는 지난번에 여자들 꿈은 분별없고 앞뒤가 맞지 않지만 칸의 아내의 꿈은 다를 것이라고 생각해서 맞는지 시험해 보려고 사흘을 기다렸고, 남자를 가려내는 시합까지 열었소. 그때 그 사람이 의심할 여지 없이 남자라고 확신하지 않았소." 칸이 말했다.

"동쪽 영주 부인에게 제부 메르겐이라는 노란 점성술사가 있는데 그는 구운 고기를 아주 즐겨 먹는다고 하오. 그에게 행운을 시험해 보고 모든 것을 알아볼 필요가 있을 것 같소. 다른 방도가 없으니까." 칸은 이렇게 말하고 몇 사람을 그 점성술사에게 보냈다.

그들은 점성술사에게 가서 말했다.

"우리 칸의 아내가 며느리에 대한 꿈을 계속 꾸고 있다오. 이 사람이 남자인지 여자인지 알아내기 위해서 남자를 가려내는 세 가지 시합을 열었지만 의심할 여지 없이 남자였다오. 하지만 칸의 아내는 여전히 똑같은 꿈을 꾸고 있소. 어떻게 하면 좋겠소?" 그들은 공손하게 그에게 말했다.

그 사람은 점을 치고 또 치다가 말했다.

"이 사람이 남자인지 여자인지 알아내기 위해서는 다시 남자를 가려내는 시합을 개최해야만 하오. 칸이 자신의 신하 중에서 아름다운 남자 두 명을 고르게 하시오. 세 갈래 황금 길을 내고 그 사이의 거리가 세 걸음이 되게 하세요. 두 용사와 산에서 사는 그 젊은이가 이 세 길을 따라 세 걸음씩 걷게 하시오. 그 걸음을 보면 이 사람이 남자인지 여자인지 정할 수 있을 것이오."

"좋다. 또다시 남자를 가려내는 세 가지 시합을 열기로 하자." 이 말을 듣고 칸이 말했다. 그렇게도 이 사람이 남자인지 여자인지 알고 싶었던 것이다.

"이제 그들은 아가씨가 누구인지 알게 될 거예요. 어쩔 수 없이 그 칸의 며느리가 되어야만 해요. 그렇게 칸의 며느리가 되면 측량할 수 없고 한이 없는 행복을 찾게 될 거예요. 행복을 만끽하더라도, 칸이 나를 타고 다닐 때 내 굴레와 밧줄이 항상 내게 있다는 것을 잊지 마세요. 이것이 아가씨에 대한 저의 부탁이에요." 비로드처럼 검은 말이 그 아가씨에게 말했다. 그렇게 그는 자신의 친구에게 부탁했다.

칸은 청년 두 명을 선별해서 세 갈래 황금 길을 내라고 명령했고 아가씨를 포함해서 청년들은 그 길을 따라 세 걸음씩을 걸었고 그 아가씨가 여자라는 것이 밝혀졌다.

그렇게 그 아가씨는 칸의 며느리가 되어 그의 아들과 함께 살기 시작했다. 지체 높은 칸의 며느리가 되어 행복을 찾았고 그 행복은 한도 끝도 없었다.

아가씨가 행복을 만끽하고 있을 때 아버지 칸은 전쟁 준비를 했다. 그는 말 떼를 치는 목동을 불렀다.

"나는 전쟁에 나갈 것이다. 어떤 말을 타고 가면 좋겠느냐?" 그가 물었다.

그 목동은 사람의 말을 할 줄 아는 검은 말을 잘 알고 있었다.

"칸의 며느리 말이 항상 말 떼를 이끌고 선두에서 다닙니다. 강한 말이지요. 그 말이 낯선 나라까지 칸을 모시고 갈 수 있다고 생각합니다." 말 떼 목동이 말했다.

"좋다." 칸은 이렇게 말하고 그 말을 타고 떠났다.

며느리는 자신의 행복에 취해서 자기 말의 굴레와 띠에 대해서는 잊어버렸다.

칸이 낯선 나라에 있는 동안 며느리는 출산을 했다. 황금 가슴과 은엉덩이를 가진 아들을 낳았다. 지체 높은 칸 아버지를 기쁘게 해 드리기 위해서 아들은 그런 아들을 낳았다는 소식을 전하기 위해 머나먼 나라로 파발꾼 두 명을 보냈다. '우리가 아들을 낳았다고 전해 기쁘게 해 드려야지'라고 아들은 생각하고 파발꾼들을 보냈다.

두 명의 파발꾼이 말을 타고 가는데 길에 황갈색 암말을 타고 악마가 서 있었다.

"어디로 가는 길이냐?" 악마가 물었다.

"만나는 사람마다 우리가 얘기를 해 줄 수는 없소." 그 두 명이 말했다.

"자, 무슨 일로 가는 길이냐? 도대체 무슨 일로?" 악마가 계속 캐물었다.

파발꾼들은 무서워서 편지를 꺼내 그에게 주었다. 악마는 이 편지를 다 읽고 말했다.

"이 길에서 이런 말을 탄 이 사람을 보았다고 말할 엄두도 내지 마라. 만약 말을 한다면 너희가 어디에 있든지 찾아서 둘 다 삼켜 버리겠다. 목숨이 아깝거든 조용히 해라. 내가 써 주는 편지를 칸에게 가져다주고 그 편지가 아들의 편지라고 말해라." 악마는 칸의 아들의 편지를 가져가고 그 대신에 자신이 쓴 편지를 주었다.

파발꾼들은 악마의 편지를 들고 낯선 나라까지 가서 아버지 칸에게 그 편지를 전했고 그 편지를 다 읽고 칸은 정신을 잃고 쓰러졌다. 여러 수단을 동원해서 겨우 칸은 제정신을 차렸다.

"내 아들이 아직 살아 있고 건강할 때 이 편지를 그에게 전해라. 즉시 출발해라. 어서 빨리 떠나라." 칸이 말했다.

파발꾼들이 달려가고 있을 때, 길에서 또다시 붉은 말을 탄 방랑하는 라마승을 만났다.

"자, 무슨 편지를 가져가는 거지? 이리 줘 봐!"

그가 요구했다.

"여기 있습니다." 그 파발꾼들은 이렇게 말하고 편지를 내주었다.

"이 편지를 가져가라. 길에서 내가 편지를 바꿔치기했다는 말을 하지 마라. 아니면 내가 너희를 단번에 삼켜 버리겠다." 이렇게 말하고는 그는 그들을 풀어 주었다.

이 두 청년은 목숨을 걱정해서 편지를 황갈색 말을 탄 악마, 방랑하는 라마승이 바꿔치기했다는 사실을 숨겼다.

"아버지 칸이 이 편지를 보냈습니다." 파발꾼들은 이렇게 말하고 그의 아들에게 말 탄 악마가 준 편지를 건넸다.

칸의 아들은 편지를 다 읽고 너무 놀랐다.

"아버지 칸의 명령을 어떻게 할까? 아버지는 3사젠 깊이의 구멍을 파라고 명령했고, 목수들은 나무로 필요한 것을 준비하고, 대장장이들은 쇠로 필요한 것을 준비해서 이 구멍에 어머니와 아들을 함께 묻으라고 명령했다. 그들이 얼마나 가여운지! 우리는 그런 아들이 태어난 것을 너무나 기뻐해서 아버지 칸한테 편지를 썼는데 아버지는 그런 명령을 보냈다니. 어떻게 할까." 칸의 아들은 결심을 했고 목수에게 나무로 필요한 모든 것을 준비하고 대장장이에게는 쇠로 모든 것을 준비하라고 명령했고 남쪽 산에 3사젠 깊이의 구멍을 파서 어머니와 아들을 거기에 파묻었다.

이 동안에 사람의 말을 할 줄 아는 비로드처럼 검은 말은 3층짜리 강철 궁전에 있었다. 그의 다리는 세 개의 철 띠로 묶였고 머리에는 세 개의 철 굴레가 씌워져 있었는데 이 모든 것은 그가 굴레와 띠를 찬 적이 없었기 때문이다. 말은 모든 장비를 잡아당기고 벗으려 하고 뛰어 다니고 펄쩍펄쩍 뛰어오르기 시작했고 굴레와 띠를 끊기 위해서 적지 않은 힘을 썼으며 궁전을 부숴 버리고 왔던 곳으로 달려갔다. 구멍을 파고 거기서 어머니와 아들을 꺼냈고 그들을 태워서 산으로 올라갔는데 그들은 눈을 뜨지 않았다.

"에이, 누가 나를 도로 산에 데려왔을까?"

아가씨가 물었다.

"여기서 살아가시게 될 거예요." 말이 대답했다.

'왜 말은 '함께 살게 될 거예요'가 아니라 '살아가시게 될 거예요'라고 말하는 거지'라고 아가씨가 속으로 생각했다.

"이 밤에 저는 죽어요. 아가씨가 지체 높은 사람의 며느리가 되려고 했을 때 저는 아가씨에게 내 고유한 장비인 고삐와 띠가 항상 제게 있어야 한다는 것을 상기시키면서 행복 때문에 잊어버려서는 안 된다고 당부했어요. 내 다리는 세 개의 철 띠로 묶여 있었고 세 개의 철 고삐로 나는 씌워져 있었어요. 내가 그 고삐와 띠를 끊고 그 궁전을 부숴 버리는 동안 삼백 년을 살 수 있도록 주어진 힘을 낭비해 버렸어요."

"죽지 마, 우리를 가엾게 여겨." 아가씨가 울면서 말했다.

"아무리 울어도 내 삶은 이미 흘러갔어요. 제가 죽으면 내 다리를 주문을 외면서 묻어서 그 다리들이 세상의 네 방향에서 네 그루의 백단 나무로 변화할 수 있게 해 주세요. 내 머리도 주문을 외면서 묻어서 머리에서 수정이 형성되게 해 주세요. 나한테서 가죽을 벗겨서 방석을 만드세요. 내 넓은 가슴은 아가씨에게 집이 될 거예요. 둘이서 그렇게 사세요. 저는 더 이상 살 수가 없어요." 말이 이렇게 말했다.

이 말을 듣고 그들은 잠자리에 들러 갔다. 아가씨가 아침에 일어나 보니 말은 정말로 죽어 있었다. 말의 당부대로 네 다리를 주문을 외어 묻어서 세상의 네 방향에서 네 그루의 백단 나무로 변화되도록 했다. 주문을 외면서 머리를 가운데 묻어서 머리에서 수정이 형성되게 했다. 말에서 가죽을 벗겨서 방석을 만들었고 말의 넓은 가슴은 그들에게 집이 되었다. 그렇게 그들은 살아갔다. 어느 날 아침에 눈을 뜨니

세상의 네 방향에 네 그루의 백단 나무가 자라 있었다.

곧 황갈색 말을 탄 그 악한이 나타났다.

"아아. 여기에 네가 있었구나?" 그가 말했다.

아가씨는 너무 놀라서 아들을 데리고 재빨리 나무 위로 올라갔다. 이때 악마는 구역질을 했고 입에서 도끼가 떨어져 나왔다. 옷자락을 접어 올려 허리춤에 찔러 넣고 그는 그 도끼로 나무를 찍기 시작했다. 나무는 매우 굵고도 굵었다. 악마는 그 나무를 찍고 또 찍어서 반쯤 찍었고 나무가 곧 쓰러질 듯했다. 하지만 악마가 매우 지쳤다. 이때 회색 늑대가 나타나서 말했다.

"만가스하이,[5] 만가스하이, 왜 그렇게 지쳤어요? 도끼를 이리 주세요. 제가 도울게요. 나무를 찍어 드릴게요."

"그래, 죽도록 피곤하구나. 무슨 일이 있어도 나무를 쓰러뜨려야 한다." 그는 이렇게 말하고 도끼를 넘겨주었다.

늑대는 악마가 잠이 들 때까지는 도끼 날로 '탕탕' 두드렸고 졸기 시작하자 도끼 등으로 '탕탕' 두드렸다. 그가 잠이 들자 늑대는 도끼를 한 번 휙 휘두르더니 던져 버리고 도망

---

5) 만가스하이(Мангасхай). 만가트하이(мангатхай), 만가드하이(мангадхай)라고도 한다. 부랴트 민담이나 설화에 자주 등장하는 괴물 이름으로 식인 괴물이며 악하거나 부정적 역할을 담당한다.

쳤다.

"다른 나무로 옮겨 가야겠구나." 어머니는 아들과 함께 이렇게 결정하고 다른 나무로 올라갔다.

그 악마는 자고 또 자다가 잠이 깼다.

"이 저주받을 회색 늑대가 도끼도 없이 나를 남겨 두고 도망쳐 버렸구나." 악마는 이렇게 말하고 또다시 구역질을 해서 입에서 다시 도끼를 뱉어 냈다.

그는 다른 나무를 찍기 시작했고 이때 여우가 달려왔다.

"만가스하이, 만가스하이. 왜 그렇게 힘들어하세요? 제게 도끼를 주세요. 제가 조금만 도와드릴게요." 여우가 말했다.

"늑대한테는 속아 넘어갔지만 붉은 여우, 너한테는 속아 넘어가지 않겠다." 그는 이렇게 말하고 계속 나무를 찍었다. 여우는 계속 앉아서 물러나지 않았다. 악마가 정말로 힘이 빠지자 도끼를 여우에게 내주었다. 악마가 자지 않는 동안은 여우가 도끼 날로 나무를 '탕탕' 쳤지만 졸기 시작하자 도끼 등으로 '탕탕' 쳤다. 악마가 잠이 들어 여우가 도끼를 휙하고 휘둘러 땅에 꽂자 도끼가 땅속으로 몽땅 들어가 버렸다.

"자, 이 나무에서 우리가 살아남을 수는 없을 것 같구나." 어머니는 아들과 함께 이렇게 결정하고 다른 나무로 옮겨 갔다.

악마가 잠에서 깨서 또다시 구역질을 해서 입에서 다시 도끼를 토해 냈고 나무를 찍기 시작했다.

"불행한 운명이 너와 나를 기다리는구나. 맨 처음부터 우리의 인생은 좋지 않게 이루어졌던 게야." 어머니는 아들에게 말했다.

"또다시 그는 도끼로 찍기 시작했구나, 누가 우리 목숨을 구해 줄까? 그런 사람을 찾을 수 있을까?" 그들은 말했다.

이때 태양이 떠올랐고 뿌연 먼지가 피어올랐다. 그녀는 이 먼지를 보고는 기뻐하면서 누군가가 그들을 도우러 올 수도 있다고 확신하고는 기뻐서 웃기 시작했다.

"왜 너는 기뻐하며 웃는 게냐?" 악마가 물었다.

"태양빛 아래서 먼지가 뭉실뭉실 피어오르고 있구나. 내 생각에 이것은 우리를 도우러 오는 것이라서 기뻐하는 거다." 그녀가 대답했다.

"정말, 정말 그렇단 말이냐." 악마는 이렇게 말하고 얼굴을 돌려 오줌을 누었고 그 자리에 구멍이 생겼으며 악마는 그 속으로 뛰어들었다.

"이 나무는 곧 쓰러지겠구나." 어머니가 아들에게 말했고 그들은 네 번째 나무로 올라갔다. 그들이 그 나무에 올라갔을 때 개 두 마리가 달려왔다.

"악마는 어디로 갔어요? 어디로 숨었어요?"

개들은 뛰면서 짖어 댔다.

"악마는 오줌을 눈 구멍으로 뛰어들었고 아무에게도 이것을 말하지 말라고 명령했어." 그녀가 말했다.

"그렇군, 그러면 우리도 이 구멍으로 내려가서 그의 흔적을 뒤쫓아 가자. 아마도 정오까지 이 구멍에서 하얀 거품과 붉은 거품이 나오게 될 것이오. 정오 이후에 이 구멍에서 붉은 거품만 나오면 우리가 진 줄로 아시오. 그러면 당신들은 스스로 목숨을 구해야만 될 것이오." 두 마리의 개가 짖었고 그 구멍으로 쑤욱 들어갔다. 이 개들은 가끔씩 사람들한테 나타나는 사후세계 수호자들이었다.

정오경에 이 구멍에서 하얀 거품이 붉은 거품 사이사이에 끼어 위로 올라오기 시작했다.

"그렇군, 우리 일과 인생이 매우 안 좋게 되어 가고 있군. 우리의 구원자들이 졌구나." 그들은 이렇게 확신하고 그 나무로 다시 올라가서 앉아 있었다. 이때 구멍에서 두 마리의 개가 뛰어나왔다.

"이제 당신들은 모두 행복하게 될 거요!" 그 개들은 이렇게 말하고 사라졌다.

어머니와 아들은 나무에서 내려와서 검은 말의 가죽을 가져다가 반쪽은 밑에 깔고 반쪽은 덮었다. 그렇게 몇 달이 흘렀고 곧 1년이 되어 갔다.

아버지 칸이 낯선 나라에서 조국의 집으로 돌아왔다. 집으로 돌아와서 물었다.

“내 며느리는 어디 있느냐?”

“아내가 황금 가슴과 은엉덩이를 가진 아들을 낳았어요. 아버지께 큰 기쁨을 전해 드리고 싶어서 편지를 파발꾼 두 명에게 들려 보냈어요. 그런데 대답으로 아버지는 그런 명령을 보내셨어요. 그래서 아버지께서 명령하신 모든 것을 수행했어요.” 아들이 칸에게 말했다.

파발꾼 두 명을 불러서 심문하기 시작했다.

“우리가 칸에게 가는데 길에 황갈색 말을 탄 악마가 나타나서 아드님의 편지를 바꿔치기했어요. 우리는 죽음이 무서워서 이 사실을 당신께 숨겼고 악마가 써 준 편지를 전해 드렸어요.” 파발꾼들이 말했다.

“악마의 말을 듣다니, 이런 악당 놈들 같으니라고!”

칸은 이 말을 하면서 그들의 목을 베어 버렸다.

“아마도 우리 며느리는 죽었겠구나. 하지만 어쨌든 며느리를 찾아야만 하겠다.” 이렇게 결심하고 사람들을 사방으로 보냈다.

이 사람들은 가고 또 가다가 이렇게 결정했다. “있으면 있겠지. 이제 그녀가 살던 그 산에서 찾아보세나.”

그들이 거기에 가 보니 어머니와 아들이 예전 자기 말 가죽의 드넓은 가슴 위에 앉아 있었다.

"칸이 당신들을 모셔 오라고 명령했습니다."

"가지 않겠어요. 저는 여기에 버려졌어요. 절대로 그 칸한테는 돌아가지 않겠어요. 칸의 아들은 저를 땅에 묻었고 죽이려고 했어요. 그렇지 않았다면 내 말도 살아 있었을 텐데."

그녀는 바뀐 편지에 대한 진실을 알지 못했다. 아무리 해도 함께 가자고 설득할 수가 없었고 그들은 그녀 없이 칸에게로 돌아갔다.

"폐하의 며느리는 그 먼 산에 있습니다. 돌아오고 싶어 하지 않습니다." 되돌아온 두 청년이 말했다.

"괜찮다. 며느리는 길에서 일어났던 일에 대해 아무것도 모르니까. 우리가 직접 가자." 칸은 이렇게 말하고 아들과 함께 출발했다.

칸은 아들과 함께 그 산에 도착했고 며느리에게 모든 것에 대해 이야기해 주었고 두 명의 파발꾼은 처형당했다는 것을 알리고는 며느리를 손자와 함께 집으로 데려왔다. 곧 며느리는 자기 부모님을 모셔 왔고 그들은 모두 함께 행복하게 살았다.

아르자 보르지 칸과 선녀 우힌

한 사람이 아들을 군대에 보냈다. 몇 년이 흘렀다. 군대에서 제대한 아들이 돌아왔지만 혼자가 아니었다. 아버지 앞에는 물방울 두 개처럼 꼭 닮은 두 명이 서 있었다. 두 명은 앞을 다투어 노인에게 '내가 아들이에요!', '아니에요. 내가 아들이에요'라고 소리쳤다.

노인이 아무리 그들을 가까이서 쳐다보아도 누가 진짜 아들인지, 누가 아들인 척하는 것인지 알 수가 없었다. 그래서 노인은 그들을 데리고 아르자 보르지 칸의 지혜와 공정함을 기대하고 칸한테 갔다.

칸은 조금도 주저하지 않고 두 명 중 누가 진짜 아들인지 알아내겠다고 약속했다. 그리고 쌍둥이 같은 두 명에게 말했다.

"자, 내게 너희 아버지의 족보를 이야기해 봐라. 너희 중에 누가 할아버지, 증조할아버지, 고조할아버지와 선조들의 이름을 기억하느냐?"

첫 번째 청년은 10대까지 선조들의 이름을 나열했고 두 번째 청년은 할아버지와 증조할아버지의 이름만 알고 있었다.

아르자 보르지 칸은 노인에게 10대까지의 족보를 기억하는 사람이 아들이라고 선포했다.

노인은 칸에게 감사하고 집으로 갔다. 그에게서 두 청년 모두 떨어지지 않았다. 족보를 기억하지 못했던 청년은 슬프게 울었다. 곧 그들은 언덕으로 올라갔는데 거기에는 한 처녀가 앉아 있었다. 처녀가 물었다.

"당신들은 누구세요? 왜 이 청년은 울고 있는 거죠?"

노인이 말했다.

"내가 아들을 친위대 근무를 하러 보냈는데 두 명이 돌아왔다오. 나는 그들 중에 누가 진짜 아들인지 알아볼 수가 없어서 칸한테 갔더니 칸이 도와주었다오."

"그런데 왜 당신은 울고 있죠?" 처녀가 청년에게 물었다.

"내가 진짜 친아들인데 족보는 기억이 안 나요. 왜냐하면 오랜 세월을 군대에 있어서 잊어버렸거든요."

처녀가 말했다.

"할아버지, 제가 둘 중에 누가 할아버지 아들인지 구별하는 것을 도와드릴게요."

그리고 청년들에게 말했다.

"좀 멀리 떨어져 갔다가 이리로 달려오세요. 첫 번째로 도착한 사람은 내 점토 병으로 들어가야 해요. 첫 번째로 병으로 들어가는 사람이 할아버지의 아들이에요." 처녀는 등 뒤에서 작은 병을 꺼냈다.

청년들은 뒤로 물러섰다가 다시 뛰어왔다. 10대까지 기억했던 청년은 단번에 두 번째 청년을 앞질렀고 첫 번째로 병까지 뛰어와서 그 속으로 기어들어갔다. 두 번째 청년은 숨을 헐떡이며 뛰어왔지만 병목에 손도 넣지를 못했다. 처녀는 병의 마개를 막고는 말했다.

"이건 악마예요. 이 악마가 할아버지의 아들이 되고 싶어서 할아버지도 속이고 칸도 속인 거예요."

노인과 아들은 처녀에게 깊이 감사하고 칸한테 달려갔다.

아르자 보르지 칸은 악마가 자신을 속인 것을 알고 화가 나서 병과 함께 악마를 불태우라고 명령했다.

칸은 이 지혜로운 처녀가 누구인지 알고 싶어서 그녀를 데려오라고 사람을 보냈지만 처녀는 이미 거기에 없었다. 그러자 칸은 언덕을 파헤치라고 명령했다. 그 언덕 밑에서 서른두 개의 계단이 있는 황금 왕좌가 나왔다. 각 계단에는 은으로 된 파수꾼 두 명이 서 있었다.

아르자 보르지는 왕좌에 앉아 보기로 결심했지만 첫 번째 계단에 올라갔을 때 파수꾼이 살아나서 칸을 밑으로 밀어내기 시작했다. 불쌍한 칸은 진창으로 떨어졌다. 계단의 옆으로 다가가서 써 있는 것을 읽어 보니 이 왕좌는 운명의 통치자인 선녀 우힌 텐게리의 왕좌였다. 계단을 올라가면서 파수꾼 각각에게 이야기 하나씩을 해 주는 사람만이 그 왕좌에 앉을 수 있었다.

그리고 왕좌에 오른 사람은 잠비 투비, 즉 온 세상의 통치자가 될 것이고 죽은 후에는 우힌 텐게리 나라의 옥황상제가 될 것이다.

칸은 이야기를 들려주면서 왕좌에 오르기 시작했다. 그는 예순네 가지 이야기를 해야만 했는데 예순세 가지 이야기를 하고는 더 이상 기억이 나지 않았다. 그러자 맨 위의 파수꾼들이 칸을 붙잡아서 때리기 시작했다. 그런 다음 칸을 서른한 번째 파수꾼들에게 넘겨주었고 계속 그렇게 했다. 모든 파수꾼이 불쌍한 칸을 때렸고 이런 식으로 그들은 다음 계단으로 칸을 내려보냈다. 그렇게 심하게 맞은 칸은 죽고 말았다. 그 처녀는 우힌 텐게리였고 운명의 통치자였다. 그 처녀는 사람들을 거의 도와주지 않았고 사람들은 더 많은 불행을 당했다. 그러나 어쨌든 그녀는 동방의 악한 신 중의 하나였고 그녀한테도 약간의 선한 면이 있었다.

두 자루

오래전의 일이었다. 가난뱅이가 부자와 이웃해서 살고 있었다. 가난뱅이는 씨 뿌리는 일을 하기 위해 이웃에게 고용되었다. 일에 대한 대가로 부자는 가난뱅이 일꾼에게 자그마한 땅덩이를 나눠 주었다.

이삭이 익기 시작했을 때 이른 여명에 예상치 못한 서리가 내렸는데 주인의 곡식은 건드리지 않고 가난뱅이한테 나눠 준 땅의 추수를 모두 망쳐 버렸다. 가난뱅이가 여름 내내 한 일이 헛수고가 되어 버린 것이었다.

다음 해 봄에는 가난뱅이가 다른 땅덩이를 달라고 했다. 그러나 가을이 다가왔을 때 또다시 냉해가 닥쳐서 주인집 땅은 건드리지 않고 가난뱅이의 곡식만 망쳐 놓았다.

'이런 낭패가 있나! 추위란 악당 놈이 나를 가지고 노는 것이 틀림없구나!' 가난뱅이는 이렇게 생각했다. 그리고 추위와 결판을 내기로 결심했다. 도끼를 갈아서 길을 떠났다. 너른 초원을 지나고 울창한 숲을 지나 그 앞에 하늘까지 솟은 산이 나타날 때까지 걸어갔다. 날개가 있어도 날아 올라가지 못하고 말을 타고도 도달하지 못할 산 정상까지 기어 올라갔다. 가난뱅이가 사방을 둘러보니 얼음 궁전이 보였다. 문지방을 넘어선 불청객이 음식이 차려진 은제 식탁에 앉아서 마음대로 실컷 먹고는 잠깐 졸려는 순간에 냉기가 훅 끼치더니 집주인이 돌아왔다.

"누가 감히 내 식탁에 앉았느냐!" 집주인의 목소리가 쩌렁쩌렁 울렸다.

"당신의 음식은 우리 초원에서 가장 가난한 가난뱅이가 먹었소이다. 당신은 누구요?" 객이 대답했다.

"추위라고 한다." 궁궐의 주인이 말했다.

"내가 찾던 게 바로 너로구나!" 가난뱅이는 도끼를 들면서 소리쳤다. "오래전부터 네 목을 치려고 별러 왔다."

"내가 무슨 죄란 말이냐?" 추위가 물었다.

"네가 바로 내 추수할 곡식을 망쳤지 않았느냐. 그것도 두 번씩이나. 내 주인의 곡식은 낟알 하나 안 건드리고 내버려 두었으면서." 가난뱅이가 말했다.

"너를 화나게 하려고 한 게 아니니, 나한테 화내지 마라. 너의 보잘것없는 곡식 자루 대신에 다른 것을 주마. 그 자루를 가지고는 굶어 죽진 않을 거다." 추위가 가난뱅이에게 이렇게 말하면서 볼품없는 자루 하나를 내밀었다.

"필요할 때 열어 봐라." 추위는 이렇게 말했다.

가난뱅이는 자루를 들고 궁궐 주인에게 감사하고는 집으로 발길을 돌렸다. 배가 고파졌을 때 자루를 열었더니 일순간에 아가씨 두 명이 나타났다. 두 아가씨는 가난뱅이 앞에 금으로 뜬 식탁보를 펼쳐 가난뱅이를 대접했다.

가난뱅이의 천막에서 두 아가씨는 두 손 놓고 앉아 있지 않았다. 누더기와 넝마를 모두 집밖으로 내던져 버리고는 자루에서 값비싸고 아름다운 물건들을 꺼내서 가장 필요한 것이 손닿을 곳에 바로 놓이도록 배치해 놓았다. 가난뱅이는 콧노래를 부르며 근심 걱정 없이 살게 되었다.

일꾼이 왜 들에 나오지 않는 걸까? 주인은 궁금해서 미칠 지경이었다. 주인은 그의 집을 들여다보았고 기절해 자빠질 정도였다.

"어디서 이런 부귀영화가 났느냐?" 주인은 물었다.

"당신은 일하지 않으면서도 부자로 사시면서, 저라고 왜 가난하게 살아야만 한답니까?" 이웃집 가난뱅이가 대답했다.

부자는 할 말이 없어 입을 다물고는 집으로 돌아와서 흉계를 꾸몄다. 술 한 동이를 끓이고 양을 한 마리 통째로 구워서 이웃을 집으로 초대했다. 부자는 이웃 가난뱅이를 대접하기 시작했고 그에게 술을 계속 따라 주었으며 볼품없는 자루의 비밀을 알아냈다.

"네게는 이미 모든 것이 있잖아. 내게 자루를 팔아. 그러면 우리 둘 다 행복해지는 거잖아." 부자가 말했다.

가난뱅이는 술에 취해서 마법의 자루를 팔았고 다음 날 아침 아차 싶어 머리를 쥐어뜯었지만 이미 늦었다. 그리고 1년이 지나지 않아서 가난뱅이는 받았던 동전 한 닢까지 모두 먹는 데 써 버렸고 예전처럼 가난하게 살기 시작했다. 죽도록 배가 고팠고 애통해서 서럽게 울었다. 그래서 다시 한번 추위에게 다녀오기로 결심했다.

"당신은 어째서 또다시 나에게 냉해를 입혀서 내 추수를 망쳤소이까?" 가난뱅이가 얼음 궁궐의 주인에게 물었다.

"내가 너에게 굶주림과 추위를 모르게 될 물건을 주지 않았느냐?" 추위가 놀라서 물었다.

"부자 이웃이 속임수로 마법의 자루를 빼앗았소. 나는 또다시 가난하고 추운 혈혈단신이오. 나를 죽이든지 아니면 살려 내시오!" 가난뱅이가 애원했다.

그러자 추위가 곡절 많은 불쌍한 가난뱅이에게 오색 구슬로 짠 자루를 선물했다.

"이 자루는 더 예뻐서 네 이웃에게 더 알맞을 거다. 이전의 자루와 바꾸어라." 추위는 가난뱅이를 집으로 배웅하면서 이렇게 지시했다.

가난뱅이는 도중에 지치고 배가 고파서 구슬로 짠 자루의 마법의 힘을 시험해 보기로 결심했다. 가난뱅이가 자루를 열자마자 구릿빛 얼굴의 건장한 청년 두 명이 튀어나왔고 육중한 주먹으로 가난뱅이를 마구 때리기 시작했다.

가난뱅이가 자루를 닫자 구릿빛 얼굴의 청년들은 사라졌다.

가난뱅이는 시기심 많은 이웃 부자에게로 향했다. 집으로 들어서서는 식탁에 앉아 새로운 자루를 잘 보이는 곳에 놓아두었다.

"그렇게 예쁜 자루는 어디서 났어?" 부자가 물었다.

"첫 번째 자루 난 데서 났지요." 가난뱅이가 대답했다.

"바꾸자." 시기심 많은 이웃이 제안했다.

가난뱅이는 거절하는 척하기 시작했고 부자는 그를 설득하기 시작했다. 결국 협상을 했고 가난뱅이는 볼품없는 자루를 가져갔고 이웃에겐 구슬로 짠 자루를 건네주었다.

다음 날 부자는 듣도 보도 못한 화려한 주연을 열기로 결심하고 친구들을 불렀다. 손님들이 모였고 식탁에 앉았다.

"오늘 나는 더 부자가 되었네!" 주인은 구슬로 짠 자루를 열면서 이렇게 선포했다.

그 자루에서는 구릿빛 얼굴의 건장한 청년 두 명이 튀어나왔고 육중한 주먹으로 손님들을 마구 갈겨 대기 시작했다. 손님들은 혼비백산해서 흩어졌고 주인은 자루를 닫는 것도 잊어버린 채 손에서 떨어뜨려서 지금까지도 집에 들어가기를 무서워하고 있다.

총명한 냐냐

오래전 일이었다. 소년이 아버지와 어머니 없이 혼자 남겨지게 되었다. 다섯 살 때부터 이 고아는 한 부자의 아이들을 돌보기 시작했다. 일곱 살 때부터는 다른 고관한테 가서 목동 일을 시작했다.

9년을 고아 소년은 양을 방목했다. 이 세월 동안 암양 한 마리도, 새끼 양 한 마리도 잃어버리지 않았고 소년은 어느새 청년으로 변해 있었다.

그러나 어느 날 거친 눈보라가 불어닥쳤다. 사흘 밤낮을 바람이 잦아들지 않았고 젖은 눈이 눈앞을 막았다. 이때 암양 스물다섯 마리가 뿔뿔이 흩어져 길을 잃고 말았다. 청년은 양들을 찾으러 나섰지만 찾을 수가 없었다. 작은 자작나무 숲에서 청년은 하얀 자작나무 지팡이를 짚은 백발의 노인을 만났다.

노인이 물었다.

"왜 울고 있는 겐가?"

운수 나쁜 목동 청년이 대답했다.

"어떻게 울지 않겠어요? 다섯 살 때부터 아버지도, 어머니도 없이 혼자되었어요. 일곱 살 때부터는 고관 댁에서 목동 일을 시작했어요. 9년을 목동 일을 했지만 이 세월 동안 양 한 마리도 죽이지 않았고 새끼 양 한 마리도 잃어버리지 않았어요. 그런데 이번 눈보라에 스물다섯 마리의 양이 없어져서 흔적도 보이지를 않아요. 저 같은 가난뱅이는 평생을 일해도 잃어버린 양 값을 다 갚을 수가 없단 말이에요."

노인은 청년이 불쌍해서 말했다.

"여보게, 너무 슬퍼하지 말게. 스물다섯 마리 양은 두 계곡이 시작되는 산비탈에서 풀을 뜯고 있다네. 그리고 내 충고를 기억하게나. 양들이 사방으로 흩어지기 시작하면 양들 뒤에 대고 '냐냐!'라고 소리치게. 그러면 양들은 서 있던 곳에 누워 땅바닥에 얼어붙은 듯이 붙어 있을 거네. 만약 일으키고 싶으면 '소오보르, 소오보르'라고 말하게나. 그러면 양들이 일어나서 풀을 뜯기 시작할 테니."

청년은 두 계곡이 시작되는 장소에 도착해서 잃어버린 양 스물다섯 마리를 찾았고 양 떼를 몰아갔다. 그러나 양들은 자유롭게 야생화한 것처럼 뿔뿔이 흩어져서 감당할 수가 없었다. 그때 청년은 노인의 충고가 떠올라서 '냐냐!' 하고 소리쳤다. 눈 깜빡할 사이에 말 안 듣던 양들이 외침 소리를 들은 곳에서 바로 누웠다. 청년은 양들을 일으키려고 해 보았지만 할 수가 없었고 모두 하나같이 땅에 붙은 것처럼 누워 있었다. 목동 청년은 그늘진 나무 아래 누워서 깊은 잠에 빠졌다. 청년이 자는 동안에 어느 양 한 마리도 움직이지 않았다. 청년이 일어나서 '소오보르, 소오보르'라고 말하자 양들은 일어나서 평화롭게 풀을 뜯기 시작했다. 청년은 염려를 모르고 근심 걱정 없이 살게 되었다.

어느 날 그는 양 떼를 부락으로 몰아왔다. 그를 맞아 주인이 나오면서 말했다.

"우리 흰 이마 암양이 살이 많이 쪘고 비계가 많네. 그 양을 잡아먹어야겠어."

그래서 청년은 암양을 데려왔다. 주인이 암양을 죽였는데 암양은 마치 봄과 여름 목초지에서 풀을 뜯지 않은 것처럼 전혀 비계가 없었다. 부자는 목동을 꾸짖기 시작했다.

"네가 이렇게 내 양들을 치고 있단 말이냐! 어째서 양들이 여름 초원의 싱싱한 풀을 뜯고도 이렇게 마를 수가 있단 말이냐?"

이 말을 듣고 부자의 아내는 화가 나서 병이 나 버렸다. 가장 화가 난 것은 부자였다. 그는 목동을 회초리로 때리고 발로 짓밟기 시작했다.

그리고 이렇게 말했다.

"어서 가라. 가서 무당을 데려와 내 소중한 부인을 고치게 해라."

무당은 독주를 마시고 신선한 고기를 먹을 양으로 신이

나서 부자한테로 갔다. 부자한테 와서 보니 그의 부인이 침상에 되는 대로 누워서 탄식하고 신음 소리를 내고 있었다. 무당은 아픈 부인에 대고 무당 점을 치기 시작했고 양의 뼈로 점을 치더니 이렇게 말했다.

"병을 고치려면 다섯 가마에서 한 가마로 내려 만든 독주 세 병이 필요해요. 위대한 귀신이 이렇게 하랍니다!"

부자는 식탁에 가장 강한 독주가 꽉 찬 병 세 개를 놓고 김이 모락모락 나는 고기가 가득 놓인 쟁반을 무당에게 내밀었다. 무당은 자기 잔에 세 병의 독주를 붓고는 창가로 다가가서 오래된 관습대로 '세크! 세크!' 하면서 손가락으로 독주를 흩뿌리기 시작했다.

그러는 사이에 청년 냐냐는 한쪽에 앉아서 흑빵을 씹고 물을 마시면서 속으로 생각했다. '내가 양들에게 '냐냐!' 하고 말하면 양들은 땅에 달라붙어 있었는데. 이 말이 무당하고 주인 나리 부부한테도 그대로 먹히지 않을까?' 청년이 이렇게 생각하고 바로 '냐냐!'를 말하자마자 무당은 공중에 잔을 든 채로 그 자리에서 바로 창문턱에 붙어 버렸고 부자는 독주 세 병을 껴안은 채 식탁에 붙었고 부자의 아내는 침상에 붙어 버렸다.

"무당 양반, 무슨 일입니까? 왜 굿을 하지 않으십니까?" 주인이 깜짝 놀라서 물었다.

무당이 대답했다.

"경솔한 귀신에게 술을 튀겼든지, 귀신 이름을 잘못된 때에 불렀나 보오. 이 벌로 나는 불행하게도 창문턱에 붙어 버렸고 손도 발도 옴짝달싹 못 하겠소."

부자의 부인이 말했다.

"무당 양반, 만병을 낫게 해 달라고 불렀더니 우리를 죽이려 하고 있군요!"

무당이 말했다.

"나도 어쩔 도리가 없다오. 하지만 여기서 멀지 않은 곳에 현명한 라마승이 살고 있소. 그만이 불경을 읽어 우리를 이 불행에서 구해 줄 것이오."

주인은 청년을 불러서 말했다.

"어서 빨리 조각이 온통 화려하게 장식된 수레에 가장 좋은 말을 묶어서 그 라마승을 모시러 다녀와라."

청년 냐냐는 말 떼에서 가장 좋은 말을 잡아서 서둘지 않고 천천히 말을 수레에 묶으면서 말했다.

"나리들 모두 그렇게 하셔야지요. 어릴 적부터 저는 나리들한테 좋은 말이라고는 한 마디도 들어 보지 못했어요. 거짓말과 욕만 들었어요."

청년은 라마승에게 갔다.

"우리 주인어른이 스님을 부르십니다." 청년이 말했다.

무당처럼 라마승도 독주와 기름진 고기와 부드러운 기름이 그를 기다릴 것을 생각하고 기뻐했다. 그런데 부자한테 도착해 창문턱에 붙은 무당, 식탁에 붙은 주인, 침상에 붙어 있는 부자의 아내를 보고 너무 깜짝 놀랐다.

무당이 애원했다.

"위대한 라마승이여, 저는 귀신 이름을 헷갈려서 그 벌로 이렇게 우리 모두가 만졌던 것에 붙어 버렸습니다. 우리를 구해 주세요!"

현명한 라마승은 식탁에 앉아서 위대한 경전을 읽기 시작했다.

청년 냐냐는 말을 풀어놓고 집으로 들어왔다.

"라마승께 독주를 가져다 드리고 고기를 더 많이 대령해라!" 식탁에 붙은 주인이 청년에게 소리쳤다.

청년 냐냐는 주인의 고함 소리에 복종했지만 라마승한테 음식을 갖다 놓기 전에 자신이 먼저 모든 음식을 맛보았다. 청년은 '평생 배를 곯고 다닐 수는 없잖아'라고 생각했다.

라마승은 경전을 읽고 또 읽으면서 기름을 숟가락으로 떠서 입으로 가져갔다.

'이렇게 욕심 많은 라마승은 마음에 들지 않아. 라마승도 그가 앉은 의자에 붙어 버리라지. 기름을 뜬 숟가락은 입에 붙어 버리고.' 청년 냐냐는 생각했다.

그가 이렇게 생각하고 '냐냐!' 하고 말하자마자 라마승은 입 쪽에 숟가락을 든 채로 굳어 버렸고 놀라서 두 눈이 휘둥그레졌다.

부자, 무당, 라마승은 '누가 과연 그들을 도와줄 수 있을까' 생각을 하면서 추측해 보기 시작했다. 생각하고 또 생각하다가 '모든 부자와 고관들을 불러모아야 한다. 그들은 이 불행으로부터 우리를 구하려고 노력해 줄 거다'라고 결론 내렸다.

청년 냐냐는 속으로 웃으면서 옆집의 부자들과 고관들을 부르러 갔다. 가면서 이렇게 말했다.

"우리의 무당은 창문턱에 붙었고, 라마승은 의자에, 주인은 식탁에, 주인마님은 침상에 붙어 버렸습니다. 어서 빨리 와 주세요. 도와주시길 기다리고 있어요."

마을 사람들은 너무 놀랐다. 이런 부름에 부자와 고관들이 달려와서 무당을 창문턱에서, 라마승을 의자에서, 주인을 식탁에서, 여주인을 침상에서 떼어내려고 하기 시작했다.

한 사람씩 끌어당겨 보았지만 소용이 없었다. 그래서 서로서로를 붙잡고서 당기기 시작했다.

'만약에 모든 부자와 고관들이 서로서로 붙어 버린다면 어떻게 될까?' 청년이 이렇게 생각하고 '냐냐!' 하고 말했다.

부자들과 고관들이 서로서로를 붙잡자 그렇게 붙어 버렸다. 일곱 날을 울었고 일곱 날을 기도했지만 풀려날 수가 없었다.

"어떤 귀신이 우리를 이리로 불러들여서 욕을 먹였단 말이냐!" 부자들과 고관들은 울부짖었다.

갑자기 그들 중 한 명이 말했다.

"내가 듣기로 여기서 멀지 않은 곳에 마녀 한 명이 살고 있대요. 그 마녀를 불러서 우리의 마법을 풀어 달라고 해 봐요."

그런데 누가 갈 것인가? 손님들 중 한 명도 그 자리에서 움직일 수가 없었다.

"마녀를 데려와 주렴." 청년의 주인이 이제는 명령하지 않고 부탁했다.

"저는 급할 게 하나도 없어요. 부자 양반들과 고관님들한테나 필요한 일이지요! 하지만 울면서 부탁하시니까 마녀를 데려오지요. 그렇대도 마녀가 어르신네들을 도와줄 수는 없을 거예요." 청년 냐냐가 대답했다.

청년 냐냐는 마녀를 데려왔다. 마녀가 점을 치면서 주술을 하기 시작했다. 그리고 마침내 이렇게 말했다.

"모든 잘못은 하얀 자작나무 지팡이를 가진 백발노인과 그의 마법 때문이에요."

마녀가 이렇게 말하자마자 마당에 하얀 자작나무 지팡이를 짚은 백발노인이 나타났다.

그가 말했다.

"부자와 고관님들, 라마승과 무당들이여. 당신들은 오랫동안 가난한 고아를 욕보이고 아침부터 저녁까지 부려 먹었소. 그는 당신들의 식탁에서 나온 부스러기를 먹었고 젖은 땅바닥에서 잤고 넝마 옷을 입었소. 이제 당신들의 구원은 과거 당신들 머슴의 손에 달렸소이다."

"우리를 불쌍히 여겨 주세요!" 부자들과 고관들이 애원했다.

그들은 청년에게 말 떼와 양 세 마리를 주고 그가 일한 데 대해 돈을 주겠다고 약속했다.

청년 냐냐는 밖으로 나와서 '소오보르-소오보르'라고 말했다.

부자들과 고관들은 자기 자리에서 떨어졌고 무당과 라마승은 뛰쳐나가서 뒤도 돌아보지 않고 마당에서 도망쳤다.

청년은 말과 양을 자기 집으로 몰고 가서 행복하게 살았다.

후르 연주자

옛날에 노부부가 살았는데 이 부부에게는 세 아들이 있었다. 두 노인이 아들들에게 이렇게 말했다.

"이 세상에서 살 날이 얼마 남지 않았구나. 죽기 전에 너희가 결혼해서 손주 녀석들을 무릎에 앉혀 보고 복슬복슬한 머리를 쓰다듬어 보았으면 좋으련만."

말한 대로 되었다. 형제들은 결혼했다. 모든 것에 운이 따랐던 두 형은 이번에도 운이 좋았다. 형제들의 아이들은 하나같이 귀엽고 예뻤다. 노부부의 기쁨은 끝이 없었다. 죽음이 임박하자 모든 재산과 모든 가축들을 두 형에게 유산으로 물려주었다. 자식 없는 막둥이의 몫으로는 아랫입술에 반점이 있는 다리를 저는 말과 할아버지의 후르[6]가 돌아왔다.

막둥이는 선율이 고운 후르를 너무나 사랑해서 어디나 들고 다녔다. 연주를 시작하면 주변 숲의 새들은 잠잠해지고 바람도 잦아들고 나뭇잎 하나도 흔들리지 않았고, 말총 줄의 곡조를 듣기 위해 태양마저도 잠시 멈춰 서곤 했다. 막

6) 비파와 유사한 현악기의 일종으로 부랴트족의 전통 악기다.

둥이는 후르를 신비롭게도 잘 연주했고 목소리도 좋았다.

형들은 그를 비웃을 따름이었다.

"연주해라, 실컷 연주해. 너무 연주만 하고 놀아서 곧 있으면 손 벌리고 동냥하며 세상을 돌아다니게 생겼구먼!" 형들은 이렇게 말하곤 했다.

그것도 사실이었다. 막둥이의 집에는 때때로 먹을 것도 없었지만, 형들은 타이가[7]를 뒤져서 흑담비를 찾아다니기도 했다. 그리고 사냥에서는 너무 운이 좋아서 재물이 절로 굴러들어 갔다.

형들은 어느 날 타이가에서 짐승들이 수도 없이 많은 장소를 발견했고 동생을 사냥에 데리고 가기로 결정했다. 그리고 이렇게 말했다.

"다 도와줄게. 시간이 날 때는 고기를 삶고 차를 끓여라. 그러면 너한테도 뭔가 떨어지겠지."

형제들은 셋이서 그 장소에 도착했고 임시 바라크를 세

---

7) 시베리아에서 툰드라의 남쪽에 접한 우랄산맥에서 오호츠크해에 이르는 침엽수 삼림 지대를 가리키는 말이다. 북쪽은 북극해 연안의 툰드라 지대에 접하고, 남한(南限)이 서시베리아, 유라시아 방면에서는 체르노좀(흑토) 토양의 북한계선과 거의 일치하고, 동시베리아 방면에서는 남부의 산악 지대까지 뻗어서 넓게는 미국 북서부 · 캐나다 · 알래스카 등의 침엽수림을 포함한다.

웠고 말들한테는 헛간을 지어 주었다. 30일을 피곤함도 모른 채 타이가의 계곡과 분지를 돌아다니며 사냥을 했다. 형들은 산더미만 한 털가죽을 거두었지만 동생은 남모르는 사냥의 비밀들은 캐내지도 못했고 운도 없었으며 사냥물은 적었다. 예전처럼 형들은 그를 비웃었다.

불운이 끝이 보이지 않자 동생은 선율 좋은 후르를 손에 들고는 자기 운명을 원망하며 노래를 뽑아냈는데, 그 노래를 듣고 하늘은 캄캄하게 흐려지고 바람은 계곡에서 강도처럼 휘휘 불어닥쳤고 장대비가 내리기 시작했다.

그러나 후르 연주자도 사냥한 짐승이 없지는 않았다. 열에서 스무 마리 정도의 다람쥐와 스라소니 털가죽을 모았다.

집으로 돌아갈 시간이 왔다. 형제들은 마지막으로 힘을 점검하고 활쏘기 실력을 시험해 보기로 결심했다. 가장 운 나쁜 사람은 누구였을까? 당연히 막둥이였다. 막둥이는 절벽에서 미끄러져 떨어져서 무릎 위가 부러졌다. 형들이 그를 우연히 발견해서 바라크로 데려왔고 이렇게 말했다.

"동생을 집에 데려가지 맙시다. 막둥이는 오래 살지 못할 거요. 여기다 두고 갑시다."

그리고 형들은 후르 연주자를 바라크에 남겨 두었다. 윗입술에 반점이 있는 막둥이의 말을 잡아서 말리고 고기를 훈제해서 바라크 지붕 밑에 걸어 두었다. 막둥이가 처음에 굶어 죽지 않도록 하기 위해서였다. 말고기를 사방에 너는데 벽에 걸려 있던 선율 고운 후르가 떨어져서 구석에 나동그라졌다. 말총 줄이 애처로운 소리를 내면서 끊어졌는데, 막둥이는 아파서가 아니라 화가 나서 울기 시작했다.

이렇게 막둥이는 하루하루를 타이가의 바라크에 누워 있었고 막둥이에게 물을 가져다주는 사람도 아무도 없었고 좋은 말을 주고받을 사람도 아무도 없었다. 그러자 막둥이는 먼 구석까지 기어가서는 부서진 후르를 주워 들었고 도살된 말 꼬리에서 가장 팽팽한 말총을 뽑아서 끊어진 줄을 갈았다. 후르를 연주하자 이전보다 더 좋은 소리가 울려 나기 시작했다. 신비로운 소리는 타이가의 거주민들인 까치와 박새들, 흑담비와 담비, 그리고 타이가의 주인 레에헤이의 딸들인 세 처녀를 매혹했다.

매일 저녁 처녀들은 바라크로 와서, 홀린 것처럼 후르 가락을 들었다. 처음에 그 처녀들은 사람을 피했다. 그러나 날이 갈수록 점점 더 가까이 다가왔고 눈짓을 주고받고 서로 속삭였다. 처녀들 중의 한 명이 용기를 내서 바라크를 슬쩍 엿보았고 청년은 놓치지 않고 바로 이렇게 물었다.

"왜 들어오시지 않고 문 옆에서 서성거리기만 하세요?"

그러나 처녀는 그의 말에 대한 대답 대신 놀란 새 떼처럼 잣나무 숲에 숨어 버렸다.

다음 날 처녀들은 문 앞에 서 있었고 여전히 바라크로 들어오지 않았다. 또 하루가 지나자 처녀들은 문턱을 넘어왔다. 그러자 청년은 조용조용히 연주를 시작했다. 조심하는 것도 잊어버린 채 처녀들은 후르 연주자를 에워쌌고 다정한 노래에 귀를 기울이며 머리를 수그렸다.

"당신들은 어디에서 오셨습니까?" 청년이 연주를 마치고 처녀들에게 물었다.

"우리는 먼 고장에서 온 것도 아니고 가까이서 온 것도 아니며 타이가의 주인 레에헤이의 딸들답게 행동해야 한답니다. 비록 아버지는 그 누구의 눈에도 보이지 않지만 모든 것을 할 수 있답니다."

그러자 청년은 자신의 생활에 대해서, 곡절 많은 불행과 불운에 대해서 처녀들에게 이야기했다.

"도대체 알 수가 없어요. 죽는 것도 아니고 낫는 것도 아니에요." 청년은 자기 이야기를 마쳤다.

"이 신기한 물건은 뭐예요?" 처녀들은 후르를 가리키면서 물었다.

"후르예요. 내 유일한 위안이자 내가 가슴 깊이 간직한 것에 대해 알려 줄 수 있는 유일한 친구죠." 이렇게 말하고는 손에 후르를 들고 슬픈 노래를 연주하기 시작했다.

청년은 생각에 잠겨서 사람을 꺼리던 처녀들이 사라져 버린 것도, 깊은 잠이 눈썹을 감기는 것도 눈치채지 못했다. 그는 꿈을 꾸었는데, 가슴까지 턱수염이 긴 노인이 '너의 상처는 아물었고, 불행은 잠들어 깨지 않을 것이다'라고 세 번을 되풀이해서 말했다.

눈을 뜨고 보니 청년은 아름다운 궁궐의 부드러운 침대에 누워 있었고 옆에는 흰 턱수염의 노인이 앉아 있었다.

"일어나라. 차 마실 시간이다." 노인은 청년에게 말했다.

"어떻게 제가 일어날 수 있겠어요? 다리가 부러졌는데요." 청년이 놀라서 물었다.

"더 용감해져야지! 남자가 되어야지." 노인이 미소 지었다.

청년은 조심스럽게 약간 몸을 일으켰고 어떤 고통도 느끼지 못한 채 다리로 섰다. 그리고 예지몽과 '너의 상처는 아물었고…'라던 세 번의 반복이 생각났다.

그는 세 명의 낯익은 처녀가 앉아 있던 식탁으로 가서 즐거이 차를 마셨다. 그러자 노인이 말했다.

"나와 함께 가자."

그들은 타이가를 관통하는 미지의 오솔길을 지나서 산에 이르렀고, 그 산에는 뜨거운 아르샨[8]이 흐르고 있었다. 청년은 아르샨에서 목욕을 했고 몸이 완전히 좋아지고 마음이

유쾌해져서는 '불행은 잠들어 깨지 않을 것이다'라던 다른 말도 떠올랐다.

궁궐로 돌아와서 레에헤이는 완쾌된 청년에게 부랴트 용사의 옷을 선물했고, 청년이 옷을 갈아입자 자기 옆에 앉히고 어깨를 껴안고는 이렇게 말했다.

"딸들이 너의 연주와 훌륭한 노래를 듣고는 평정을 잃고 잠도 못 잤네. 딸들에게 선율 좋은 후르를 만들어 준다면 신세는 꼭 갚겠네."

청년은 레에헤이의 딸들에게 하나가 아닌 세 개의 후르를 만들어 주었고 켜는 법도 가르쳐 주었다. 처녀들은 너무나 똑똑한 제자들이어서 일주일 후에는 어떤 연주자보다 후르를 잘 켰고 노래는 더 잘 불렀다.

타이가의 주인 레에헤이는 기뻐서 어쩔 줄 몰랐고 청년에게 준마와 수없이 많은 흑담비를 선물했고 손님을 배웅해 주러 나섰다. 후르 연주자 청년의 고향 부락이 나타나자마자 타이가의 주인 레에헤이는 작별 인사를 하며 이렇게 말했다.

"나는 사람들의 눈에 띄면 안 되네. 너는 나를 만났다고 누구한테도 입도 뻥긋해서는 안 되네."

---

8) 아르샨은 부랴트의 산에서 흐르는 광천수나 약수를 말한다.

청년은 집으로 돌아와서 아주 멋지게 살기 시작했다. 시샘하는 형들이 쫓아다니면서 귀찮게 굴었고 계속해서 캐물었다.

"도대체 어디서 그 많은 재산이 난 것이냐?"

막둥이는 웃으면서 후르만 켤 뿐이었다.

가난뱅이 도르지

옛날 옛날에 가난뱅이 도르지가 세상에 살았다. 그는 평생을 고관 댁에서 머슴살이를 했고, 칸을 위해 허리를 굽실굽실했다. 어느 날 도르지가 장작을 패다가 잠시 쉬려고 앉았는데 문득 심히 슬퍼졌다.

그는 생각했다. '나 같은 수난자는 세상에 없을 거야. 젊은 시절, 황금 같은 시절을 나는 도끼질하는 것만 알 뿐이잖아. 언제나 내게도 햇볕 비치는 때가 오려나?'

이때 뻐꾸기 세 마리가 내려와서 소나무 꼭대기에 앉더니 멀고 먼 지방에서 보고 들은 것을 회상하기 시작했다. 한 뻐꾸기가 말했다.

"여기서 남동쪽에 대가뭄이 일었단다. 강물은 말라붙고 호수도 바닥났어. 우물도 모래로 덮였지. 풀은 먼지가 되었고 나무들은 돌로 변했고 가축들도 말라 죽어 버렸어."

"그런 불행에서 벗어날 길은 없는 거야?" 다른 뻐꾸기가 물었다.

"저쪽에 높은 산이 있어. 그 산의 정상에 거대한 바위가 있어. 그 바위를 파면 땅속에서 샘이 강처럼 흐르고 있지. 그 물이면 사람들이 실컷 먹고 풀을 일으킬 수 있고, 나무들을 살릴 수 있어." 빼꾸기가 말했다.

"내가 알기로는, 북서쪽 가장 높은 산 정상에 평평한 하얀 돌이 있대. 이 돌 밑에 무수히 많은 보물이 숨겨져 있대." 또 다른 빼꾸기가 말했다.

"이제는 네가 말할 차례야." 세 번째 빼꾸기에게 빼꾸기 친구들이 말했다.

세 번째 빼꾸기가 말했다.

"여기서 멀지 않은 곳에 작은 마을이 있어. 거기에 아내와 딸과 함께 한 가난뱅이가 살고 있어. 그의 딸은 예쁘기도 하고 똑똑해서 태어날 때부터 행복하도록 운명 지워졌지. 그런데 지방 부자들이 그 딸의 아름다움에 대해 알게 되어 서로 뒤질세라 청혼하기 시작했고, 거절을 당하면 불쌍한 처녀에게 끔찍한 재앙을 내려보냈어. 가난뱅이의 천막 지붕에 사람 머리만 한 딱정벌레가 달라붙어 있어. 딱정벌레는 밤마다 자고 있는 처녀에게 내려와서 마지막 남은 혈기까지 빨아먹고 있지. 미녀는 눈에 띄게 말라 가는데 부모는 이 병의 원인도 모르고 있지 뭐야."

빼꾸기들은 얘기를 나누더니 다른 방향으로 흩어져 날아갔다. 가난뱅이 도르지는 생각에 잠겨 앉아 있다가 이렇게 결심했다.

'당장 먼 지방으로 떠나야겠다. 목수용 도끼와 7일분의

음식을 싸 가야지.'

도르지는 주인 쪽을 흘긋 보았다. '매일 숲에서 음식을 가지러 오기가 너무 성가시다고 해야겠군. '내게 일주일분의 먹을 것을 주세요, 차는 내가 직접 끓여 먹을 테니'라고 해야겠다.' 도르지는 배낭에 음식을 넣었고 목수용 도끼를 가지고는 가뭄이 창궐했다는 쪽으로 출발했다. 그는 남동쪽으로 사흘을 걸어갔다. 마침내 거의 죽은 듯이 고요한 마을에 도착했다. 맨 가장자리에 있는 천막에 들어가서 보니, 구석에 노파와 노인이 앉아 있었는데 마치 졸음에 취해 꼼짝 못 하는 것처럼, 손도 발도 들어 올리지 못했다. 도르지는 인사를 하고 말했다.

"마실 물 좀 주시지 않겠어요, 너무 멀고 험한 길을 와서요."

노인들이 대답했다.

"우리가 잊어버리기 시작한 것에 대해 부탁을 하는군요. 벌써 한 달이나 우리는 침만 삼키고 있다오."

도르지가 애원했다.

"한 모금만, 한 방울만이라도 좀 주세요! 그러면 나중에 제가 노인 양반들의 갈증도 풀어 드릴게요."

"한 방울도 없다오. 끔찍한 무더위가 풀도 잿더미로 만들었고, 나무들도 바싹 말려 버렸다오. 수액의 흔적도 남아 있지 않고 갈증을 달래기는커녕 입술을 축일 것도 없다오."

도르지는 노인들의 천막에서 나왔고 마을을 따라가다가 가로질러 갔더니, 땅이 완전히 불타고 있었고, 굴속의 짐승들은 자취를 감추었고 가축은 작열하는 빛으로부터 피할 곳을 찾으러 다녔지만 찾을 수가 없었고 사람들은 겨우겨우 서서 지탱하고 있는 것이 보였다.

노인은 도르지가 나간 후 자작나무 지팡이를 손에 잡고 절뚝거리면서 이웃집으로 갔다. 천막을 두드리면서 이렇게 말했다.

"내게 나그네가 찾아왔었어. 물 한 모금 주면 우리의 갈증을 풀어 준다고 약속했어."

마을 주민들이 밖으로 쏟아져 나와서 도르지를 찾아내서는 그를 에워쌌다.

"나그네여, 당신은 어디서 왔습니까?" 그들이 물었다.

도르지가 대답했다.

"이 세상의 다른 끝에서 왔습니다. 세상을 돌아다니면서 사람들의 일과 운명을 관찰하고 내 것과 비교하고 있습니다."

마을 주민들이 말했다.

"세상을 돌아다녔다면 노련한 사람이겠군요. 우리 땅의 갈증을 풀도록 도와주시오. 그러면 우리도 당신이 원하는 것은 모두 주겠소."

"그렇지만 내가 하라는 대로 당신들이 복종하겠다고 동의할지 모르겠군요?" 도르지가 물었다.

"그렇게 하겠소!" 이구동성으로 마을 사람들이 대답했다.

"그러면 황소 백 마리, 가죽 끈, 지렛대, 도끼를 준비해서 나를 따르시오." 도르지는 명령했다.

온 세상에서 사람들이 황소 백 마리를 몰고 모여들어서, 가죽 끈과 자작나무 장대를 가지고 도르지 뒤를 따라서 출발했다. 그들은 얼음 산 기슭에 도착했고 거대한 바위가 있는, 예전의 강어귀 근처에 멈추었다. 도르지는 자기 도끼로 긴 자작나무 말뚝을 깎아 만들어서 그 바위 근처 땅에 박아 넣었다. 박힌 말뚝을 잡아 빼자 그 끝이 젖어 있었다.

"이 바위 근처를 파시오." 도르지가 명령했다.

마을 사람들이 땅을 파기 시작했다. 깊이 파 내려갈수록 흙은 더 축축해졌다. 사람들은 젖은 모래에서 물을 빨아먹었고 갈증을 풀었으며 더 열심히 파기 시작했다.

마을 사람들은 사흘 밤낮을 쉬지 않고 팠다. 그다음에 바위를 가죽 끈으로 둘러 묶고 백 마리의 황소를 매서 황소들을 몰아 바위를 끌기 시작했다. 거대한 바위는 오랫동안 꼼짝하지 않았다. 젊은이 늙은이 할 것 없이 덤벼들었을 때 칸의 천막만 한 크기의 바위가 움직이기 시작했고 황소들이 강을 가로막고 있던 바위를 저쪽으로 끌어냈다. 예전의 강바닥에 물이 흘러넘쳤고 계곡 전체에 사람들의 함성 소리와 함께 암소들의 즐거운 음메음메 소리, 양들의 매매 우는 소리, 말들의 히힝 하는 소리들이 넘쳐흘렀다.

사람들은 그릇과 양동이로 물을 퍼 담기 시작했고, 차를 끓이고 요리를 하고 자신들의 구원자를 대접하기 시작했다.

"무엇을 원하는지 말하시오." 그에게 마을의 웃어른들이 말했다.

"선하신 분들이여, 저는 아무것도 필요 없어요. 행복하게 사세요." 도르지가 대답했다.

"이런 훌륭한 청년이 말도 없이 순례를 한다는 것은 어울리지 않소." 웃어른들이 말했다. 그들은 가장 좋은 황갈색 말을 골라서 수레에 매고 축복하면서 손님을 배웅했다.

도르지는 가고 또 가서 부유한 마을에 도착했다. 맨 끝 천막에 들르니 남편과 아내가 쓰디쓴 눈물을 흘리고 있었다.

"무슨 슬픔이 있어서 그렇게 눈물을 흘리십니까? 왜 당신들의 검은 눈에서 눈물이 그렇게 복받쳐 오른 것입니까?" 도르지가 물었다.

"우리에겐 귀엽고 사랑스러운 딸이 하나 있다오. 하지만 침상에서 못 일어난 지가 벌써 두 해째요. 우리 귀염둥이가 죽기라도 한다면, 아궁이는 재와 먼지로 덮이고 우리는 살아갈 이유가 없다오." 부부는 이렇게 말하고는 그에게 물었다. "당신은 어디서 오시는 것이오? 어디로 가는 길이시오."

"저는 세상의 다른 끝에서 오는 길이며 세상을 떠돌면서 사람들의 일과 운명을 관찰하고 제 것과 비교하고 있답니다." 도르지가 대답했다.

"만약 세상을 돌아다녀 봤다면 분명 경험 많은 노련한 분이겠군요. 우리 외동딸을 구해 주시면 허리띠를 드리겠소이다." 여주인이 그에게 말했다.

"따님은 어디 계신가요?" 손님이 물었다.

부모가 일곱 개의 커튼을 걷자 도르지는 보석 같은 눈을 가진 미인을 보게 되었다. 그녀는 손님에게 오른팔을 뻗쳤고 그가 그 손을 살짝 건드리자 아가씨의 눈에서 눈물이 흘렀다. 안타까움과 사랑스러움이 청년의 마음을 사로잡았다.

"손님을 대접하셔야죠." 미녀가 조용한 목소리로 말했다.

부모는 손뼉을 철썩 쳤다. 그러고는 너무 기뻐서 허둥대며 바쁘게 움직였다….

"우리 귀염둥이가 한 마디도 하지 않은 지가 벌써 3개월이 되었어요. 그런데 이렇게 말을 하다니. 당신과 함께 행운이 우리 집에 깃드는 것 같아요."

도르지는 고기를 먹고 차를 마셨다.

"이제 지붕을 좀 둘러봅시다." 그가 말했다.

그들은 셋이서 지붕으로 올라갔고 사람 머리만 한 딱정벌레를 발견했다. 그 벌레를 헌 이불에 돌돌 싸서 타이가 깊은 곳으로 가져가서 타르가 든 나뭇가지로 모닥불을 피워 불태우고 흔적도 남지 않게 하기 위해 재를 파묻었다.

집으로 돌아온 그들은 자신들의 눈을 믿을 수가 없었다. 2년을 침상에서 일어설 수 없었던 아가씨가 식탁에 앉아서, 이전까지는 아무것도 입에 대지 않았던 아가씨가 직접 차를 마시고 있었던 것이다.

아가씨는 귀중한 손님을 자기 옆에 앉히고는 오른뺨에 키스했다.

"당신이 이 집에 나타난 것은 나의 행운이에요. 서둘러 떠나지 마세요." 그녀는 말했다.

도르지는 아가씨가 풀 위의 진정한 공기를 마음껏 호흡하고, 원기가 하루빨리 회복되도록, 이슬이 내린 초원과 타이가의 들판을 데리고 다니기 시작했다. 정말 그렇게 되었다. 아가씨는 예전보다 더 예뻐졌다.

그러는 동안 부자들은 몹시 놀랐다. 그들은 마음속으로 속삭였다. '신이 가엾게 여기신 거라고밖에 생각할 수가 없

군. 우리가 그런 저주를 내린 것을 알면 우리를 잔혹하게 벌하실 텐데. 손님의 환심을 사야겠군.'

부자들은 도르지를 집으로 초대했고 음식을 대접하고 달콤한 와인을 내놓았으며 그의 모든 소원을 알아내서 비위를 맞추려고 노력했다. 그렇지만 도르지는 앉아 있다가 이렇게 말했다. "인과응보요. 악을 행한 사람은 자기 손으로 그것을 느끼고 자기 눈으로 보게 될 것이오." 부자들은 예전보다 더 놀라게 되었고 죄에 대한 벌에서 벗어나고자 금과 은을 주겠다고 하기 시작했다.

도르지는 물었다. "만약 당신들이 저를 평범한 사람으로 생각한다면 무엇이 두려운 거요? 혼자서는 당신들을 당해내기 힘들지 않겠소. 만약 당신들이 저를 부처라고 생각한다면 왜 신에게 돈이 필요하겠소? 당신들이 정말 두려워해야만 할 사람은 바로 이런 평범한 사람들이오. 그들이 일해서 당신들이 사는 것 아니오? 그런데 악으로 갚는단 말이오? 가난뱅이들에게 이런 금과 은을 나누어 주시오."

보석 같은 눈을 가진 아가씨가 건강해지자 도르지는 그녀와 결혼한 후 이렇게 말했다.

"나는 또 한 지방에 가 봐야만 하오. 그 길이 멀고 험하더라도…."

"당신과 함께 갈게요!" 젊은 아내는 그에게 설득당하지 않았다.

"만약 가야 한다면 함께 가시오." 부모들도 그녀를 지지했다.

그들은 수레에 소박한 짐을 싣고 떠났다. 가고 또 갔다. 어둡기 전까지는 길을 계속 갔으며 지체되는 곳에서는 밤을 지새웠다. 이렇게 그들은 얼음산 기슭까지 도착하게 되었고 말을 풀어놓고 자신들은 산 정상으로 올라갔다. 바위 사이에서 문짝만 한 크기의 하얀 돌을 찾았고 그 돌을 옆으로 치우자 그 밑에는 금과 은, 보석, 보지도 못한 갖가지 보물들이 가득했다. 젊은 부부는 탐욕을 부리지 않았으며 필요하다고 생각되는 만큼만 가지고 왔던 길로 산에서 내려왔다.

고향이 가까워지자 그들은 마른 소나무 꼭대기에서 뻐꾸기 세 마리를 발견했다.

그 뻐꾸기 중 한 마리가 말했다.

"남동 지방에는 물이 없었는데 칸의 천막만 한 검은 바위를 치운 지금은, 계곡 전체에 봄 홍수처럼 거센 강물이 흘러넘치고 있어."

다른 뻐꾸기가 맞장구를 쳤다.

"어느 부유한 마을에서는 고관들이 불쌍한 아가씨한테 사람 머리만 한 딱정벌레를 내려 병이 들게 했는데, 물을 찾게 도와준 그 사람이 와서 미녀를 불행에서 구해 주었어."

세 번째 빼꾸기가 놀라워서 말했다.

"얼음산에서는 문짝만 한 하얀 돌 밑에 손도 안 댄 값진 보물들이 삼천 년이나 묻혀 있었어. 그런데 한 청년이 젊은 부인과 함께 와서 보물을 조금만 가져가고는 하얀 돌을 제자리로 도로 옮겨 놓았어."

"우리 말을 이 청년이 알아들은 거라고밖에 할 수가 없어! 말하자면 그는 이 세상에서 가난하고 불행한 사람들의 수호자인 거야." 빼꾸기들이 이구동성으로 결론지었다.

빼꾸기들은 이렇게 말하고는 다른 방향으로 날아갔다.

도르지는 그러는 사이에 고향 하늘 아래에 도착했다. 그는 부인과 함께 높고 밝은 궁전을 지었다. 사람들에게 남은 재산도 나누어 주었다. 좋은 날에 부모님을 모시고 와서 비단옷을 입고 마을 전체를 모아 놓고 커다란 잔치를 벌였다.

이 모든 것은 오래전에 있었던 일이고 지금은 이에 대한 이야기만 남아 있을 뿐이다.

노인 타랴아샤의 아들, 용사 구운 세예제

옛날 옛적에 세상에 일흔세 살 노인 타랴아샤가 아내와 구운 세예제라는 이름의 어린 아들과 함께 살고 있었다.

어느 날 아침에 식사를 하면서 노인은 아내에게 말했다.

"내 꿈이 안 좋구려. 아마도 내 인생이 끝에 다다랐나 보오. 세상 일을 모두 마무리해야 하는데 그럴 시간이 없을 것 같소. 내가 결혼하지 않고 젊었을 때 아버지는 토끼 잡을 올가미를 쳐 놓으라고 나를 바다의 다른 쪽 해변으로 보냈다오. 지금까지도 나는 그 올가미들을 살펴볼 틈이 없었구려. 내가 죽거든 구운 세예제가 살펴보게 하시오."

조금 지나서 노인 타랴아샤는 죽었다. 어머니는 아들과 함께 슬피 울었고 비애에 빠졌다가 둘이서 살아가기 시작했다.

구운 세예제가 더 자랐을 때 어머니는 붉은 자작나무 화살과 버드나무 가지 화살을 그에게 만들어 주었다. 구운 세예제는 사냥을 다니기 시작했고 짐승과 새들을 잡아 와서 밥벌이를 했다. 이렇게 어느새 어른이 되었고 진정한 용사로 자랐다. 얼굴은 바람 부는 날씨를 앞둔 황혼처럼 자줏빛이었고, 이빨은 철 호미의 강함에 뒤지지 않았으니 소년이 아니라 남자였고 사냥꾼이 아니라 황금이었다. 화살을 너무나 정확히 쏘아서 남쪽에서 날아가는 새들을 북쪽으로 통과시키지를 않았고 북쪽 새들은 남쪽으로 날아갈 수가 없었다.

어느 날 아침 차를 마시면서 어머니가 이렇게 회상했다.

"아직 젊었을 때 너희 할아버지가 바다 건너 해변에 올가미를 쳐 놓으라고 너희 아버지 타랴아샤를 보냈단다. 아버지는 그렇게 해 놓고 올가미를 살펴볼 틈이 없었단다. 아버지는 시작된 일을 네가 완성하라고 유언하셨다. 아들아, 이제 너의 손은 어둠 속에서도 안장의 띠를 묶을 수 있고 다리는 등자를 스스로 찾을 줄 안다. 아버지의 뜻을 이룰 때가 왔다."

"어쩌겠어요. 떠나야지요." 용사 구운 세예제는 이렇게만 말했다. 그는 옆집 청년을 친구 겸 길동무로 데리고 길을 떠났다.

가면서 멈추지 않았고 달리면서 말의 속도를 늦추지 않았다. 아홉째 날이 끝나 갈 무렵 열 번째 고갯마루에서 그들은 기사 두 사람을 만났다. 그들 중 한 명은 담황색 말을 타고 은안장 위에 앉아 있었는데 검은 비단으로 만든 외투에 실로 뜬 허리띠를 매고 부드러운 가죽으로 만든 반짝이는 장화를 신고 있었다. 다른 용사의 말은 더 안 좋고 안장도 더 평범했으며 의복도 더 초라했다.

“나는 부유한 상인 겔데르의 아들이고 게넨 예르헤라고 합니다.” 담황색 말에 탄 기사가 말했다.

“나는 그의 길동무이자 시련을 함께 나눈 친구이고 슈마르라고 합니다.” 다른 용사가 덧붙였다.

“멀리 가십니까?” 구운 세예제가 물었다.

“우리는 바다 건너편, 부유한 칸 달라이한테 가는 길이오. 칸의 딸, 미녀 단기르 샤라한테 구혼하고 싶어 간다오. 그녀는 다른 사람들의 눈을 피하기 위해 일흔 개의 커튼 뒤에 있다오.” 게넨 예르헤가 대답했다.

“우리의 길도 역시 바다 건너 해변이라오. 내 죽은 아비가 아직 젊었을 때 거기에 토끼를 잡기 위한 올가미를 쳐 놓으셨다는데 돌아가시기 전에 내게 그 올가미들을 확인해 보라고 유언하셨다오.” 구운 세예제가 말했다.

“무슨 어리석은 소리를 하는 거요? 만일 올가미에 무슨 동물이 걸렸다 하더라도 이제는 재도 안 남았을 거요. 오래전에 바람에 날아갔겠지.” 게넨 예르헤가 웃었다.

그러는 사이에 그들은 바다에 도착했고 어떻게 바다를 건너 다른 쪽 해변으로 건너갈지 방도를 찾기 시작했다.

“먼저 화살을 위로 쏘고 다음에 밑으로 쏘아야만 하오. 그런 다음에 길을 떠나야 하오.” 구운 세예제가 말했다. 게넨 예르헤가 이 말에 이렇게 대꾸했다.

"당신은 죽은 아비보다도 더 똑똑하지 못하군. 활에서 나간 화살이 무슨 소용이오. 커다란 손가락들의 힘이 아니라, 말의 속도와 견인성으로 측정할 수 있는 때가 왔단 말이오." 그는 채찍으로 말을 때렸고 말을 타고 달려서 바다로 들어갔다. 첫 번째 파도가 바로 그를 때렸고 말이 힘겹게 헤엄을 치며 버티고 있었다. 안장에 매어 두었던 것을 모두 잃어버리고 바닷물의 요동에 심하게 너덜너덜해진 채로 큰소리쳤던 게넨 예르헤는 겨우겨우 반대편 해변에 도착했다. 그의 길동무도 힘들지만 그렇게 할 수밖에 없었다.

노인 타라아샤의 아들, 총명한 구운 세예제는 그의 뒤에 대고 말했다.

"초원에서는 방향을 잃지 않아야 하고 바다에서는 말을 잘 다루는 것이 중요합니다. 하지만 초원에서도 바다에서도 가장 확실한 길을 선택해야만 하죠."

그리고 그는 해변을 따라 위로 가서 화살을 위로 쏘았다. 화살은 지름길을 가리켜 주었고, 화살을 밑으로 쏘았더니 가장 얕은 곳을 가리켜 주었다. 구운 세예제는 불필요한 수고스러움 없이 강을 건넜고 친구를 이끌었다.

그들이 해변으로 나가서 보니 게넨 예르헤와 길동무 슈마르가 옷을 말리면서 잃어버린 장비를 아쉬워하고 있었다.

넷 모두가 도착한 바닷가에서 밤을 새우고 이른 여명에 계속해서 갔다.

저 멀리에 달라이 바얀 칸의 여러 층으로 된 흰 궁전이 나타났다.

"여기 칸의 오른쪽 눈은 튀어나왔고 왼쪽 눈은 실눈이군요." 구운 세예제가 지적했다.

"당신은 어떻게 보지도 못한 사람에 대해 터무니없는 말을 할 수 있는 거요!" 게넨 예르헤가 격분했다. "긴 혀를 깨물어 입을 다물고 내 예비 장인을 모욕하지 않는 것이 좋을 거요." 이렇게 말하고는 자신의 말을 채찍으로 때려 제일 먼저 궁전으로 달려갔다.

그의 도착을 알고 칸은 부자 상인의 아들을 높고 밝은 궁전으로 초대했고 구운 세예제는 길동무 두 명과 함께 가축우리로 향했다.

칸은 상인의 아들을 하얀 은제 식탁에 앉히고 풍성한 오찬으로 대접했다. 그리고 붉은 금제 식탁에 앉혀서 달콤한 음료를 마시게 했다.

"어디로 가는 길이오?" 칸이 물었다.

게넨 예르헤가 대답했다.

"이 문턱 너머는 아닙니다. 저는 구혼자의 길을 떠나왔습니다."

"철의 강함은 때려 봐야 알 수 있고 낯선 사람은 시험을 해 봐야 하는 법이오." 칸이 이렇게 대답했다.

구운 세예제에 대해서는 아무도 떠올리지도 않았다. 미녀 단기르 샤라만이 그를 대접해야 한다고 생각했다. 그녀는 진한 차를 황금 잔에 따르고 꿀 전병 두 개를 쟁반에 담고 설탕 일곱 조각을 세어서 하녀에게 내주었다.

"가축우리에 계시는 손님들에게 가져가라." 이렇게 말했다. 그리고 잠시 생각하더니 덧붙였다.

"음식을 전해 줄 때 '흑해 파도가 해변의 끝까지 가던가요? 달과 태양에 낯선 발자국들이 보이지 않던가요? 오늘 하늘에 북두칠성의 일곱 별이 모두 보이던가요?' 이렇게 물어라."

도중에 하녀는 차를 조금 마시고 꿀 전병을 조금 잘라 먹고 설탕 한 조각을 먹었다. 구운 세예제가 그녀에게 물었다.

"누가 너에게 음식과 차를 들려 보냈느냐?"

하녀는 대답했다.

"미녀 단기르 샤라 아가씨입니다. 또 아가씨는 이렇게 물어보라고 하셨어요. '흑해 파도가 해변의 끝까지 가닿던가요? 달과 태양에 낯선 발자국들이 보이지 않던가요? 오늘 하늘에 북두칠성의 일곱 별이 모두 손님들에게 보이던가요?' 라고요."

구운 세예제는 미소 지으며 이렇게 말했다.

"내 말을 아가씨께 전해라. 한 별이 보이지 않더라고. 달의 반쪽에 낯선 발자국이 있더라고. 흑해는 눈에 띄게 얕아졌다고."

하녀는 자기 여주인에게 돌아와서 손님들이 그녀에게 말한 한 마디 한 마디 그대로 전했다. 그러자 단기르 샤라는 별안간 하녀를 꾸짖었다.

"왜 너는 황금 잔에서 차를 조금 마셨느냐? 왜 꿀 전병을 조금 잘라 먹고 설탕 한 조각을 먹었느냐?" 격노해서 하녀에게 물었다.

여주인은 욕을 하고 하녀는 울고 황금 시간은 부랴트인들의 땅에서 흘러가고 있었다.

다음 날 칸은 나머지 손님들을 떠올렸다. 하녀가 가축우리로 뛰어가서 담장 너머로 소리쳤다.

"양털 가죽 외투에 생가죽 장화를 신은 사람, 이리 나오시오! 칸이 그의 위협적인 눈앞에 납시랍니다!"

구운 세예제는 허리띠를 더 단단히 조여매고 궁전으로 향했다. 방 안으로 들어가 칸처럼 위엄 있게 인사를 했다. 칸의 아내처럼 공손하게 절을 했다. 달라이 바얀 칸은 백단나무 안락의자에 앉아서 물었다.

"너는 누구며 어디로 가는 길이더냐?"

"저는 타라아샤 노인의 아들이며 구운 세예제라고 합니다. 바다 건너쪽 해변에 살고 있습니다. 제 아비가 쳐 놓은 올가미를 살펴보러 왔습니다." 용사가 대답했다.

"아하, 바로 그 올가미에 대해 네가 생각나게 해 주었구나!" 너무 깜짝 놀라서 칸은 옆구리를 탁 쳤다. "이럴 수가, 이럴 수가. 내가 젊었을 때, 백발백중으로 화살을 쏘며 적당히 술 마실 줄 알던, 바다 건너편 해변에서 온 타라아샤를 알고 지냈지. 우리는 자주 함께 몰이사냥을 다녔지. 어느 날 당당하고 혈기 왕성했던 우리는 기쁘게 허리띠를 교환했네. 그리고 이제 네가 약혼녀를 찾아왔구나. 네 부모가 쳐 놓은 올가미에 아주 좋은 전리품이 걸려들었다고 할 말밖에는 없구나!"

칸이 진한 차가 든 찻잔을 한쪽으로 밀어내었고 양쪽 턱이 부어올랐으며 이빨 사이로 말했다.

"쇠의 단단함은 때려 봐야 아는 법이고 낯선 사람은 시험을 해 봐야 아는 법이지."

그리고 칸은 자신의 첫 번째 용사 울란에게 말했다.

"내 예쁜 딸 단기르 샤라가 태어난 지 사흘째 되던 날에 나는 세 살배기 황소 새끼를 죽여서 말려 놓으라고 명령했다. 하인들에게 그 말린 고기를 끓이라고 해라."

용사 울란의 감독하에 하인들이 말린 황소 고기를 끓였

고 커다란 나무 쟁반 열 개에 나누어 놓았다. 두 사람이 각각의 쟁반을 들고 대접하기 위해 손님들 앞에 놓았다. 그리고 칸이 말했다.

"자, 용사들이여. 당신들의 용맹과 수완을 보여 줄 차례가 왔소이다. 이 고기는 15년을 말랐으니 돌보다 더 단단해졌을 것이오. 여러분은 오늘 궁전에 모인 모든 사람들에게 엄지손가락 크기만큼 더 크지도 더 작지도 않게 쇠고기 한 조각씩 돌아가게 모두를 대접해야만 하오."

부유한 상인 겔데르의 아들 게넨 예르헤는 검은 비단 허리띠에 걸려 있던 금도금한 칼집에서 자신의 칼을 꺼냈다. 노인 타랴아샤의 아들 구운 세예제는 나무 손잡이가 달린 자신의 칼을 생가죽 장화의 장화목에서 꺼냈다.

건장하고 잘생긴 두 용사는 서로서로를 쳐다보더니 일에 착수했다. 구운 세예제는 칼로 문지르는 대로 바로 엄지손가락 크기만 하게 고기 조각을 잘라 냈다. 게넨 예르헤도 칼로 문질렀는데 고기에 벤 자국도 남지 않았고 그의 칼은 15년 말린 쇠고기를 자르지 못했다. 그는 빛이 날 정도로 날을 갈았고 양쪽 턱뼈가 부어올랐다. "무슨 놈의 고기가 이렇담!" 상인의 아들은 욕을 했다.

"이건 네놈이 주문을 걸어 내 칼을 망쳐 놓은 것이겠지! 내 칼로 너를 찔러 버리겠다!" 게넨 예르헤는 성공적으로 잘

하고 있는 경쟁자한테 달려들었다.

"당신은 칸 어르신의 말씀도 못 들으셨단 말입니까?" 그들 사이에서 용사 울란이 일어섰다. "쇠의 단단함은 때려 봐야 알고, 낯선 사람은 시험을 해 봐야 아는 법이라고 하셨습니다. 당신이 허약하게 태어나고 무딘 칼을 가지고 다니는 것은 누구의 잘못도 아닙니다!" 그는 이렇게 말하고 상인 아들의 목덜미를 잡아 마당으로 내쫓아 버렸다.

구운 세예제는 15년 말린 고기를 엄지손가락 크기만 한 조각으로 잘라서 한 사람도 빼놓지 않고 누구한테도 더도 덜도 아니게, 모여 있던 모든 사람들에게 나누어 주었다. 이것을 보고 달라이 바얀 칸은 말했다.

"첫 번째 시험은 자네가 생각했던 것을 이루고 바라던 것을 얻을 수 있다는 것을 보여 주었네. 그러나 두 번째 시험은 더 어려울 것이네. 내일 동틀 무렵에 울창한 서쪽 타이가로 가서 거대한 갈색 곰을 만나 곰의 나이를 알아내서 되돌아오게나."

노인 타랴아샤의 아들은 밤새 잠을 못 이루고 이쪽저쪽으로 뒤척거리면서 어떻게 타이가 곰의 나이를 알아내서 상처를 입지 않고 온전하게 되돌아올 수 있을지를 계속 생각했다. 갑자기 문이 삐걱거리기 시작했다. 구운 세예제는 몸을 떨었다.

"누구시오?" 그가 물었다.

대답 소리가 들렸다.

"저예요. 일흔 개의 장막 너머에 사는 달라이 바얀 칸의 딸 단기르 샤라예요. 당신께 여행길에 드실 양식을 가져왔어요. 그리고 사슴뿔을 가져가서 곰 굴에 가까워졌을 때 그 뿔을 머리 위에 쓰시라는 말씀을 드리고 싶어서 왔어요. 나머지 것에 대해서는 걱정하지 마세요."

구운 세예제는 그런 충고에 깜짝 놀랐고 미녀가 왔던 것처럼 소리 없이 사라진 후에도 오랫동안 잠들 수가 없었다.

동이 트자마자 용사는 자신의 여윈 붉은 말에 안장을 얹고 갈색 타이가 곰의 나이를 알아내기 위해 달려갔다. 곰 굴에 다가가 구운 세예제는 사슴뿔을 머리에 쓰고 소리쳤다.

"나와라. 타이가의 주인아!"

곰이 굴에서 기어 나와서 이상한 존재를 보더니 소리치기 시작했다.

"970년을 이 세상에서 살았지만 두 다리 짐승 중에서 사슴뿔을 쓴 놈은 처음 보네."

용사는 바로 이 말만이 필요했던 것이었다. 그는 자신의 말을 매서운 채찍으로 찰싹 때려서 왔던 길로 되돌아갔다.

"칸 어르신!" 그는 문턱에서부터 소리쳤다. "타이가 갈색 곰이 970살이라고 말했습니다."

"여기서도 너는 실패하지 않았구나." 너그러워진 칸이 칭찬했다. "여기서도 너는 진정한 용사임을 보여 주었다. 이제 너한테 또 하나의 과제를 주마. 쇠창살 우리 안, 화강암 바위 위에 눈표범이 앉아 있다. 나무 도끼를 가져가서 쇠창살 우리에서 눈표범을 내쫓고 바윗돌을 깨고 오너라."

또다시 용사는 잠을 못 이루었다. 그러나 지난번처럼, 문이 삐걱거리더니 미녀 단기르 샤라가 들어와서 자기의 머리칼 중에서 가장 가는 금머리칼 한 올을 뽑아서 약혼자에게 내밀면서 이렇게 말했다.

"쇠창살 우리로 눈표범에게 들어가게 되면 이 머리칼로 때리세요. 눈표범이 온순해지면서 나갈 거예요. 머리카락을 바윗돌에 던지고 나무 도끼로 그 위를 두드리면 돌이 깨질 거예요."

다음 날 북쪽 북을 울려서 북쪽 신하들을 소집했으며, 남쪽 북을 울려서 남쪽 신하들을 소집했다. 그들은 눈표범이 든 우리를 에워싸고 용사가 힘센 짐승을 이길 수 있는지를 쳐다보고 있었다.

구운 세예제가 쇠창살 우리를 열고 머리칼을 흔들어 그 머리칼이 닿자 눈표범은 고양이보다도 더 순해졌고 다정하게 아르릉거리면서 용감한 용사의 생가죽 장화에 몸을 비벼대더니 우리에서 나갔다. 구운 세예제가 머리카락을 화강암 바윗돌 위에 놓고 나무 도끼로 쳤더니 바위가 작은 조각으로 깨졌다.

달라이 바얀 칸은 옥좌에서 내려와서 말했다.

"자네는 비록 양털가죽 외투에 생가죽 장화를 신고 다니지만 진정한 용사로서의 자신을 보여 주었네. 이제 나는 더 이상 논쟁하지 않겠네. 네 아비 타랴아샤는 훌륭한 사냥꾼이었고 그의 올가미에 고귀한 전리품이 걸렸네. 내 딸은 자네 것이네."

구운 세예제는 미녀 단기르 샤라를 아내로 맞아 고향 하늘 아래로 향했다. 달라이 바얀 칸은 사랑하는 딸의 지참금으로 가축의 절반과 귀중품의 절반을 내주었다.

노인 타랴아샤의 아내는 어느 날 나무껍질 지붕 집에서 나오다가, 자기 집 쪽으로 파도처럼 밀려오는 셀 수 없이 많은 가축을 보고 너무 놀랐다. 그리고 자기 아들을 알아보고는 너무 기뻐서 어디에 서 있는지도 잊어버렸고 어디에 앉아 있는지도 알아채지 못할 정도였다.

구운 세예제와 아내에게는 이불 한가득 아이들이 태어났다. 그들의 방목지는 가축들로 꽉 찼으며 궤짝들은 금과 은으로 가득했다. 그들은 자신의 영광스러운 민족을 기쁘게 하면서 행복하게 살았다.

가자르 포올린, 제예델레이의 아들

오랜 옛날, 날씨는 화창하고 풀들은 선명하게 푸르렀고, 우윳빛 하얀 바다가 물웅덩이처럼 보이고, 돼지들이 바닷가에서 살이 쪄 있고, 거대한 산 숨베르가 작은 언덕이었고, 산림의 무성한 나무가 어린 수풀처럼 흔들거렸고, 굵은 뿔의 염소가 작은 새끼 염소처럼 떠돌았던, 그런 옛날 옛적 세상에 제예델레이의 아들 가자르 포올린이 늙은 아내와 함께 살고 있었다.

그들에게는 녹색이 칠해진 그릇 여신의 귀염둥이 딸 노고온다르와 하얀색이 칠해진 그릇 여신의 귀염둥이 아들 사가안다르가 있었다. 신들은 남매에게 몇 개의 인생을 선물했다.

미녀 노고온다르는 능수능란한 명인이었다. 새끼손가락만 한 비단으로 덧옷을 스무 벌 지을 수 있었고 손바닥만 한 비단으로는 열 벌의 외투와 겉옷을 씌울 수 있었다.

사가안다르는 경사진 푸른 초원 위에 팽팽하게 당겨진 은제 활과, 착한 회색 얼룩말 아르가마크,[9] 은으로 각인된

9) 중근동이나 투르키스탄에서 승마용이나 경마용 말을 부르는 명칭이

안장과 은제 손잡이가 달린 채찍을 가진 훌륭한 사냥꾼이었다.

이때 하르타가나안 칸이 자기 딸을 시집보내려고 결혼 예복 바느질을 위해 명인 노고온다르를 초청했다. 해진 옷을 기워 입고 마구를 떼어낸 사가안다르는 초원에서 야생동물들이 일으키는 먼지를 발견했고 사냥에 나섰다. 가자르 포올린은 늙은 아내에게 말했다.

"우리 아들이 수많은 사슴과 염소를 죽여서 말린 가죽을 가져와 그 가죽을 이겨 대라고 할 텐데. 우리한테 일만 하라고 할 테니 두고보라구. 이런 귀찮은 아들한테서 벗어날 수 있으면 얼마나 좋을까."

의논하고 궁리하다가 노인이 결심했다.

"내가 문 옆에 깊은 구덩이를 파서 바윗덩어리로 덮고는 위에 산 풀로 덮어 놓을게."

노파가 덧붙였다.

"그럼 나는 20개의 강과 개울 너머에서 독풀을 뜯어 와서 독초 즙을 끓일게요."

노인은 단단한 은제 말뚝부터 집 문까지 부드러운 펠트 천 길을 깔았고 문지방 바로 옆에는 끝도 없는 지옥 구덩이

다.

를 파서 바윗덩어리로 덮었고 위에는 산 풀을 흩뿌려 놓았다. 노파는 20개의 강과 개울 너머 강가에서 독풀을 뜯어서 독초 즙을 끓였고 훌륭한 황금 잔에 따랐다.

이때 사냥한 털가죽 묶음을 끌면서 사가안다르가 집으로 돌아오는데 도중에 착한 회색 얼룩말 아르가마크가 그에게 말했다.

"내가 한 마디 한 마디 그대로 이야기할 테니, 나의 주인이시여, 듣고 잘 기억해 두세요. 아버지와 어머니가 주인님을 죽이기로 결심했어요. 주인님 아버지는 그렇게 지혜롭지 못해서 집 문까지 부드러운 펠트 길을 깔았고 문지방 바로 옆에 끝도 없는 지옥 구덩이를 팠어요. 다 쓰러져 가는 노파는 20개 강과 개울 너머에서 독풀을 뜯어서 독초 즙을 끓였고 훌륭한 황금 잔에 따라서 주인님에게 먹이려고 해요."

이런 사실을 알고 사가안다르는 사냥한 가죽들을 던져 버리고 말에서 짐을 다 부려 버리고는 가볍게 집으로 돌아갔다.

그는 부모의 집을 둘러보고 말이 말한 모든 것이 준비되었고 부모가 그의 부정확한 발걸음을 기다리고 있다는 것을 알게 되었다. 사가안다르는 100킬로그램의 지팡이 끝이 화살촉으로 달린 붉은 화살을 마당 가운데 박고 거기에 말을 묶은 다음 지옥 구덩이를 뛰어넘어 쾅 하는 소리와 함께 집

안 제단 위에 떨어졌다.

아버지가 머리를 휘휘 내저으며 말했다.

"에이구! 우리는 너를 목이 빠지게 기다리고 있는데 우리 서툰 아들과 보조가 안 맞았구나. 왜 새로 만든 은제 말뚝에 말을 묶지 않고, 화살과 활은 새로운 은제 걸이에 걸지 않았니? 무슨 일이라도 생긴 것이냐? 왜 우리 새집에 귀한 손님답게 들어오지 않고, 염소처럼 문턱을 뛰어넘고 곰처럼 집 제단 위로 떨어졌느냐?"

사가안다르는 대답했다.

"내가 낯설고 물 선 나라에 갔을 때 용감함을 보여 주었는데 너무 용기를 내서 이런 생각도 했어요. '집으로 돌아가면 제단 위에도 한번 앉아 봐야지!' 하고 말이에요."

이때 노파가 아들 앞에 지옥의 독풀 즙이 담긴 황금 잔을 내놓았다.

"마셔라. 무사히 돌아온 기념이란다." 어머니가 말했다.

아들이 대답했다.

"걱정하지 마세요, 어머니. 배도 안 고프고 목마르지도 않아요."

"에이, 내 아들아, 무슨 일이라도 있니? 한 번이라도 우리 소원을 들어주렴. 끝까지 못 마시겠으면 기념하는 잔이니 입술이라도 축이게 조금이라도 마셔 봐." 어머니가 고집을 피웠다.

사가안다르는 비난과 설득을 참아내지 못하고 가운뎃손가락을 독풀 즙에 댔다가 의식을 잃고 쓰러졌다.

가자르 포올린은 목수를 소리쳐 불러서 그에게 목관을 주문했고 대장장이를 소리쳐 불러 철관을 주문했다. 노인 부부는 죽은 아들을 목관에 넣었고 목관을 철관에 넣은 다음 잿빛 황소 가죽으로 씌웠다. 그런 다음 검은 바닷가로 나가서 저주스러운 주문을 했다.

"검은 바다여, 성스러운 제물 대신에 우리의 외아들을 당신께 바칩니다. 밤에는 소란하고 낮에는 사나운 검은 바다여, 소용돌이 가운데 파도에 파도를 휘돌아 만들어라, 해변에 뜨거운 파도를 때려라! 붉은 거품으로 끓어올라 검은 거품으로 별까지 날아올라라! 말이 푸푸 콧김을 내뿜으며 네 위에서 발굽을 계속 달리게 하지 마라! 우리의 성스러운 제물을 어느 한 사자(死者)에게도 넘겨주지 마라! 만약 소란스러움을 멈추거나 들끓기를 멈춘다면 나는 너에게 저주를 퍼부어 한 방울도 남기지 않고 바싹 말려 버릴 것이다! 만약 쾅쾅 요란하게 소리 내지 않고 복받쳐 들끓기를 멈춘다면 나는 저주를 퍼부어 너를 바닥까지 소진시켜 버리고, 잔물고기와 함께 뱅뱅 비틀어 버릴 것이고, 황어들과 함께 휘휘 돌려 버릴 것이다!"

이렇게 말하고 그들은 아들을 바다 소용돌이에 던져 버렸다.

검은 바다는 마치 미쳐 날뛰는 것 같았고 붉은 거품으로 들끓었고 그런 제물을 받아들인 후 하얀 거품으로 휘돌아 갔다.

노부부는 집으로 돌아왔다. 조금 후에 부흐 칸은 노부부가 아들을 죽였다는 소문을 듣게 되었고 그들에게 달려와서 노부부의 오른쪽 눈을 뽑고 오른손을 부러뜨린 후, 노인은 노예로 노파는 하녀로 만들었고, 그들의 가축은 모두 올가미를 씌웠고 모든 신하들에게는 공물을 부과해서 충성하게 만들었다.

그러는 사이에 명인 노고온다르는 불길한 일을 예감하고 결혼 예복 바느질을 옆으로 미뤄 두고 하르타가나안 칸에게 집에 가서 고향집을 보고 오도록 허락해 달라고 청원했다.

칸은 믿을 만한 경비병을 처녀에게 붙여서 그녀가 길을 떠나도록 허락했다. 고향의 유목 부락을 보자 노고온다르는 경비병에게 말했다.

"내 충실하신 친구들이여, 이제 되돌아가세요. 내 남동생은 가끔 매우 화를 잘 냅니다. 안 좋은 일이 생기지 않았으면 해서 그런답니다."

그녀는 친구들을 돌려보내고 집 문지방을 넘었다.

갑자기 북서쪽에서 우레가 쿵쾅 울려 퍼졌고 먹구름이 비를 몰고 왔으며 안장에 활, 화살과 옷이 달린 화살통을 매단 사가안다르의 회색 얼룩말 아르가마크가 나타났다.

그 말은 노고온다르에게 말했다.

"노고온다르 아가씨, 가자르 포올린의 따님이시여, 제가 한 마디 한 마디 그대로 이야기할 테니 저의 얘기를 들어 주세요. 저는 집도 없는 고아가 되었어요. 당신의 아버지는 지혜롭지 못한 분이에요. 다 쓰러져 가는 노파인 부인과 함께 자기의 외아들, 당신의 친동생 사가안다르를 죽였어요. 그들은 제물 대신에 당신의 동생을 검은 바다에 바쳤답니다. 귀중한 시간을 낭비하지 마시고 물을 따라 밑으로 뛰어가세요. 하지만 먼저 일곱 갈래 머리채를 하나로 길게 땋아 묶고, 화살과 전투용 활을 들고, 동생의 전투용 옷을 입고 75개 단추가 달리고 무늬가 수놓인 동생의 겉옷을 걸치고, 깃까지 닿는 넓은 몽골 허리띠를 매고, 담비 털로 테를 두른 용사의 모자를 쓰고, 해지지 않은 부츠를 단단히 당겨 신고, 모든 것에서 진짜 사나이와 똑같이 하세요! 내 눈은 움푹 패도록 말랐고 내 네 발굽은 다 닳아 버렸어요. 내게 치료의 샘물을 마시게 해 주시고 싱싱한 풀을 뜯게 해 주세요. 그러면 저는 검은 바다의 물을 따라 밑으로 뛰어갈게요. 그때는 저를 아까워하지 마시고 불쌍히 여기지도 마시고 가죽 고리까지 입이 찢어지도록 재갈을 잡아당기시고, 뼛속까지 뚫고 들어가도록 내 오른쪽 허벅지를 두꺼운 채찍으로 때리세요!"

노고온다르는 일곱 갈래 머리채를 하나로 길게 땋고, 무늬가 수놓인 중국 비단으로 감싼 겉옷을 입고, 해지지 않은 부츠를 단단히 당겨 신고, 깃까지 닿는 넓은 몽골 허리띠를 매고, 머리에는 상당히 큰 둔덕만 한 담비 털 모자를 쓰고, 전투용 화살과 활을 가지고 육중한 은제 등자 위에서 몸을 살짝 일으켜서 묵직한 은제 채찍을 휘두르며 길을 떠났다.

노고온다르는 검은 바다 물결을 따라 밑으로 달렸고 푸르러지는 하늘보다 약간 낮지만, 피어나는 먹구름보다 약간 높게 화살로 구름을 뚫으며 날아갔다. 갑자기 셀 수 없이 많은 준마들의 발굽 소리보다 더 크게 쿵쾅거리는 소리, 수많은 등자가 귀가 찢어지게 쟁그랑거리는 소리가 들렸다. '무슨 일이 생긴 거지?' 하고 처녀는 생각했다. 둘러보고 머리가 열다섯 개 달린 붉은 만가트하이[10]를 발견하게 되었다. 처녀는 전투용 활을 재빨리 들어 화살에 대고 말했다. "만약 내가 이길 운명이라면 만가트하이의 가운데 머리에 맞아라! 만약 내가 죽을 운명이라면 허공으로 빗나가서 감쪽같이 사라져 버려라!"

10) 머리가 여러 개 달린 식인 괴물이다. 각주 5 참조.

날카로운 화살촉이 만가트하이의 커다란 구릿빛 머리에 곧장 명중했고 머리를 칼로 베듯이 잘라 버렸다. 만가트하이는 죽은 듯이 쓰러졌다.

처녀가 계속해서 가다가 보니 조각 장식을 한 은울타리가 있는 은으로 된 칸의 궁전이 있었다. 울타리를 따라 궁전을 돌아가다가 방문 앞에 머리가 스물다섯 개 달린 만가트하이가 누워 있는 것을 보았다. 만가트하이는 기지개를 켜고 하품을 하더니 하인들에게 소리소리 고함쳤다.

"삼천 명의 내 무사와 서른 명의 용사들은 들어라! 쥐 가죽으로 만든 이불과 함께 키 작은 내 아내를 토막 내서 저 멀리 던져 버려라! 깊고 깊은 지옥 구덩이 바닥으로 내 배불뚝이 일곱 아들을 던져 버려라. 호수의 물만큼 술을 준비하라. 초원의 언덕만큼 고기를 끓여라. 여든 동이의 연어를 준비하고 여덟 동이의 소금을 뿌려라. 아흔네 명의 칸 공후들에게 결혼식 초대장을 보내라! 나는 가자르 포올린의 딸을 보았고 그녀와 결혼하고 싶구나. 그녀의 오른쪽 눈동자 속에는 여성의 명민함이 빛났다. 그녀의 오른쪽 뺨을 보면 바다의 오른쪽 해변의 반사광을 보게 된다…."

만가트하이는 노고온다르에게 말했다.

"내 아내가 되면 내가 너의 동생을 구해 내겠다."

동생 사가안다르를 구하기 위해서 노고온다르는 머리가

스물다섯 개 달린 만가트하이를 거절하지 못했다.

만가트하이는 또다시 소리쳤다.

"삼천의 무사와 서른의 용사들은 들어라! 바다 한가운데 무인도에 85년 가야 하는 거리에 요새를 세워라. 그 요새 옆에 어망을 치고 물 흐름에 거슬러 세워 놓으면 사가안다르의 관이 거기에 걸릴 것이다."

그때 바다가 거품으로 들끓고 하얀 거품으로 덮였고, 양 끝이 거친 파도로 부서지면서 가운데가 출렁이기 시작했다. 바다는 머리가 스물다섯 개 달린 만가트하이의 어망을 휩쓸어 가져다가 해변에 던져 버렸다. 마치 모래로 지어진 것처럼 거대한 요새가 사방으로 산산이 부서졌다. 바닷물이 무인도를 삼켜 버렸다. 구사일생으로 겨우겨우 육지로 올라온 만가트하이는 노고온다르를 붙잡고 싶었지만 그녀는 도망쳐서 산사나무 숲 속에 숨었다. 날래지 못한 만가트하이는 뒤쫓아 갔으나 가죽만 찢고 말았다. 아무것도 없이 남겨진 그는 손으로 스물다섯 개의 머리를 움켜쥐며 소리쳤다.

"도대체 내가 무슨 일을 벌였단 말이냐! 아무 이유도 없이 배불뚝이 일곱 아들과 키 작고 볼품없는 아내를 죽였구나! 그녀를 그냥 두었으면 아들과 딸을 더 낳아 주었을 텐데!"

노고온다르는 계속해서 갔다. 그녀는 가다가 가다가 거

대한 바다 한가운데서 엄청나게 큰 얼음덩이를 발견했다. '불쌍한 내 동생이 아닐까?'라고 처녀는 생각했다. 그렇게 생각하고 있는데 마침 얼음덩이가 멈추었고 노고온다르는 다음과 같은 소리를 들었다.

"내 누이여, 내 보호자여, 왜 누이는 눈물을 흘리며 물 위에 떠다니는 자, 하늘로 올라가는 신기루의 뒤를 따라옵니까? 누이는 내가 부모님의 축복을 받아 세상을 떠도는 것을 모른단 말입니까? 어머니와 아버지가 회색 황소 가죽으로 지은 새 이불의 부드러움도 느껴 보지 못했고, 솜씨 좋은 관짜는 사람이 대패질한 자작나무 요람의 편안함도 느껴 보지 못했지만, 내 어찌할 바 모르는 여행길에서 사랑하는 누이의 약혼자를 보았어요. 누이 약혼자의 이름은 합사르갈트이고 삭스 칸의 아들이에요. 다른 사람한테는 절대 시집가면 안 돼요!"

동생의 목소리는 잠잠해졌고 얼음덩어리는 계속 떠내려갔다. 노고온다르는 어쩔 줄 모르고 가만히 서 있다가 생각에 잠겼다. '죽는다면 둘이서 죽는 것이 낫고 다른 생으로 환생한다 해도 함께하는 것이 훨씬 낫다.'

그리고 바닷가로 갔다. 오랫동안 가다가 모래 비탈에 서 있는 아름다운 검은색 말을 발견했다. 그녀는 검은색 준마 곁에 자기의 아르가마크를 묶고 자신은 검은 바다에 목욕을 하러 갔다. 어디서 왔는지 백조가 세 마리 날아왔다. 그들 중 한 마리가 노래하듯이 말하기 시작했다.

"데비엘렌구인 헤비엘렌구인! 우리는 말이 쩌렁쩌렁한 발굽으로 가 닿지 못하는 곳에서 왔고, 그곳은 까마귀가 드넓은 날개를 활짝 펴지 못하는 곳이라네. 당신이 우리 말을 알아듣는다면 대화를 계속합시다. 하지만 못 알아듣는다면 손짓 발짓으로 설명합시다. 우리는, 천상의 선녀들이고 죽은 사람을 살리며, 가난뱅이를 부자로 만들어 주지요. 슬픈 처녀여, 무엇을 도와줄까요?"

그들은 백조 깃털을 벗어 던져 버리고 세 미녀로 변했다. 노고온다르는 그들에게 말했다.

"부모님의 잘못으로 나의 유일한 남동생을 잃었고 이제는 이 땅에서 고통스럽게 괴로워하고 있어요. 당신들께 빌게요. 만약 그를 구원할 수 있다면 구원해 주세요. 만약 구해 줄 수 있다면 얼음덩이 속의 구속으로부터 해방해 주세요."

이 말을 하고 노고온다르는 마지막 힘을 잃고는 해변 바위에 부딪히며 쓰러졌다.

미녀 백조들은 말했다.

"슬퍼하지 마라, 자매여. 만약 당신의 동생을 구원할 수 있다면 즉시 구원해 줄 것이고, 만약 해방할 수 있다면 반드시 구출해 낼 테니."

그들은 검은 말을 타고 검은 바다로 들어갔다. 그들은 겨우겨우 커다란 얼음덩어리를 해변으로 끌어왔다. 그 얼음덩어리를 깨고 보니 나무 관 속에 누워 있던 사가안다르가 갓난아이로 변해서 큰 소리로 울면서 눈물을 흘리고 있었다. 노고온다르는 자기 젖을 주어서 갓난아이를 진정시켰다.

그는 나날이 크는 것이 아니라 시시각각 자랐다. 3일이 채 지나지 않아서 그는 세 살배기 황소 가죽이 작아서 누울 수가 없었고, 나흘이 지나지도 않아서 이미 걷기 시작했고 나뭇가지로 활과 화살을 만들었고 작은 새를 잡기 시작했다.

노고온다르는 말했다.

"말에 함께 타지 않을래? 조국으로 돌아가지 않을래?"

그들은 둘이서 회색 얼룩말 아르가마크에 올라타고 고향 마을이 있는 쪽으로 달려가기 시작했다. 그런데 갑자기 칸의 배불뚝이 일곱 아들이 그들을 공격했고 사가안다르를 죽였다.

누이가 소리쳤다.

"이렇게 애통할 수가! 또다시 죽다니!"

그때 아르가마크 말이 그녀의 귀에 대고 속삭였다.

"천신 예세렌의 세 딸이 죽은 사람을 살릴 수 있다고 하던데요. 그들은 멀지 않은 곳에 살고 있어요. 가서 그들을 이리로 데려오세요."

노고온다르는 생각에 잠겼다. 또다시 그녀는 남장을 하고 기도를 드리고 길을 떠났다.

그녀는 가다가 갑자기 아름다운 펠트천 궁전을 보게 되었다. 궁전 가운데에 단 하나의 말뚝이 있었고 그 말뚝에는 다양한 색깔의 말 여섯 마리가 묶여 있었다. 처녀는 자기의 아르가마크 말을 묶고는 현관으로 들어갔다. 그리고 자기 말을 훑어보다가 다양한 색깔의 여섯 마리 말에 비해 비쩍 마른 늙다리 말이라는 것을 갑자기 깨닫게 되었다.

"주인을 잃어버린 우리에게 무슨 행운이 있을까!" 처녀는 분해서 소리쳤다.

그녀는 말뚝으로 돌아와서 자기 말을 돌로 변화시켜 버렸고 그 말을 부싯돌 밑 자루에 넣고는 자기는 작은 새로 변해서 벽 사이로 들어가 몸을 숨기고 집 안에서 무슨 일이 벌어지는지 엿듣고 훔쳐보기 시작했다.

오른쪽 방에는 세 젊은이가 앉아 있었고 왼쪽 방에는 세 처녀가 앉아 있었다. 세 젊은이는 화살을 만들고 있었고 처녀들은 담비 털 모자를 바느질하고 있었다.

젊은이 한 명이 화살을 살펴보더니 끝에 있는 젊은이한테 건네 줬다. 그 사람은 커다란 손가락으로 날을 만져 보더니 말했다.

"좋은 화살이지만 가자르 포올린의 아들, 사가안다르의 전투용 화살에는 아직도 못 미쳐."

"만약 그렇다면 그 화살은 내게 전혀 필요 없어!" 화살을 만든 젊은이가 소리쳤고 그 화살을 아궁이 불 속으로 던져 버렸다.

이때 처녀 한 명이 작은 둔덕만 한 담비 털 모자 바느질을 끝내고 다른 미녀에게 건넸다. 그 처녀는 모피 모자를 훑어보고는 손으로 그 모자를 쭈그러뜨린 후에 말했다.

"말할 것도 없이 좋지만 가자르 포올린의 딸 노고온다르가 바느질하는 모피 모자를 따라가려면 멀었어."

"정말 유감스럽군!" 처녀는 소리쳤고 모피 모자를 조각조각 찢어서 아궁이 불 속으로 던져 버렸다.

그러는 사이에 처녀들 중 한 명이 물었다.

"에이, 만약에 그 남매가 갑자기 우리에게 들른다면 우리가 그들을 어떻게 알아보지? 그들은 얼굴이 매우 닮았다고 하던데."

젊은이들 중 한 명이 대답했다.

"만약 남자가 들어오면 오른쪽에 서서 무기를 둘러보기 시작할 것이다. 만약 여자가 들어오면 왼쪽에 서서 당신들이 만든 수공품을 둘러보기 시작할 거야."

이 말을 엿듣고 노고온다르는 생각했다. '우리가 정말 이 젊은이들과 처녀들보다 훨씬 더 낫다는 말인가?'

그녀는 남자 옷을 반듯하게 입고 집으로 들어가 오른쪽의 세 젊은이와 나란히 앉았다. 그들은 서로서로 무기를 둘러보았는데, 이때 젊은이들은 손님이 처녀들과 그들의 수공품을 홀린 듯이 바라보고 있는 것을 눈치챘다.

'아마도, 청혼하러 왔나 보군.' 젊은이들은 이렇게 생각하고 현관으로 나갔다.

노고온다르는 세 처녀와 남게 되었고 그들에게 말했다.

"나는 천신 예세렌의 세 딸 중 한 명에게 청혼하기를 원하는 사람이오."

세 처녀가 대답했다.

"당신이 아니라면 우리가 누구한테 시집을 가겠어요? 다만 우리의 때가 아직 오지 않았으니 아버지가 우리를 시집보내시지 않을 거예요. 아버지한테 허락을 구해야만 해요."

그들은 하늘에 있는 아버지 예세렌에게 올라가서 결혼을 허락해 달라고 부탁했다. 아버지는 반대하지 않았다. 그리고 말했다. "마지막으로 내 천상의 정원에서 산책하고 장난치고 놀아라. 다 함께 또 서로서로 잘 살펴보거라."

하늘 정원에 네 명 모두를 가두었다. 그들은 거기서 걱정근심도 모른 채 떠들고 산책하기 시작했다. 어느 날 언니가 동생들에게 물었다.

"어때? 젊은이가 너희에게 관심을 보이려고 하지 않니?"

"아니, 전혀!" 처녀들이 말했다.

"그러면 내가 직접 오늘 밤 그에게 몰래 가 볼게." 언니가 말했다.

그러는 사이 충실한 아르가마크가 노고온다르에게 찾아와서 그녀 머리 위에 몸을 굽히고 귀에 속삭였다.

"오늘 밤에 미녀들 중 한 명이 당신을 찾아올 거예요. 당신은 지금 내 허리띠를 더 팽팽하게 당겨 놓으세요. 처녀가 당신의 잠자리에 들어오자마자 당신은 밤 고요 가운데서 허리띠가 끊어져서 내가 하늘 정원의 높은 울타리를 뛰어넘어 은하수로 훌쩍 뛰어 올라가는 소리를 듣게 될 거예요. 그러면 당신은 '에이, 이럴 수가! 내가 궁리한 모든 것은 도망친 아르가마크에는 비할 것이 못 된다!'라고 말하고 침상에서 벌떡 일어나서 저를 뒤쫓아 뛰어나오세요. 저를 뒤쫓아 잡고 처녀들에게 돌아와서 한낮의 더위에 신선한 물이 있는 하얀 호수에서 목욕을 하자고 처녀들에게 제안하세요."

노고온다르는 말의 이야기를 듣고는 말의 허리띠를 팽팽히 잡아당기고 아르가마크를 말뚝에 묶었다.

한밤중에 처녀들 중 언니가 그녀에게 찾아와 족제비 털 이불을 걷어 내자마자 마당에서 아르가마크가 큰 소리로 히잉 울었고 안장의 허리띠가 귀가 멀도록 큰 소리를 내며 끊어졌다. 노고온다르는 침상에서 벌떡 뛰어나와 이렇게 소리치며 말을 뒤쫓아 달리기 시작했다.

"에이, 이럴수가! 내가 궁리한 모든 것은 도망친 아르가마크에 비할 것이 못 된다!"

아침녘에 노고온다르는 아르가마크를 타고 돌아와서 미녀들에게 말했다.

"신선한 물이 있는 하얀 호수에 목욕하러 가지 않겠어요?"

처녀들은 새로운 생각에 기뻐했고 노고온다르는 죽은 남동생을 기억하면서 이렇게 덧붙였다.

"나는 당신들보다 먼저 갈게요. 당신들도 뒤따라 서둘러 오세요. 만약 땅 위에 동그라미가 그려진 것을 보게 된다면 그곳에서 낮을 보내고 구불구불한 선을 보게 된다면 거기서 밤을 지새우세요."

그리고 그녀는 자신의 말 아르가마크를 타고 앞서 떠났다. 예전의 장소에서 죽은 남동생을 발견하고 그에게 전투옷을 입히고 머리맡에 말을 묶어 놓고는 자신은 멀지 않은 곳에 숨었다.

그러는 사이에 숙박지에 세 처녀가 도착했다. 처녀들 중 언니가 사가안다르를 발견하고 깜짝 놀라서 소리치기 시작했다.

"이런, 바로 우리의 젊은이가 죽은 채로 누워 있잖아!"

그때 동생 처녀가 말했다.

"남자가 아무리 훌륭해도 실수할 수 있구나. 여자가 아무리 현명해도 놀랄 수 있구나. 우리가 이 젊은이를 일으켜 세우지 않는다면 죽은 사람을 살리고 가난뱅이를 부자로 만드는 우리의 능력이 무슨 소용이 있겠어요?"

처녀들 중 언니가 사가안다르의 뼈를 넘어 건너고 '흩어진 것은 붙어라!'라고 말하면서 그를 채찍으로 때렸다. 그러자 그 순간 흩어졌던 뼈들이 제대로 붙어 누웠다.

두 번째 처녀가 사가안다르의 뼈를 넘어 건너고 '앙상한 뼈는 살을 입어라! 죽은 살은 피로 가득 차라!'라고 말하면서 채찍으로 그를 때렸다. 그러자 두 번째 처녀가 말한 대로 되었다.

그리고 제일 어린 처녀가 사가안다르를 건너 넘고 그에게 '당신은 너무 오랫동안 잠을 자는군요! 어서 빨리 일어나세요!'라고 소리치면서 자신의 채찍을 휘둘렀다.

바로 그 순간에 용사 사가안다르는 살아나서 벌떡 일어섰다. 그는 자기 앞에 있는 눈이 멀 정도로 아름다운 미녀들을 보았고 한동안 아무 말도 할 수가 없었다. 아르가마크가 그에게 절하고 말했다.

"정신 차리세요. 주인어른! 주인님이 이 처녀들을 오래전부터 알고 있고 기억하는 것처럼 행동하세요. 처녀들에게 저세상에서 돌아오게 해 줘서 고맙다고 말하세요. 주인님을 살리려고 누이 노고온다르가 남자 옷을 입고 천신 예세렌의 딸들을 당신이 죽은 장소로 속여 데려온 거예요. 이 처녀들 중에서 가장 어린 처녀가 가장 현명했어요. 어떻게 하면 그녀를 아내로 맞을지 생각해 보세요."

용사 사가안다르는 모든 것을 알고는 자기 말의 충고를 한 마디도 잊지 않았다. 누이 노고온다르가 처녀 옷을 입고 돌아왔을 때 온 세상을 위한 주연이 베풀어졌다. 용사 사가안다르는 천신 예세렌의 막내딸과 결혼했고 두 처녀는 하늘의 자기 집으로 돌아갔다.

어느 날 그 처녀들은 아버지에게 말했다.

"우리가 꿈을 꾸었는데 우리 막내가 우리 집에 손님으로 와서 하늘 정원에서 산책했던 용사에게 시집을 가는 꿈이었어요."

천신 예세렌은 당황했다.

"에이, 협잡꾼 같으니라구! 어떻게 그는 내 사랑하는 딸을 훔칠 수가 있었지? 그는 마법사가 아닐까?"

딸들이 대답했다.

"아버지, 가만히 말하세요. 부질없이 용사 사가안다르를 화나게 하지 마세요."

"내게 그렇게도 강력한 사위가 나타났단 말이냐? 그에 대해 심한 말도 제대로 못 할 정도로? 내가 살아 있는 동안 나를 찾아오지 않으려나? 내 문을 두드리지 않으려나?" 예세렌은 기뻐하면서 딸에게 많은 지참금을 보냈다.

용사 사가안다르는 부자가 되었다. 젊은 아내와 살면서 괴로움을 모르고 지냈다. 그러다 갑자기 딸이 아버지 예세렌을 방문하고 싶어졌다. 부인이 떠난 후에 사가안다르는 부인이 보고 싶어졌고 누이 노고온다르에게 말했다.

"예전에 사냥했던 곳을 가 보고 싶어졌어요. 누이는 날이 너무 길다고 생각하지 말고 계속 가축을 잘 돌보세요. 또 밤이 지루하다고 생각하지 말고 아궁이에 불을 꺼뜨리지 말아요."

용사 사가안다르는 말을 북쪽으로 몰았고 봉우리가 세 개인 산에 올랐고 가운데 봉우리에 앉아, 한쪽 봉우리에는 등을 기대고 다른 쪽 봉우리에는 발을 대고 자기 집을 바라보기 시작했다.

노고온다르는 바느질에 정신이 팔려 가축 돌보는 것을 잊어버렸고 아궁이를 살피는 것도 잊어버렸다. 정신을 차렸을 때 가축은 가두어 두어서 몹시 말라 있었고 아궁이의 불은 이미 오래전에 꺼져 있었다. 처녀는 정신이 번쩍 나서 말 떼에서 가장 온순한 황갈색 종마를 잡아 타고 불을 찾으러 떠났다. 달리다가 보니 깊지 않은 계곡에 꾀죄죄한 오두막이 하나 있었고 굴뚝에서 연기가 피어나고 있었다. 노고온다르는 현관 옆에 말을 멈추고 말했다.

"주인어른, 불을 좀 주시지 않겠어요?"

그녀의 목소리를 듣고 오두막에서 누더기를 걸친 매우 나이 든 노파가 손에 불길이 가물거리는 장작개비를 들고 나와서 말했다.

"에이구, 예쁘기도 하시지! 오른쪽 뺨에 입 맞추게 해 주시오!"

처녀가 오른쪽 뺨을 내밀자, 노파는 그녀에게 짝 달라붙어서 피와 생명의 진액을 모두 빨아먹었다. 노고온다르는 약해진 손으로 장작개비를 들고 인사불성이 되어 집으로 달리기 시작했다. 처녀는 눈같이 하얀 궁전으로 들어와서 죽은 듯이 쓰러졌다.

이것을 보고 용사 사가안다르는 자신의 팽팽한 활로 검은 마녀 노파를 조준했다. 해가 뜰 때부터 해가 질 때까지 겨누었다. 그리고 저녁 노을에 화살을 쏘아서 악한 노파를 거꾸러뜨렸다.

용사가 집에 도착해서 보니 누이가 죽어 누워 있었다. 그는 노고온다르를 장사 치르기로 결심하고 몸을 비단보로 감싸서 커다랗고 파란 바구니에 넣고 바구니를 온순한 큰 사슴의 뿔에 묶어서 그 사슴을 풀어 주었다.

어느 날 황혼에 가난한 목동의 집 옆에서 무엇인가가 꽈르릉거리기 시작했다. 노부부가 밖으로 뛰어나와 보니 마당 가운데 커다란 파란색 바구니가 놓여 있었다. 노인들이 커다란 바구니를 집으로 끌고 와서 밧줄을 풀어 보니 그 안에 아주 작은 여자애가 있었다. 노부부는 아이를 키우기 시작했다.

딸은 자라서 미녀가 되었다. 어느 날 집 옆을 합사르갈타[11] 메르겐, 삭스 칸의 아들이 지나갔다. 두 젊은이는 서로를 보게 되었고 사랑에 빠져 결혼했다. 다음 해에 그들은 딸을 낳았는데 너무나 울보여서 아침저녁으로 온종일 울어 댔다. 합사르갈타 메르겐은 70명의 검은 점성술사를 찾아갔다. 그리고 그들은 이렇게 알려 주었다.

"당신 딸의 족보는 북서쪽에 근원이 있습니다. 그녀는 제예델레이 메르겐의 증손녀이고 가자르 포올린 노인의 손녀, 합사르갈타 메르겐과 그의 아내의 딸입니다. 그 아내는 푸른 타라 여신의 귀염둥이로 전생에서 노고온다르라고 불렸

---

11) 구전 문학이라 원문에서도 '합사르갈트', '합사르갈타'가 혼용되었다.

어요."

그때부터 아이를 재우면서 이렇게 노래하기 시작했다.

"잘 자라, 제예델레이 메르겐의 증손녀야, 가자르 포올린 노인의 손녀야, 자장자장 잘 자라."

이 말을 들으면 어린애는 울음을 그치고 고요히 잠이 들었다.

하르타가나안 칸의 결혼식 날이 왔다. 합사르갈타 메르겐도 아내와 함께 결혼식 주연에 참석하러 떠났고 놀란 거미와 땅 밑으로 들어가는 벌레의 흔적을 따라 길을 추측하면서 갔다. 어느 날 거대한 칸의 궁전 옆에서 아이를 재우는 하녀가 이렇게 노래하는 소리를 듣게 되었다.

"잘 자라, 제예델레이 메르겐의 증손녀야, 가자르 포올린 노인의 손녀야, 자장자장 잘 자라."

사가안다르는 너무나 놀라서 '어떻게 이 여자는 내 선조들을 아는 것일까?'라고 생각했다. 그가 칸의 새끼 양 우리의 문을 열자 새끼 양들이 밖으로 쏟아져 나왔고 사방으로 도망쳤다. 하녀는 자장가를 멈추고 새끼 양들을 찾아 달려 나왔다. 용사 사가안다르는 집으로 들어가서 잠이 든 어린애를 흔들어 깨웠다. 우는 소리에 하녀가 돌아와서 다시 노래를 부르기 시작했다.

"잘 자라, 제예델레이 메르겐의 증손녀야, 가자르 포올린 노인의 손녀야, 자장자장 잘 자라."

그때 용사는 하녀에게 물었다.

"너는 그런 말을 어디서 알게 되었느냐?"

하녀는 이야기를 시작했다.

"이 여자애는 우리 칸의 약혼녀가 낳았어요. 성격이 괴팍하게 태어나서 태어난 날부터 울기를 멈추지 않았어요. 그녀는 우리 약혼녀의 새 삶을 사는 것이고 바구니에서 발견했다고들 해요. 어느 날 가난한 목동의 집에 뿔에 바구니를 매단 온순한 큰사슴이 와서 마당에 그 바구니를 내려놓고 갔대요. 노부부가 집에서 나와서 바구니를 풀고 밧줄을 끊어 안에서 울고 있는 작은 여자애를 발견하게 되었대요. 그 아이가 처녀가 되었고 합사르갈타 메르겐 칸의 아들이 그녀에게 반했어요. 그들은 결혼했고 다음 해에 이 울보 아이가 태어났던 거예요. 합사르갈타는 70명의 점성술사를 초청했어요. 그들은 오랫동안 궁리하더니 이렇게 말했어요. '당신 딸의 족보는 북서쪽에 근원이 있습니다. 그녀는 제예델레이 메르겐의 증손녀이고 가자르 포올린 노인의 손녀, 합사르갈타 메르겐과 그의 아내의 딸입니다. 그 아내는 푸른 타라 여신의 귀염둥이로 전생에서 노고온다르라고 불렸고 지금도 그 이름입니다.' 그때부터 증조부까지 선조들을 부르면서 재우면 여자애는 잠이 들어요."

용사가 말했다.

"그렇구나. 그러면 삭스 칸과 그의 아들 합사르갈타 메르겐, 전생에서 노고온다르라고 불렸고 지금도 그렇게 불리는 그 아내의 가족은 어디 있는 게냐?"

"하르타가나안 칸의 결혼식에 갔어요." 하녀가 대답했다.

"그러면 나도 이 결혼식에 가야겠군." 용사가 결심했다.

오래 갔는지 금방 갔는지 어쨌든 결국 사가안다르는 하르타가나안 칸의 궁전에 도착하게 되었다. 용사는 냄새나고 더러운 거지 차림을 했고 젖은 땅에 곧바로 앉아서 개한테서 뼈를 빼앗아서 옷자락에 넣고 있었다.

노고온다르는 거지의 모습에서 자기 남동생을 알아보았고 그녀 앞에 천골과 넓적다리뼈로 만든 명예로운 음식이 놓였을 때, 예리함에서는 누구의 칼과도 비교할 수 없는, 고기뿐만 아니라 뼈까지도 자를 수 있는 칼이 사가안다르에게 있다는 것을 떠올렸다. 명예로운 음식을 맛볼 시간이 되었을 때 노고온다르는 말했다.

"가장 예리한 칼로 이 천골을 잘랐으면 좋으련만."

그러나 궁전 안을 아무리 뒤져도 그런 칼을 찾을 수는 없었다. 그러자 노고온다르는 농담하듯이 거지에게 물었다.

"가장 존경하는 이여, 당신은 찾을 수 있을 것 같은데요."

"있고말고요." 그는 이렇게 대답하고 품속에서 칼을 꺼냈다.

노고온다르가 가장 날카로운 칼을 천골에 대자 뼈가 두 쪽으로 쪼개졌다. 노고온다르는 화가 나서 말했다.

"주인어른들이여, 저런 손님을 젖은 땅에서 대접하시고 먹다 남은 찌꺼기를 먹이십니까?"

"이런 거지가 온 나라를 뒤져서도 못 찾는 그런 칼의 주인일 줄을 어떻게 생각이나 했겠소!" 하르타가나안 칸은 깜짝 놀랐다. 그는 이상한 손님에게 다가가서 그에게 그런 드문 칼의 주인에 합당한 좀 더 고상한 모습을 할 수는 없는지 물으면서 그렇지 않으면 자기가 다른 나라 칸들의 조롱거리가 될 것이라고 말했다.

"왜 안 되겠어요!" 사가안다르는 소리쳤다. 그가 자기의 화살통에서 화살을 꺼내서 부러뜨렸더니 화살이 말로 변했다. 사가안다르는 그 말을 말뚝에 묶고 안장에 매달아 놓았던 옷을 입고 담비털 모자를 용맹스럽게 비스듬히 쓰고, 주위에 빛을 발하는 아름다운 용사로 변했다. 손님들은 황홀해서 숨이 멎을 듯했고 앞을 다투어 용사를 식탁으로 초대해서 산해진미와 술로 대접하기 시작했다.

용사 사가안다르는 자신의 누이 노고온다르를 남편 합사르갈타 메르겐과 함께 자기한테로 초대했고 굉장히 성대한 연회를 베풀었다. 그리고 시끌벅적한 연회 중에 용사는 자기 매형 메르겐에게 물었다.

"현명한 사람이 자기 부모를 잊을 수가 있을까요?"

"현명한 사람이라면 은혜를 잊지 않지요." 합사르갈타 메르겐이 대답했다.

"너는 반드시 아버지 어머니를 부르러 다녀와야 한다. 떠나기 전에 부모님을 보고 싶구나." 노고온다르는 남동생에게 말했다.

용사 사가안다르는 부하 칸의 영지에서 부모님을 모셔오기로 결심했고 길 떠날 채비를 하면서 아내에게 이렇게 부탁했다.

"기도하면서 나를 잊지 말고 내게 운명 지워진 길을 매시간 살피시오."

"평안한 마음으로 다녀오세요. 아무 일도 없을 거예요. 하지만 제 아버지 예세렌이 선물한 곤봉을 가져가세요. 쓸모가 있을 거예요." 아내는 그를 배웅했다.

용사가 계곡을 지나가고 있었다. 갑자기 길을 가로질러 서 있는 엄청나게 커다란 황소가 보였는데 그 황소를 돌아갈 수도 넘어갈 수도 없었다. 황소는 낯짝을 찌푸렸고 앞발굽으로 땅을 파고 뿔로 구름을 가르면서 온 계곡에 울리도록 울음소리를 냈다.

"나는 부하 칸의 충실한 수호자다! 그 누구도 나를 돌아가지 못했고 그 누구도 내 등을 넘어가지 못했다! 네가 타지에서 온 적이라면 뿔로 받아 버릴 것이고, 교활한 적군이라면 발굽으로 밟아 버릴 것이다! 나쁜 의도로 온 거라면 6미터짜리 혀로 너를 삼켜서 배 속으로 보내 버릴 것이다. 거기서는 이미 똥이 되어 나오게 될 것이다!"

황소가 이렇게 말하고 6미터짜리 혀로 용사를 말과 함께 핥고 막 삼키려고 했을 때 사가안다르는 선물로 받은 곤봉이 생각나서 그것으로 황소의 목덜미를 때렸다. 그러자 목등뼈가 부러졌고 황소는 비틀비틀하더니 뒷걸음질 쳤고 죽은 듯이 쓰러졌다. 용사는 황소의 6미터짜리 혀를 잡아 뽑아서 안장에 매달고 계속 갔다.

부하 칸의 궁전에 도착해서 아르가마크 말을 말뚝에 묶고 화살과 활을 걸어 두고 지금까지 다른 나라 사람의 발이 닿지 않았던 우윳빛으로 하얀 궁전으로 들어갔다.

"용사여, 너는 고향이 어디냐?" 칸이 물었다.

"검은 바닷가가 고향입니다." 손님이 대답했다.

"너희 지방에서 용사 사가안다르보다 더 힘센 용사가 없다는 말이 사실이냐?"

"우리 지방에서는 그럴지도 모르겠습니다. 하지만 어떻게 그를 당신과 견주고 당신의 명예를 침해하겠습니까." 손님이 대답했다.

부하 칸은 나그네 용사의 대답에 만족스러워했고 그에게 묵을 것을 제안하며 기뻐하기까지 했다.

"우리한테가 아니면 누구한테서 머문단 말이오? 귀중한 손님이 되어 주시오. 먹을 것을 대령해라!" 하인들에게 명령했다.

그의 부름에 손에 황금 쟁반을 든 등이 굽은 노파가 나타났고 그녀의 뒤를 따라 흰 수염 노인이 은식탁을 들여왔다. 그들에게서 용사는 어머니와 아버지를 알아보았지만 모르는 척했다.

배부르게 먹은 후에 칸은 그에게 칸의 방에 침상을 깔아 주도록 했다. 그러나 사가안다르는 칸에게 말했다.

"저는 길에서 온 사람이고 먼지가 많고 더럽습니다. 당신의 하인 방에서 자도 될까요?"

칸은 손님의 정중한 태도에 놀라워했고 하인 방에 그의 잠자리를 깔아 주도록 명령했다.

용사는 난로 옆에 준비된 침상에 누웠고 가자르 포올린 노인과 노파는 자기들끼리 말했다.

"저 사람은 어찌도 저토록 우리 아들 사가안다르와 닮았을까! 그 아이의 어깨에도 저런 점이 있잖아. 우리가 죽이지 않았다면 그 아이도 우리에게 찾아왔을 텐데."

노인들은 용사를 껴안고 싶었지만 아들에 대한 기억 때문에 눈물이 쏟아졌다.

사가안다르는 감격해서 몸을 일으켜서 말했다.

"제가 바로 부모님을 여기서 모시러 가려고 온 당신들의 외아들이에요."

어머니와 아버지는 완전히 당황해서 정신없이 허둥지둥했다. 슬퍼해야 할지 기뻐해야 할지 몰랐다. 아들은 부모님을 진정시키고 물었다.

"아버지, 내일 여명에 칸이 아버지한테 소리 지를까요?"

"당연히 지르지! 칸은 보통 '일어나, 게으름뱅이야! 가서 가축을 돌봐야지!'라고 소리소리 치지." 아버지가 대답했다.

"아버지, 칸이 아버지를 부르면 '늑대가 양들을 죽여 버리고 타국인들이 말을 몰아 가라죠 뭐'라고 말하세요." 사가안다르가 말했다.

"칸의 부인이 아침 일찍 어머니한테도 소리치나요?" 아들이 어머니한테 물었다.

"당연하지! 내일 칸의 부인은 내게 '에구, 늙은 거북이 같으니라구, 옷을 대령해!'라고 소리칠 거야." 어머니가 대답했다.

"내일 아침에 연기통으로 '당신이 직접 더러운 속옷을 가져가세요!'라고 대답하세요." 아들이 충고했다.

이렇게 아침이 되었다. 칸이 눈을 떴고 소리치기 시작했다.

"영감탱이, 어디 있는 거야? 일어나, 게으름뱅이! 가축을 돌보러 가!"

노인은 대답했다.

"늑대들이 양들을 죽여 버리고, 타국인들이 말들을 몰아가라죠, 뭐."

부하 칸은 너무 화가 치밀어 목이 메었고 기침도 할 수가 없었다. 이때 칸의 부인이 소리쳤다.

"노파, 어디로 사라진 거야? 늙은 거북이 같으니라구, 내 옷을 대령해!"

노파가 대답했다.

"당신이 직접 더러운 속옷을 가져가세요!"

칸의 부인은 노발대발했고 황금 가죽 이기는 기계를 들고는 하인 방으로 뛰어갔다. 그때 사가안다르는 얼룩뱀으로 변해서 난로 주위를 세 번 돈 후 누워 있었다. 뛰어 들어온 칸 부인의 머리를 꼬리 끝으로 철썩 때리자 칸의 부인은 너무 놀라서 죽어 버렸다.

아내의 소리를 듣고 칸이 직접 뛰어왔다. 사가안다르는 또다시 용사로 변했고 그들은 죽음의 결투에서 맞붙었다. 그들은 오랫동안 싸웠고 우윳빛으로 하얀 궁전 자리에는 폐

허만 남았으며 10킬로미터 주위에는 먼지가 피어올랐다. 마침내 용사 사가안다르가 이기기 시작했다. 힘이 빠진 칸은 말했다.

"너는 내 용사의 영혼을 가지러 왔지만 늙은 나를 만났구나. 아마도 저세상으로 가야 할 때가 된 것 같다. 만약 네가 선한 사람이라면 내 머리 밑에 금장 베개를 놓아 주고, 앙심을 품은 교활한 사람이라면 내 뼈를 묻지 말고 내버려두어라."

이렇게 말하고 칸은 죽은 듯이 쓰러졌다.

용사 사가안다르는 부하 칸의 금장 베개를 가져와서 그의 머리 밑에 고여 주었고 몸을 금실로 수놓은 비단으로 감싸고 검은 아르가마크 말을 죽여서 주인 옆에 묻었다. 활과 화살을 부러뜨려서 칸의 가슴에 놓았고 무덤이 있는 언덕 위에 하얀 기도문 깃발을 매달아 걸었다.

그런 다음 부모님을 모시고 무사히 자기 마을까지 도착했다.

사가안다르가 황금의 칸가이산 정상에 올라가서 맑고 신선한 물을 가져다가 그 물로 아버지와 어머니를 신성하게 했더니 그들은 칸의 모습을 띠게 되었다.

그들은 기도와 선으로 존재하는 모든 것을 찬양하면서 즐겁고 행복하게 살았다. 이것이 이 이야기의 끝이다.

힐겐데이 메르겐

힐겐데이 칸이 살았는데 그에게는 비로드처럼 검은 말이 있었다. 칸의 수많은 가축 떼가 북쪽 방향을 다 채웠고 수많은 말 떼가 남쪽 방향을 다 채웠다. 그의 가축과 말 떼를 노인 바바갈다이가 방목했다.

어느 날 그 노인이 가축을 방목하다 보니 바닷가에 매우 큰 집이 서 있었다. 이 집으로 가까이 가니 거기에 머리 열다섯 개의 만가트하이가 있었다.

만가트하이가 말했다.

"너를 잡아먹겠다."

노인이 대답했다.

"나를 먹지 말고 내 주인을 드세요."

"너는 누구의 일꾼이냐?"

"저는 힐겐데이 칸의 일꾼이고 그에게는 비로드처럼 검은 말이 있어요. 그는 부르는 소리에만 와서 그렇게만 잡을 수 있는 그런 특별한 말이에요."

"비로드처럼 검은 말 다리의 힘줄 여덟 개를 자르고 칸의 활과 화살을 부러뜨려라. 내일 아침에 동이 트면 내가 가서 그를 잡아먹겠다." 만가트하이가 말했다.

밤에 칸의 아내가 잠이 깨서 칸에게 말했다.

"내가 꿈을 꾸었는데요, 북동쪽의 매우 끔찍한 나라에서 너무 무섭고 끔찍한 적이 당신에게 오는 거예요. 그런 꿈을 꾸었어요. 신한테 자비를 구하세요."

"이런, 여자의 꿈은 헛되고 믿을 만한 것이 못 되오." 그는 아내의 토실토실한 왼쪽 뺨을 철썩 때리고 담비 털처럼 검은 머리를 단단히 묶고는 아내에게 자라고 말했다.

칸의 아내가 잠든 후에 동이 트는데 갑자기 누군가의 목소리가 마당에서 들렸다. 사람처럼 말을 할 줄 아는 칸의 말이 달려와서 이렇게 말했다.

"왜 당신은 아내의 말을 듣지 않았어요? 적이 오고 있어요. 태양이 떠오르면 당신을 잡아먹으려고 해요. 내 다리의 힘줄 여덟 개가 잘렸어요. 이제 저는 당신을 구해 줄 수가 없어요."

그러자 칸은 하다크[12]를 가져와서 말의 발치에 엎드려 간청했다.

"만약 그렇다면 우리는 길을 떠나야겠어요." 말이 말했다.

---

12) 부랴트족이 쓰는 의례용 긴 수건으로 주는 사람의 환대, 순수, 청렴 등을 상징한다.

그들이 떠나기 전에, 출산이 임박했던 칸의 아내는 자신의 빗에서 빗살 세 개를 빼내 주면서 말했다.

"만약 적이 덤벼들면 이 빗살 세 개를 한 개씩 던지세요."

칸이 말을 타고 북쪽으로 길을 잡고 떠났다. 태양이 떠오르자 만가트하이가 나타나서 소리쳤다.

"비로드처럼 검은 말을 가진 힐겐데이 칸, 네가 여기 있느냐?"

칸의 아내가 나왔다.

"없어요." 그녀가 말했다.

"어디로 갔느냐?"

"남쪽으로 갔어요."

만가트하이는 남쪽에서 사흘 동안 칸을 찾다가 도로 와서 칸의 아내에게 말했다.

"네가 나를 속였구나. 너를 잡아먹겠다. 삼켜 버리겠다."

"아니에요. 서쪽으로 갔어요." 그녀가 말했다.

만가트하이는 서쪽에서 사흘을 찾다가 또다시 찾지 못했고 여드레가 흘렀다. 그는 또다시 돌아와서 칸의 아내에게 말했다.

"또다시 나를 속였으니 너를 잡아먹겠다."

"동쪽으로 갔어요." 칸의 아내가 말했다.

그는 동쪽에서 찾았지만 또 찾지 못했다. 되돌아와서 말했다.

"이제는 정말로 너를 잡아먹어야겠다."

"북쪽으로 갔어요." 칸의 아내가 말했다.

만가트하이는 힐겐데이 칸을 뒤쫓아 북쪽으로 서둘렀고 이제 곧 그를 따라잡을 듯했다. 그러자 힐겐데이 메르겐은 아내가 준 빗살 한 개를 던지며 말했다.

"사흘 동안에도 못 빠져나올 무성한 숲으로 변해라!"

만가트하이가 무성한 숲을 헤쳐 나가는 동안 숲은 더 울창해졌고 그는 겨우겨우 빠져나와서 힐겐데이 메르겐을 뒤쫓기 시작했고 칸은 또다시 빗에서 빗살 한 개를 빼서 던지며 말했다.

"사흘 동안에도 넘지 못할 높은 산으로 변해라!"

그러자 길에 높은 산 카랍카야시가 네 발로 솟아올랐고 만가트하이는 겨우겨우 산을 타고 넘어서 힐겐데이 메르겐을 따라잡기 시작했다. 그러자 힐겐데이는 또다시 빗살 한 개를 던지면서 말했다.

"아무도 건너지 못할 바다로 변해라!"

앞에 망망대해가 나타나자 만가트하이는 뒤로 되돌아갔다. 힐겐데이 메르겐의 집으로 와서 힐겐데이 메르겐의 아내와 붉은 개, 바바갈다이 노인을 끌고 가축도 모두 몰고 갔다.

10년이 흘렀고 비로드처럼 검은 말을 가진 힐겐데이 칸은 고향으로 돌아왔다. 집에 도착해 보니 위에서부터 아래까지 집은 온통 잡초투성이였고 마당의 모든 건물이 풀로 덮여 있었다. 그런 집을 보게 되었다. 자신의 집으로 들어가서, 화덕에서 아내가 준비해 놓았던 음식을 발견했는데 그 음식은 10년 동안 썩지 않고 그대로였다. 그리고 편지를 발견했는데, '저를 찾지 마세요. 적이 너무 강해요'라고 경고하고 있었다.

이 편지를 읽고 위를 한 번 보고 웃었고 아래를 한 번 보고 울었다. 힐게데이 메르겐은 동물들, 산양 등을 사냥했고 그것을 먹었다. 그런데 산양을 화살로 쏘아 상처를 입히면 황금빛 붉은 말을 탄 청년이 주워서 도망쳤다.

"이 청년은 누구지? 왜 계속 우리 사냥감을 가져가는 거지? 그를 뒤쫓아 가서 잡아야겠다." 힐겐데이 메르겐이 그의 말에게 말했다.

어느 날 이 청년이 그의 산양을 훔쳐 가자 그 뒤를 뒤쫓았고 그를 붙잡았다.

"너는 누구냐? 누구의 아들이냐?"

그에게 물었다.

"언젠가 비로드처럼 검은 말을 가진 힐겐데이 칸의 아들이었다고 제 어머님이 말씀하셨습니다. 지금은 만가트하이의 아들입니다."

"이 편지를 어머니께 전해라." 힐겐데이 메르겐은 그에게 편지를 전해 주면서 말했다.

그는 편지를 받아서 어머니에게 전했다. 그녀는 그 편지를 읽고는 아래를 보고 울음을 터뜨렸고 위를 보고 한 번 웃었다.

"왜 어머니는 어떤 사냥꾼이 보낸 편지를 보고 우시는 거예요?"

그가 어머니한테 물었다.

"이분은 너의 친아버지란다. 그에게 이 편지를 전해 주렴." 어머니가 말했다.

아들은 그 편지를 가져갔다.

힐겐데이 메르겐은 또다시 답장을 썼다. '내가 내일 동틀 때 가리다. 아들에게 이것에 대해 미리 말해 주구려. 나는 만가트하이와 싸울 것이오.'

'오지 마세요'라고 그녀는 답장을 써서 아들 편에 보내면서 아들에게 말했다.

"만약 네 친아버지가 오신다면 그를 도와라. 아버지가 만가트하이와 싸울 것이다."

힐겐데이 메르겐은 아내의 말을 듣지 않고 와서 만가트하이와 싸우기 시작했다. 힐겐데이 메르겐 칸은 싸움에서 밀리기 시작했는데 이때 그의 아들이 도와주러 왔다. 활로 화살을 쏘기 시작했는데 만가트하이의 몸이 찢어지더니 또 다시 붙었고 만가트하이도 계속 활을 쏘았다. 만가트하이가 완전히 힘이 빠지기 시작했을 때 힐겐데이 메르겐의 아들은 그에게 물었다.

"영혼은 어디 있어요?"

"창의 가운데 유리에 있다."

그러자 청년은 창문의 가운데 유리를 깨뜨렸고 만가트하이는 숨을 거두었다. 힐겐데이 메르겐 칸은 아내와 아들과 함께 집으로 돌아와서 행복하게 살았다고 한다.

물귀신 할멈

옛날 옛적에 지금 보는 커다란 산들이 아직 언덕이고 울창한 숲이 키 작은 덤불숲이었을 때, 두 개의 천막, 두 명의 아내, 외아들을 가진 사람이 살았다.

여름과 봄, 가을과 겨울에 부자는 어디로도 유목지를 옮기지 않으면서 한곳에서 살았다. 어느 가을날 그는 가축 떼를 강가 물 먹이는 곳으로 몰았다. 낙타와 말들이 물에 가까이 갔지만, 강가 주위를 거닐면서 마시지 않았다. 부자는 놀라서 물 가까이 가서 올가미가 달린 장대로 물을 쳤다. 그리고 쳐다보니 뚱뚱한 노파가 장대를 꽉 붙잡고서 강가로 뛰어 올라와 말했다.

"어떻게 감히 나를 때릴 수가 있어? 지금 너를 잡아먹어 버릴 테다!"

"용서하세요! 내게는 열여덟 살짜리 아들이 있는데 아들을 먹는 것이 나을 거예요." 부자가 빌기 시작했다.

"어디서 내가 네 아들을 찾는단 말이냐?" 노파가 물었다.

"내일 태양이 떠오르는 곳에서 기다리세요." 부자가 말했다.

노파는 장대를 놓고는 부자에게 말했다.

"속였단 봐라! 만약 나를 속이려 생각한다면 네 가축을 모두 먹어 버리고 너도 입가심으로 먹어 버릴 거다."

다음 날 날이 밝기 시작했을 때 부자는 가축 떼를 모으고 다리가 여덟 개 달리고 반점이 있는 주홍색 말을 붙잡고는 아들에게 말했다.

"말에 안장을 채우고 태양이 떠오르는 곳으로 출발해라. 거기서 새로운 유목지로 삼을 장소가 있는지 살펴보거라. 유목지를 옮기기로 결심했단다."

청년은 차를 실컷 마시고 말에 안장을 채우고 올라타 떠났다. 멀리 떠나가지 않았는데 그에게 말이 사람 목소리로 말했다.

"아버지가 보내는 곳으로 가서는 안 돼요. 태양이 떠오르는 곳에서 나쁜 노파가 당신을 잡아먹으려고 기다리고 있어요."

"하지만 아버지가 보냈는데 가지 않으면 안 되잖아." 청년이 대답했다.

말이 말했다.

"이렇게 해 보세요! 지금 노파가 당신을 기다린다면 두 개의 황금 뼈를 위로 던지세요. 우리가 뛰어서 노파에게 다가가면 당신은 '할멈, 황금 뼈를 더 높이 던져 보시오'라고 소리치세요."

청년은 그렇게 했다. 노파에게 말을 타고 달려가자마자 이렇게 소리쳤다.

"더 높이 황금 뼈를 던져 보시오!"

노파는 그 뼈들을 더 높이 던졌고 청년은 날아서 황금 뼈를 잡더니 사라져 버렸다.

노파는 커다란 자신의 칼을 덥석 쥐고는 뒤쫓아가기 시작했다. 청년을 바짝 따라잡아 칼을 휘둘렀고 말의 두 다리를 잘라 버렸다. 말은 여섯 다리로 도망쳤고, 노파는 잘린 두 다리를 먹고 또다시 도망자들을 뒤쫓아 달려갔다. 그들은 멀리 도망하지 못했고 노파가 그들을 따라잡아 칼을 휘둘러서 말의 두 다리를 잘랐다. 말은 네 다리로 도망쳤고 노파는 잘린 다리를 먹고 세 번째로 도망자들을 따라잡았다. 또다시 말의 두 다리를 잘랐다. 말은 남은 두 다리로 도망쳤다. 그러나 노파는 네 번째로 도망자들을 따라잡아서 네 번째로 칼을 휘둘렀고 말의 마지막 남은 다리를 잘랐다. 그러자 말은 키가 큰 뚱뚱한 나무로 변했고 청년은 그 꼭대기로 기어올라갔다.

노파가 뛰어와서 나무를 칼로 베기 시작했다. 베고 또 베고 이틀을 꼬박 베었더니 마침내 나무가 쓰러졌다. 노파는 기뻐하면서 청년을 붙잡았다.

"얼마나 민첩하고 기민한지 봐라! 도망칠 수 있다고 생각했다면 너는 나를 잘못 안 것이다! 이제 나와 함께 가자." 노파가 말했다.

그들은 가고 또 가서 타이가의 골짜기에 도착했다. 골짜기를 따라 개울이 흘렀고 개울 옆에 짚으로 만든 천막이 서 있었다. 노파는 천막으로 들어가서 불을 피웠고 청년에게 말했다.

"숲으로 가서 젖은 가지를 가져오너라. 그것으로 꼬챙이를 만들어서 고기를 구울 것이다."

청년이 보니 고기는 천막 어디에도 없었다. 그래서 노파가 자기를 구우려고 한다고 짐작했다. 청년은 숲으로 가서 울면서 막대기는 줍지도 않고 되돌아가지도 않았다. 청년이 가고 또 가다가 보니 그 앞에 울긋불긋한 황소가 갑자기 나타나서 사람 목소리로 말하기 시작했다.

"청년, 왜 그리 울고 있소?"

"뚱뚱한 노파가 나를 포로로 잡고 있어요. 나뭇가지를 가져오라고 보냈는데 꼬챙이를 만들어서 내 살을 구우려고 해요." 청년이 대답했다.

"천막으로 가서 노파한테 칼을 달라고 부탁하면서 '아주머니, 아주머니, 칼을 좀 주세요. 나뭇가지를 베서 올게요!'라고 말하시오. 그녀가 칼을 주면 이리로 되돌아오시오."

청년은 칼을 달라고 해서 꾸물거리지 않고 곧장 되돌아

왔다.

"내 위에 타서 뿔을 붙잡으시오." 황소가 그에게 말했다.

청년은 황소의 넓은 등에 뛰어 올라탔고 그들은 타이가를 가로질러 내달렸다.

노파는 청년을 오랫동안 기다렸다. 그러다가 마침내 천막에서 나왔다. 북쪽을 보고 남쪽을 보았지만 아무도 보이지 않았고 왼쪽을 봐도 아무도 없었고 오른쪽을 보자 도망자들이 이미 두 고개를 넘었고 세 번째 고개를 올라가고 있었다.

노파는 털외투 자락을 접어 올려 허리춤에 찔러 넣고 뒤쫓아서 뛰어가기 시작했다. 완전히 따라붙을 즈음이었다. 황소가 청년에게 말했다.

"두 손으로 노파의 칼끝을 잡고 오른쪽 무릎 너머에서 절반으로 구부리시오!"

청년이 칼을 구부리자마자 노파는 걸려서 땅에 넘어졌고 오른쪽 다리를 움켜잡았다.

그들은 계속해서 도망쳤다. 뛰어가는데 노파가 얼마 후에 아픈 다리를 맞춰서 펴고 또다시 뒤쫓아왔다. 완전히 따라붙을 즈음이었다. 황소가 청년에게 말했다.

"왼쪽 무릎 너머에서 칼을 구부리시오."

청년이 칼을 구부리자 노파가 넘어졌고 왼쪽 다리를 움

켜잡았다. 그들은 계속해서 도망쳤다.

그들이 도망치고 또 도망치다가 돌아보니 노파가 또다시 그들을 따라잡고 있었다.

"칼을 부러뜨려서 조각을 사방에 던져 버리시오!" 황소가 말했다.

청년이 칼을 부러뜨리고 보니 노파가 두 동강으로 부러졌다. 조각을 사방으로 던지고 보니 노파가 먼지처럼 바람에 쓸려갔다.

황소는 도망치기를 그만두고 걷기 시작했다. 그들은 개울물이 있는 타이가의 계곡까지 도달했고 이때 황소가 멈추더니 말했다.

"이제 나를 찔러 죽이고 가죽을 벗기시오. 머리를 잘라 뿔을 북쪽으로 코는 남쪽으로 놓으시오. 고기는 잘라서 먹어도 되고 가죽은 입으시오."

청년은 황소가 불쌍해서 눈물을 흘리며 울기 시작했다.

"어떻게 내가 죽일 수가 있겠는가?" 청년이 말했다.

하지만 황소는 고집을 꺾지 않았다.

"내가 말한 대로 하세요!"

청년이 황소를 찔러 죽이고 가죽을 벗겼고 머리는 뿔은 북쪽으로 코는 남쪽으로 향하게 놓았으며 가죽으로 몸을 감싸고 잠이 들었다.

다음 날 태양이 막 떠올랐을 때 잠이 깬 청년은 자기 눈을 믿을 수가 없었다. 그는 새로운 천막 안에 여우털 이불을 덮고 누워 있었고 난로 옆에는 아름다운 처녀가 분주히 왔다갔다 하면서 차를 끓이고 있었다. 청년이 천막에서 나와서 보니 말뚝에 다리 여덟 개 달리고 반점이 있는 그의 주홍색털 말이 서 있었고 근처에는 살진 가축 떼가 풀을 뜯고 있었고 마당에서는 하인들이 그에게 허리를 깊이 숙여 인사를 하면서 명령을 기다리고 있었다. 청년은 너무 놀라서 천막으로 돌아왔고 미녀 아가씨한테 물었다.

"도대체 이것은 누구의 영지입니까?"

"이 모든 것은 당신의 것이에요." 아가씨가 그에게 대답했다.

청년은 더욱 놀라서, 실컷 먹고 차를 마시고 말에 안장을 얹고 아버지한테 갔다. 천막으로 들어가서 보니 젊은 아내가 아버지의 머리맡에 앉아 있었고 나이 든 아내는 발밑에 앉아서 번갈아 가며 아버지를 때리면서 비난을 퍼붓고 있었다. "어디로 아들을 보냈어? 실토해! 아들이 어디로 사라졌느냔 말이야? 대답해!"

청년이 살아서 멀쩡한 것을 보자 여자들은 나쁜 남편을 풀어 주었다. 그러나 그는 이후에 이미 일어설 수가 없었다. 청년은 두 여자를 데리고 가축과 재산을 모아서 자신의 천막으로 유목지를 이동했다. 그리고 거기서 지금까지 살고 있다.

영웅담

구지르 칸

옛날 태평한 시절에 칠순의 황제 보그도르가 회갑의 황후 우르마 고혼과 함께 살고 있었다. 자녀가 없어서 무릎에 앉혀 쓰다듬고 재롱을 부려 줄 그 누구도 없었다. 대신에 황제의 땅에는 북쪽 사면부터 남쪽 사면까지, 하늘 아래 산 정상부터 계곡까지 옮겨 다니면서 수많은 가축 떼가 풀을 뜯고 있었다. 황제 보그도르는 오래전부터 얼마나 많은 백성들이 살고 있는지도 헤아리지 않았는데, 백성들은 산의 남쪽 사면 가장 기름진 땅에 살면서 가난도 슬픔도 모른 채 태평성세를 누렸다.

어느 날 황제는 백성들을 살펴보고, 자신의 영지를 마지막으로 여행했을 때보다 두 배는 더 불어났을 가축 떼를 둘러보러 나갔다. 황제는 소 떼, 양 떼, 말 떼를 보고는 깊은 생각에 빠져들었다. '내가 죽은 후에는 내 평생 피땀으로 일군 이 많은 재산을 누가 가지게 될 것인가?'

그리고 그는 자식이 없다는 생각이 들자 슬퍼 울기 시작했다. 슬픔에 잠겨 묵묵히 황제는 집으로 돌아왔고 황후가 그에게 물었다.

"왜 그렇게 안색이 어둡고 걸음걸이가 축 처졌나요?"

"우리 영지는 모든 것이 태평하고 모든 것이 순조롭게 되어 가고 있소." 황제 보그도르는 황후를 안심시켰다. "백성들은 배부르고 건강하며, 가축 떼는 전보다 두 배가 늘었소이다. 단지 나는 이 모든 재산을 상속할 사람이 없다는 생각에 잠겼던 것뿐이오."

"저는 임신한 지 이미 3개월이 되었어요. 제 느낌에는 아들일 것 같아요." 우르마 고혼 황후가 말했다.

이 말을 듣고 황제 보그도르는 더할 나위 없이 기뻐했다. 웃었다가 춤을 추었다가 머리카락을 흔들어 헝클어뜨렸다가 다시 매만졌다. 그런 다음 실컷 먹고는 깊은 잠에 빠졌다.

지루한 기다림의 몇 달이 흘렀다. 마침내 달이 차서 정확히 정오에 황태자가 태어났다. 갓난애의 윗부분은 순금으로 되어 있었고, 아랫부분은 순은으로 되어 있었는데 오른손에는 적에 대한 승리의 표식을, 왼손에는 성공적인 사냥의 표식을 쥐고 있었다.

아이는 하루가 다르게 크는 것이 아니라 시시각각 자랐다. 한 달이 지나자 아이는 1년생 양가죽 위에는 자리가 좁아 눕지를 못했고 한 암소에게서 난 우유로는 배가 차지도 않았다. 두 달이 지나자 1년생 황소 가죽도 좁아 눕지를 못했고 두 암소에게서 난 우유는 한 끼에 다 먹었다.

셋째 달에 황제 보그도르는 고기를 산처럼 쌓아 놓고 호수처럼 포도주를 준비하고는 더할 나위 없는 기쁨을 나누고자 백성들을 불렀다. 모두가 모였을 때 황제는 영예로운 포도주 잔을 채우고 가장 맛난 고기 부위를 잘라 내서는 이렇게 말했다.

"갓난아이에게 이름을 지어 주는 사람이 이 포도주를 마시고 고기를 먹어라."

오랫동안 그 누구도 군중 속에서 성큼 나서지를 못했지만, 마침내 땅까지 턱수염이 닿는 비쩍 마른 노인 한 명이 나왔다. 노인은 포도주를 마셨고 고기를 다 먹은 후에 갓난아이에게 구지르 칸이라는 이름을 지어 주었다. 그 후에 노인은 물러났고 주연은 성대히 계속되었다. 보그도르 황제의 백성들은 9일 동안을 먹고 마시며 놀았고 10일째에야 각자의 집으로 흩어졌다.

얼마 지나자 구지르 칸에게 말을 골라 줄 시기가 왔다. 그러나 보그도르의 말 떼에서는 황태자의 체격에 맞는 말을 찾을 수가 없었고 젊은 황태자가 입을 수 있는 갑옷도 구할 수가 없었다. 그러자 땅까지 턱수염이 닿는 비쩍 마른 노인이 큰 소리로 불렀고 황태자 앞에 나타나서는 이렇게 말했다.

"아홉 개의 무쇠 산 너머에 밤색 준마가 주인을 기다리며 풀을 뜯고 있습니다. 보그도르 황제의 동생 조톤 하라만이 자신의 백마를 타고 그 산들을 넘을 수 있습니다. 조톤 하라가 검은 양 아홉 마리와 타라순[13] 아홉 가마를 가져가게 하십시오. 도착하면 네 방향에 타라순을 끼얹고 아홉 개의 무쇠 산의 영혼과 길의 영혼을 달래고, '앞에 앉아 있고, 뒤에서 지키고 있는 내 친구들에게 주는 것이오!'라고 말하면서 산 아래에 고기 아홉 조각을 던지게 하십시오."

"나를 쏴라! 만약 화살이 네 발굽 모두를 스친다면 항복하겠다."

조톤 하라는 활을 쏘았고 화살은 네 발굽 모두를 스쳤으며 밤색 말은 멈췄다. 조톤 하라는 재갈을 물렸고 보그도르 황제의 궁궐로 끌고 왔다. 온갖 마구와 용사의 갑옷도 가져왔다.

말과 함께 도착한 숙부를 멀리서 알아보고 구지르 칸이 궁궐에서 뛰어나왔고 밤색 말의 고삐를 붙잡아서 황금 기둥에 묶었다.

얼마 있다가 구지르 칸은 부모님께 이렇게 말했다.

"내 약혼녀를 찾아 떠나고 싶어요. 축복해 주세요."

"네 약혼녀는 굴리 칸의 딸이다. 이 세상에서 그 공주보다 더 아름다운 여자는 없단다. 그 공주가 어두운 밤에 궁궐

---

13) 부랴트족의 전통주로, 우유로 만든 술이다.

에서 나오면 주위가 대낮처럼 밝아져서, 사람들은 아침 해가 떠올라 날이 샌 줄 알고 잠에서 깬단다. 그 공주의 이름은 고녹 고혼 두헤다. 굴리 칸한테 곧장 가서 젊었을 때 했던 약속을 떠올려 보라고 하거라. 우리는 어느 날 사돈을 맺기로 맹세했단다. 사냥 갔을 때의 일이었는데, 약속을 굳건히 하기 위해 꼬챙이에 끼워 구운 들새를 서로 바꾸었고, 장래 사돈지간의 표시로 그 들새를 먹었단다."

구지르 칸은 황제의 옷을 입고 갑옷을 입고는 활과 화살통을 들고 부모님과 작별하고 말에 올라타 굴리 칸한테로 떠났다.

부모는 아들을 배웅하러 밖으로 나왔지만 먼지 구름과 아홉 개의 산 너머의 붉은색 술만 보았을 뿐이었다.

"우리 아들 같은 그런 아들을 가진 사람은 아마 없을 거요!" 어머니와 아버지는 이렇게 말했다.

구지르 칸은 오랫동안 말을 타고 달렸다. 마침내 계곡 끝에 호화로운 궁궐이 두 채 보였다. 한 궁궐에는 굴리 칸이 살았고 다른 한 궁궐에는 딸이 살고 있었다. 아름다운 고녹 고혼 두헤의 궁궐로 가서 용사 구지르 칸은 말에서 내렸고 청동 기둥에 말을 묶고는 문턱을 넘어서 공주와 인사를 하고는 손님용 귀빈석에 앉았다.

고녹 고혼 두헤는 길손을 대접하기 시작했고 그의 명민

함을 시험하려고 독이 든 금잔을 그에게 건넸다. 그러나 술잔에 입술을 대기 전에 구지르 칸은 술잔에 새끼손가락을 담그었고 그 새끼손가락이 독 때문에 검게 변하자, 여주인장에게 이렇게 물었다.

"당신은 어째서 이렇게 잔인한 방법으로 나를 시험하는 거요? 아니면 별안간 나를 비웃고 싶어진 것이오? 아니면 내가 당신의 약혼자라는 사실도 모르는 거요?"

고녹 고혼 두헤는 몰랐다고 인정했고 구지르 칸에게 그에게 시집가겠다고 약속했다. 그리고 이렇게 말했다.

"다만 아버지한테 허락을 받아내셔야만 해요."

구지르 칸은 굴리 칸한테로 갔고 궁궐에 들어가서 문턱에서 이렇게 선포했다.

"안녕하십니까, 장인어른!"

"내가 어떻게 너의 장인이란 말이냐!" 굴리 칸은 분기탱천했다. "나는 너를 알지도 못한다! 처음 만난 놈한테 딸을 시집보내게 생겼구나!"

"저는 처음 만난 사람이 아닙니다. 저는 보그도르 황제의 아들이고 제 이름은 구지르 칸입니다. 젊었을 때 한 맹세를 기억해 보십시오." 청년은 이렇게 말했다.

"네 말이 옳구나, 옳아." 굴리 칸은 대답했다. "네 아버지와 사돈 맺기로 약속을 했지. 나는 한번 한 약속은 지키는 사람이니 내 딸 고녹 고혼 두헤를 너에게 주마. 하지만 먼저 머리가 쉰여덟 개 달린 탈라얀 샤라 만가트하이를 이겨라. 이 괴물이 내 백성들과 가축을 모두 먹어 치워서 나를 완전히 파멸시켜 버렸다."

그러자 고녹 고혼 두헤는 약혼자에게 이렇게 말했다.

"탈라얀 샤라 만가트하이를 이길 수 없다는 것을 아셔야만 해요. 그 괴물에게는 어깨가 쩍 벌어진 가장 힘센 장사들도 상대가 안 되었고 가장 정확하게 조준된 화살로도 그 괴물을 맞힐 수가 없었어요. 저 때문에 목숨을 거느니 집으로 돌아가시는 것이 낫지 않을까요? 어디서든 다른 약혼녀를 찾으시면 되잖아요."

"여인들이 마름한 천을 바느질하지 않고 남겨두지 않듯이 남자는 한번 뺀 칼을 도로 넣으면 안 됩니다." 구지르 칸은 이렇게 말하고 약혼녀와 작별하고는 만가트하이와 결투하러 떠났다.

길을 가다가 용사는 굴리 칸의 백성에게 물었다.

"당신네 고장에서는 탈라얀 샤라 만가트하이가 어디서 나타납니까?"

"해가 뜨기 전 누런 바다가 들끓고 누런 거품이 일어 뒤덮이기 시작하면 해변에 그 저주스러운 탈라얀 샤라 만가트하이가 걸어 나온답니다." 백성들이 대답했다.

그래서 구지르 칸은 누런 바다로 가서 해변에 몸을 숨기고 바다에서 게걸스러운 괴물이 나오기를 기다렸다.

곧 누런 바다가 꿈틀대기 시작하더니 누런 거품이 끓어올랐고 해변에 탈라얀 샤라 만가트하이가 나타났다. 괴물의 뒤를 따라서 3베르스타[14] 밖에 있는 낯선 이의 냄새도 맡을 수 있는 붉은 개가 뛰어나왔고, 7베르스타 밖에 있는 낯선 이도 알아볼 수 있는 독수리와 솔개가 날아왔다.

탈라얀 샤라 만가트하이가 어깨에 도끼를 걸치고 걸어갔다. 만가트하이의 앞에서 붉은 개가 달렸고 만가트하이의 머리 위에서는 독수리와 솔개가 빙빙 돌았다. 쉰여덟 개의 괴물 머리는 모두 각자의 일로 바빴다. 어느 머리들은 서로 이야기를 나누고 있었고 다른 머리들은 노래를 불렀고 또 다른 머리들은 담배를 피웠고 나머지 머리들은 수수께끼를 내서 서로 맞히고 있었다.

갑자기 붉은 개가 위험을 감지하고 짖기 시작하더니 만가트하이의 앞에서 괴물이 더 이상 가지 못하게 빙빙 돌았다. 만가트하이가 화를 내며 이렇게 말했다.

"이런 바보 같은 개 없이도 잘 살 수 있다!" 그러고는 개를 반으로 토막 내 버렸다.

---

14) 1베르스타는 1067미터다.

그리고 앞으로 걸음을 떼자마자 독수리와 솔개가 그의 길을 막아섰다. 만가트하이는 전보다 더 심하게 화를 냈고 새 두 마리 모두를 반으로 토막 내 버렸다. 그리고 충실한 조수들 없이 앞으로 가기 시작했다.

이때 구지르 칸이 매복해 있다 나와서 활을 팽팽하게 당기면서 이렇게 말했다.

"내가 만약 운수가 좋고 행운이 있다면 내 활은 탈라얀 샤라 만가트하이의 쉰여덟 개의 머리를 한 방에 잘라 버릴 것이고 운이 없다면 머리 하나도 스치지 못하고 옆으로 비켜 날아갈 것이다."

쏜 화살이 쌩 소리를 내며 휙 날아갔고 쉰여덟 개의 머리를 잘랐으며 탈라얀 샤라 만가트하이는 죽은 듯이 쓰러졌다.

"내가 도저히 당해 내지 못한 괴물을 무찔렀고 백전백승의 괴물을 죽였도다!" 구지르 칸이 소리쳤다. 용사는 커다란 모닥불을 지펴서 그 위에 만가트하이의 시체를 태웠고 재는 사시나무 삽으로 사방에 뿌렸다. 이후에 용사는 약혼녀에게 돌아가서 있었던 일을 이야기했다. 고녹 고혼 두헤는 너무나 기뻐했고 약혼자를 훌륭하게 대접하고는 아버지에게 데려갔다.

용사가 굴리 칸에게 말했다. "제가 당신의 저주스러운 적

탈라얀 샤라 만가트하이를 무찔렀습니다! 제게 딸을 주십시오!"

굴리 칸이 이렇게 말했다. "기꺼이 주마. 하지만 내 사위라면 또 한 가지 부탁 정도는 거절하지 않겠지. 내게는 구니르라는 개가 한 마리 있었는데 잃어버렸구나. 그 개가 남쪽 지방에 산다는 소문이 돌고 있더구나. 그 개를 내게 데려와라."

이 사실을 알고 고녹 고혼 두헤는 약혼자에게 말했다.

"구니르는 그냥 개가 아니에요. 남쪽 지방의 수호자예요. 그 누구도 그 개를 이길 수는 없어요. 그 누구든지 3베르스타 거리 안으로 가까이만 와도 구니르가 통째로 삼켜 버린대요. 집으로 돌아가는 편이 나아요. 다른 약혼녀를 구하세요. 저를 위해 목숨을 걸 필요가 없어요."

"사내대장부가 내뱉은 말을 거두어들일 수는 없는 일입니다."

그러자 고녹 고혼 두헤가 말했다.

"구니르를 찾아 나서기 전에 아흔아홉 명의 천상의 대장장이들에게 가 보세요."

대장장이들은 철 테, 쇠사슬, 단단한 족쇄를 벼려 주고 이렇게 충고했다.

"구니르가 잠자고 있을 때만 다가가세요. 구니르가 정말로 잠이 들면 오른쪽 눈을 감는데, 오른쪽 입꼬리에서 거품이 흘러나온다오. 만약 자는 척하는 거면 왼쪽 눈을 감고 왼쪽 입꼬리에서 거품을 뿜는다오."

이때 구지르 칸은 마법의 힘을 모두 모아서 꾀꼬리로 변해서 구니르 머리 위를 날아 돌아다니며 지저귀며 노래하기 시작했다. 구니르가 꾀꼬리의 노랫소리에 졸기 시작했다. 그리고 결국 오른쪽 눈을 감고는 깊은 잠에 빠졌다.

그러자 구지르 칸은 다시 사람으로 변해서 개의 낯짝에 단단한 철 테를 끼우고, 목에는 무거운 쇠사슬을 씌웠고, 구니르의 세 다리를 묶어서 앞다리 두 개와 뒷다리 한 개에 족쇄를 연결했다. 그런 다음 개를 발로 세 번 찼다. 구니르는 잠이 깨서 갑자기 달려들려고 하고 뱀처럼 구부려도 보았지만 아무것도 할 수가 없었다. 천상의 대장장이들이 튼튼하게 만들어 놓았던 것이었다. 그러자 개가 구지르 칸에게 물었다.

"너는 도대체 누구며 이름이 무엇이냐? 나를 죽이려면 지금 바로 죽여라! 내게 원한이 없다면 풀어 주고 왜 왔는지 말해라!"

구지르 칸은 자기 이름을 밝히고 이렇게 말했다.

"너를 죽일 생각은 없다. 단지 굴리 칸이 너를 궁궐로 데려오라고 명해서일 뿐이다. 네가 자진해서 나와 함께 간다고 약속한다면 너를 풀어 줄 것이다."

구니르는 가기로 약속했다. 구지르 칸은 개의 족쇄를 풀고 말에 타고서 개의 목줄을 잡아끌고 갔다. 구지르 칸은 굴리 칸의 궁궐로 곧장 달려갔다.

"개를 끌고 가시오!"라고 소리쳤다.

굴리 칸이 현관으로 달려 나와서 구니르를 보고는 너무 무서워 혼비백산해서 정신을 잃어버렸다.

구지르 칸은 예비 장인의 뺨을 철썩철썩 때렸고 칸은 눈을 뜨고는 개를 데려왔던 그곳에다 다시 끌어다 놓으라고 눈물을 흘리면서 애원했다.

"그렇게 해 준다면 상으로 너한테 가축의 반을 주겠노라." 굴리 칸은 말했다.

구지르 칸은 구니르의 굴레를 벗기고 장인이 준 가축들을 넘겨주었다.

"이제야 배부르게 실컷 먹겠군!" 구니르는 기뻐했다.

구지르 칸은 개의 목줄을 벗기고 쇠사슬을 풀어 주고는 가축과 함께 마음대로 가라고 놓아주었다.

"만약 힘든 일이 생기거나, 불행이 닥치면 나를 불러라." 개는 구지르 칸에게 이렇게 말했다.

둘은 작별 인사를 나누었고, 구지르 칸은 예비 장인의 궁궐로 들어갔다.

"이제는 제게 딸을 주시겠죠?" 구지르 칸은 굴리 칸에게 물었다.

"내가 어떻게 거절하겠는가? 하지만 사람은 늘 더 좋은 운명에 대해 꿈꾸게 마련이네. 나도 예세게 말란 텐게리의 의원 나리가 되고 싶었다네. 그러려면 칸 헤레그데 새의 깃털만 가지면 된다네. 그걸 좀 구해다 주게나!" 굴리 칸은 이렇게 말했다.

구지르 칸은 고녹 고혼 두헤의 궁궐로 갔다. 공주는 약혼자에게 이렇게 물었다.

"이번에는 아버지가 또 뭐라고 하던가요?"

"장인은 칸 헤레그데 새의 깃털을 구해 오라고 했소."

공주는 눈물을 흘리며 말했다.

"우리 아버지는 일부러 당신을 위험한 여행에 보내는 거예요. 부모님한테 돌아가시는 것이 나아요. 부모님은 오랫동안 아들을 기다리고 계시잖아요. 저보다 나은 약혼녀를 찾으세요!"

"강 한가운데서는 말을 바꾸지 않는 법이고, 남자는 도중에 멈추지 않는 법이오." 구지르 칸은 이렇게 말했다. 구지르 칸은 약혼녀와 작별하고 칸 헤레그데 새의 깃털을 구하러 먼 길을 떠났다.

그는 가고 또 가서 누런 바다에까지 이르렀다. 둘러보니 바다에서 멀지 않은 곳의 소나무 위에 새 세 마리가 앉아서 슬피 울고 있었다.

"너희는 누구며 왜 그리 울고 있느냐?" 구지르 칸이 물었다.

"우리는 칸 헤레그데 새의 새끼들이에요. 우리 아버지는 머리가 스물다섯 개나 달리고, 호르토 샤르타라는 별명을 가진 뱀과 3년 동안 싸웠어요. 하지만 뱀이 우리 아버지를 이겼고 우리 형제 여섯을 먹어 치웠어요. 오늘은 우리도 먹을 거예요."

"머리가 스물다섯 개 달린 호르토 샤르타라는 뱀은 어디에 살며 어디서 나타나느냐?" 구지르 칸이 물었다.

"뱀은 누런 바다의 밑바닥에 살지요." 새끼 새들이 대답했다. "뱀이 해변으로 나오기 전에 바다가 꿈틀거리고 하얀 거품이 일어난답니다. 그런 다음 누런 거품이 끓어오르다가 가득 넘쳐나게 되고, 이 다음에 머리가 스물다섯 개 달린 뱀이 나타나서 차례대로 희생물을 먹어 치우고는 바다 소용돌이 속으로 다시 사라져 버려요."

구지르 칸은 바다로 가서 황금빛 자작나무 쪽으로 향했다. 자작나무는 사방으로 자라서 나뭇잎이 무성했고 바다에 서늘한 그늘을 드리우고 있었다. 수천 마리의 새들이 자작나무의 황금빛 가지 위에 둥지를 틀고는 지저귀며 노래했다. 그러더니 누런 바다가 들끓기 시작하더니 해변으로 밀려들었다. 그러나 황금빛 자작나무는 밀려와 뒤덮은 커다란 파도에 맞서 서 있었다. 그때 바다가 하얀 거품으로 뒤덮이기 시작했고, 노란 거품이 끓어오르더니 해변으로 머리가 스물다섯 개 달린 뱀이 나왔다. 어떤 머리들이 말했다.

"칸 헤레그데 새의 마지막 새끼들을 먹어 치우자!"

다른 머리들이 시비를 걸었다.

"어제만 해도 해변에는 황금빛 자작나무가 없었는데! 어디서 난 거지? 불길한 징조로 나온 거 아냐?"

나머지 머리들이 비웃었다.

"자작나무 따위를 무서워할 게 뭐 있어! 있다고 나쁠 것도 없잖아!"

호르토 샤르타가 자작나무와 나란해지자마자 구지르 칸은 예전 모습을 찾았고 등의 어깨뼈가 맞닿을 정도로 활시위를 팽팽하게 힘껏 당겨서 화살을 쏘았다. 화살은 뱀의 머리 스물다섯 개를 모두 잘라 버렸다. 마지막으로 숨을 거두면서 뱀은 구지르 칸에게 진드기만 한 크기의 검은 핏방울을 확 쏟아냈다. 구지르 칸은 밤색 말에 뛰어올라 도망치기 시작했다. 피 진드기가 그 뒤를 따랐다. 그 둘은 세상 주위를 세 바퀴나 돌았고 세 바퀴가 끝나 갈 때 피 진드기가 구지르 칸을 따라잡아서 그의 오른쪽 뺨에 들러붙었다. 구지르 칸은 말에서 떨어졌고 의식을 잃어 갔다. 그때 밤색 말이 말했다.

"구니르한테 도움을 청하세요. 개가 도와줄 거예요."

마지막 힘을 다해 구지르 칸은 개를 부르고는 죽었다.

밤색 말이 주인을 지키면서 용사의 몸이 봉변을 당하지 않게 보호했다.

구니르가 달려왔고 물었다.

"내 친구 구지르 칸 용사는 왜 죽었는가?"

밤색 말은 어떻게 죽게 되었는지 이야기했다. 구니르는 말을 다 듣고 이렇게 말했다.

"선한 친구를 위해서는 자신도 아깝지 않은 법이다. 그의 목숨만 되돌릴 수 있다면."

그런 다음 밤색 말에게 명령했다.

"네 주인이 살아나면 나를 이런 곳에 묻어 달라고 해라. 여름날에는 땀이 나지 않고 황금빛 나뭇잎이 달린 향기로운 나무들로부터 서늘한 바람이 부는 곳이고 겨울 추위에 꽁꽁 얼지 않고 황금빛 햇볕이 세 개의 검은 호숫가 서른 개의 따뜻한 언덕을 따뜻하게 비춰 주는 곳이다."

이렇게 말하고 구니르는 구지르 칸을 통째로 삼켰다. 개의 위가 구지르 칸의 독이 퍼진 검은 피를 빨아냈고 구지르 칸은 산 채로 무사히 밖으로 나왔다.

밤색 말이 그에게 말했다.

"구니르가 자신을 희생해서 당신을 살렸어요. 개는 여름에는 땀이 나지 않고 겨울에는 얼지 않는 세 개의 검은 호숫가 서른 개의 따뜻한 언덕에 묻어 달라고 부탁했어요."

그러는 사이에 풀 위에 날개 그림자가 스쳐 갔고, 칸 헤레그데 새가 날아와서 구지르 칸에게 새끼들을 구해 줘서 고맙다고 인사하며 우정을 나누자고 제안했다.

"뜻밖에 불행이 닥치면 나를 부르세요. 달려가서 당신을 도와줄 테니까요. 만약 제게 나쁜 일이 생기면 당신이 도와주러 오세요."

칸 헤레그데 새는 그에게 자기 날개에서 깃털을 뽑아 주면서 말했다.

"굴리 칸에게 약속한 것을 가져다주세요. 저는 구니르를 세 개의 검은 호숫가 서른 개의 따뜻한 언덕에 묻을게요."

구지르 칸은 칸 헤레그데 새의 깃털을 가지고 굴리 칸의 궁궐에 도착해서는 소리쳤다.

"나오시오. 예비 장인이여. 칸 헤레그데 새의 깃털을 받으시오!"

굴리 칸은 현관에 나와서 깃털을 보고는 손사래를 쳤다.

"이 깃털의 마법의 힘을 알지 못하면서 함부로 휘둘러서는 안 된다! 숨겨 놓는 것이 나으니 보여 주지 마라!"

구지르 칸이 마법의 깃털을 궁궐의 남쪽 벽에 세워 놓자 궁궐이 북쪽으로 흔들리며 기울어졌고, 깃털을 북쪽 벽에 세워 놓자 남쪽으로 무너질 듯이 흔들리며 기울어졌다.

"깃털을 더 멀리 치워라!" 굴리 칸이 애원하기 시작했다.

그러자 구지르 칸은 깃털을 반으로 꺾은 다음 다시 반으로 꺾어서 주머니 속에 감추고 예비 장인에게 말했다.

"마법의 깃털 하나만 봐도 그렇게 무서우면서 왜 그 깃털을 가져오라고 저를 보내셨습니까? 저에게 딸을 주기 싫으시면 솔직하게 그렇게 말하십시오."

"나야 너희가 결혼하면 기쁘겠지만, 나는 건강이 아주 안 좋네. 완전히 마른기침이 나를 괴롭히고 있다네. 잔인한 황제 나란 게렐의 간에 발굽만 한 크기의 노란 기름이 굳어 있다고들 하더군. 그 기름을 먹는 자는 단번에 낫게 되고 다시는 기침을 하지 않게 된다더군. 이 기름을 좀 구해 다오."

구지르 칸은 또 하나의 시험에 동의하는 수밖에는 별 도리가 없었다. 그는 고녹 고혼 두헤에게 가서 새로운 과업에 대해 이야기했다.

"아버지 어머니께로 돌아가는 것이 낫겠어요. 당신을 기다리시느라 눈이 빠지시겠어요. 저를 포기하세요! 당신 같은 용사는 더 나은 약혼녀를 찾으실 수 있을 거예요!" 약혼녀가 말했다.

"준마는 달릴 때 멈출 수가 없는 법이고 용사는 계획한 것을 포기해서는 안 되는 것이오." 구지르 칸이 대답했다.

구지르 칸은 잔인한 황제 나란 게렐을 찾아 떠났다. 가다 보니 길가에 사람이 누워 있는 것이 보였는데 그 사람은 몸통의 윗부분은 온전한데, 아랫부분은 살이 없이 다 드러난 뼈뿐이었다. 구지르 칸이 더 가까이 다가갔다. 누워 있던 사람이 몸을 약간 일으키며 물었다.

"당신은 누구고 어디 가시는 겁니까?"

"저는 보그도르 황제의 아들이며 구지르 칸이라고 합니다. 잔인한 나란 게렐의 간에서 발굽만 한 크기의 노란 기름한 조각을 얻으려고 나란 게렐한테 가는 길입니다. 당신은 존함이 어떻게 되십니까? 무슨 이유로 길거리에 계시는 겁니까?"

"내 이름은 호호도이 메르겐이라오. 3년을 잔인한 나란 게렐과 싸웠다오. 하지만 내가 번개까지 쳤는데도 나란 게렐은 아무런 해도 입지 않고 멀쩡했다오. 나란 게렐을 당해낼 수는 없소. 청춘이 아까우니 집으로 돌아가시오. 나도 그 악당을 상관하지 말라는 충고를 들었는데 내가 듣지 않았고 이렇게 산송장처럼 누워 있게 되었다오."

구지르 칸은 이에 대해 아무 말도 하지 않고 고삐를 당기고는 밤색 말을 타고 앞으로 달려갔다. 나란 게렐의 왕국에 도착해서 용사는 거지로 변했고, 말은 뼈만 앙상한 늙다리로, 말언치와 안장은 누더기로 변하게 만들었다. 나란 게렐 앞에 나와서, 보수는 필요 없고 쿠룬다[15]만 먹여 준다면 만족할 것이라고 말해서 송아지 떼를 모는 목동으로 일하게 되었다.

구지르 칸은 송아지 떼를 방목하기 시작했다. 어느 날 나란 게렐이 목동에게 물었다.

"내 영지로 들어오면서 길가에 누워 있는 호호도이 메르겐을 만나지 못했느냐? 싸우던 중에 내가 마법의 칼로 그를 찔렀지. 땅으로 떨어지면서 호호도이 메르겐은 내 손에서 칼을 빼앗아서 자기 몸 밑에 숨겼느니라. 그런데 내 칼이 무서워서 부상당한 호호도이 메르겐한테 접근할 수가 없구나. 호호도이 메르겐한테서 그 칼을 가져다 다오. 다만 내가 너를 보냈다는 말은 하지 말거라."

구지르 칸은 그렇게 하겠다고 하고 왔던 길로 되돌아서 갔다. 도중에 그는 예전의 용사로 변했고 호호도이 메르겐한테 가서 나란 게렐의 마법의 칼을 달라고 부탁했다.

"잔인한 나란 게렐을 무찔러 달라고 칼을 너한테 주는 것이다." 길가에 누워 있는 호호도이 메르겐이 말했다.

---

15) 쿠룬다는 우유로 만드는 약간 시큼하고 기포가 있는 음료다.

마법의 칼을 가지고 구지르 칸은 잔인한 나란 게렐의 궁궐로 돌아와서 소리치기 시작했다.

"주인 나리님, 나와 보세요! 나리의 잃어버린 칼을 찾아왔습니다!"

나란 게렐은 마법의 칼을 보고 기뻐하며 구지르 칸에게 말했다.

"황제답게 너에게 상을 내리마. 백성의 반과 가축과 황금의 반을 주겠노라! 자, 칼을 이리 다오."

"할 수 있으시면 가져가 보세요!" 구지르 칸이 대답했다.

나란 게렐이 오른손을 뻗자마자 구지르 칸은 마법의 칼을 휘둘러서 잔인한 황제를 반 토막으로 잘라 버렸다. 구지르 칸은 적의 간에서 발굽 크기의 노란 기름을 찾아냈고 집으로 향했다.

호호도이 메르겐이 누워 있던 자리까지 도착해서 보니 그는 이미 죽어 있었다. 구지르 칸이 노란 기름을 꺼내서 호호도이 메르겐의 정수리에 몇 방울 떨어뜨렸더니 그가 살아났고 구원자에게 고맙다고 하면서 이렇게 말했다.

"만약 불행이 닥치면 나에게 도움을 청하시오!"

두 사람은 의형제를 맺었고 구지르 칸은 계속 길을 떠났고 호호도이 메르겐은 구름을 타고 우레 소리를 내며 하늘로 올라갔다.

굴리 칸의 궁궐에 도착해서 구지르 칸은 밤색 말을 청동 기둥에 묶고 궁궐로 들어가서 말했다.

"이번에는 잔인한 나란 게렐의 간에서 노란 기름을 가져왔습니다. 딸을 제게 주십시오."

"딸을 준다고 이미 약속하지 않았는가. 내 말은 확실하다. 그러나 마지막으로 내 부탁을 들어 다오. 해마다 나는 예세게 말란 텐게리에게 희생물을 바친다네. 이 제사 때문에 나는 완전히 몰락했다네. 하늘에 올라가서 텐게리에게 지금까지 바친 것에 대한 내 모든 비용을 달라고 해서 가져오게나."

이 말을 하자마자 먹구름이 궁궐로 밀려왔고 눈이 멀 정도로 번개가 번쩍 치더니 어리석고 탐욕스러운 굴리 칸을 잿더미로 만들어 버렸다. 구지르 칸은 노란 기름으로 그를 회생시킬 수 있었을 텐데 갑자기 바람이 휙 불어서 재도 남아 있지 않게 되었다.

구지르 칸은 약혼녀 고녹 고혼 두헤에게 가서 아버지의 어리석은 죽음에 대해 이야기했다. 둘은 슬픔에 잠겨 한동안 울었고 결국 약혼녀가 이렇게 말했다.

"눈물로 아버지를 회생시킬 수 없잖아요. 산 사람은 삶에 대해 생각해야지요."

그리고 그들은 모든 백성과 가축을 구지르 칸의 아버지

보그도르 황제의 영지로 옮기기로 결정했다. 고녹 고혼 두헤는 사람들에게 사흘 동안 짐을 싸고 가축 떼를 몰아오라고 명령했다. 나흘째에 그들은 길을 떠났다.

구지르 칸은 약혼녀에게 말했다.

"3년을 평안을 모르고 긴장했고 3년을 자지도 못했소. 나는 좀 누워 잘 테니 당신은 곧장 앞으로 가시오. 만약 무슨 일이 생기면 내 옆구리를 황금 송곳으로 찌르시오. 그러면 내가 깰 것이오."

그는 수레에 누웠고 깊은 잠에 빠졌다. 여행을 떠난 지 아홉째 날에 두 개의 검은 날개가 태양을 덮었고 거대한 괴물이 덮쳐서 백성의 반과 가축의 반을 약탈해서는 공중으로 올라갔다. 고녹 고혼 두헤는 약혼자의 옆구리를 황금 송곳으로 찔렀지만 깨울 수가 없었다. 그러자 그녀는 구지르 칸의 머리를 붙들고 울기 시작했고, 눈물 한 방울이 그의 귀에 들어갔다. 구지르 칸은 깨어나서 팽팽한 활을 잡아서 날아가던 괴물 뒤로 화살을 쏘고, 쏜 화살이 나는 방향으로 쫓아갔다.

날개가 있는 괴물은 창공을 날아가고, 화살이 뒤따라 날아갔으며, 그 뒤를 따라 구지르 칸이 밤색 말을 타고 초원을 달렸다. 하늘과 땅이 합쳐졌다가 갈라지는 곳까지 달려갔다. 다른 쪽으로 날아 건너려던 제비들이 떨어졌고, 괴물은 두 동강이 난 몸통의 절반은 땅에, 절반은 하늘에 남아 있었다. 구지르 칸은 말을 심연의 가장 끝에 세우고 다른 쪽으로 어떻게 갈 것인지 궁리를 했다. 이때 밤색 말이 그에게 말했다.

"내가 건너뛸 수 있으니 꼭 붙잡으세요!"

말은 심연의 끝에서 하루 거리만큼 물러섰다가 전속력으로 질주하기 시작했고 펄쩍 뛰어서 다른 쪽으로 훌쩍 뛰어넘었다. 하늘과 땅이 만난 부분에 꼬리 끝만 잘려 나갔다. 구지르 칸은 계속 달렸고 궁궐이 보였다.

"누가 주인이오?" 그는 궁궐의 하인들에게 물었다.

"어제까지 궁궐에는 홀어머니와 네 형제가 살았답니다. 하지만 어머니가 사냥에 나갔다가 등에 화살을 맞고 돌아오셨어요. 아들들이 아침부터 어머니를 장례 치르러 나갔고 곧 돌아오실 겁니다." 하인들이 대답했다.

구지르 칸은 궁궐의 여주인을 죽인 화살을 보여 달라고 부탁했다. '이것은 내가 가축과 백성들을 약탈한 괴물의 뒤에 쏘았던 바로 그 화살이구나!' 그는 너무 놀라서 화살을 얼른 화살통에 숨겼다.

그러는 동안 네 형제가 장례식에서 돌아왔다. 구지르 칸은 그들에게 괴물을 쫓던 이야기며 화살과 약탈된 사람들과 가축 떼에 대해 이야기를 한 다음 이렇게 물었다.

"순순히 저의 백성들과 가축을 넘겨주시겠소, 아니면 싸우겠소?"

형제들은 평화롭게 일을 해결하는 데 동의하지 않았다. 결투에 처음으로 나선 것은 장남이었다. 구지르 칸은 그로부터 승리를 계산하기 시작해서 네 번째에까지 이르게 되었다. 그런 다음 커다란 모닥불을 피웠고 네 형제의 시체를 태운 후 자기 재산과 패배자들의 재산을 가지고 약혼녀가 있는 곳으로 향했다.

도중에 맞은편에서 백마를 타고 급히 달려오는 두 용사를 만났다. 구지르 칸은 그들을 멈춰 세우고 물었다.

"당신들은 누구며 어디로 가는 길입니까?"

"우리는 보그도르 황제의 아들입니다." 용사들이 대답했다. "형 구지르 칸을 찾아가는 길입니다. 부모님 말씀으로는 굴리 칸의 딸에게 청혼하러 떠났다고 합니다. 그런데 10년이 흘렀는데 형은 돌아오지 않고 있습니다. 부모님은 밤낮으로 형 생각에 우시면서 형이 살았는지 죽었는지 알아 오라고 부탁하셨습니다. 나그네여, 우리 형에 대해 혹시 못 들었습니까?"

"아니, 못 들었소." 구지르 칸은 이렇게 말하고 자기 길을 갔다. 가까운 언덕에 가서 화살통에서 화살을 꺼내서 '내가 당신들이 알아보지 못한, 보그도르 황제의 아들 구지르 칸이다'라고 썼다. 그런 다음 활시위를 당겼고 이렇게 말하면서 화살을 쏘았다.

"만약 그들이 정말 내 형제들이라면 나는 화살을 잡아서 거기 쓰여 있는 것을 읽을 것이다. 만약 그들이 남이라면 내 화살이 그들을 꿰어서 되돌아올 것이다!"

용사들은 날아가던 화살을 잡았고 적힌 글을 읽고는 형 뒤를 쫓아 달려갔다. 오른손을 잡고 그들은 용사의 가슴에 서로를 굳게 껴안은 후 셋이서 구지르 칸이 약혼녀 고녹 고혼 두헤를 남겨 둔 곳에 갔다. 고녹 고혼 두헤는 그들을 기쁘게 맞이했고 가장 훌륭한 음식으로 대접했으며 가장 훌륭한 음료를 내놓았다. 그들 셋은 하루를 쉬고 계속해서 갔다.

너무나 늙어 버린 황제와 황후는 기쁜 소식을 듣고는 3베르스타 밖에까지 아들 구지르 칸과 약혼녀 고녹 고혼 두헤를 맞이하러 나왔다. 황제와 황후는 아무것도 아까울 것이 없었다. 새로운 백성들은 가장 비옥한 땅에 정착했고, 가축은 방목지의 풍부한 풀을 뜯게 되어서 살이 붙기 시작했고 수도 없이 많이 번식했다.

백성들을 정착시키고 안정시킨 후에 마침내 결혼식을 올렸다. 손님들은 밤인지 낮인지 모르고 9일 동안 흥겹게 주연을 즐겼다. 열흘째가 되어서야 겨우 흩어져서 하던 일에 종사했다.

구지르 칸은 아버지의 궁궐 옆에 가장 아름다운 궁궐을 지었고 젊은 아내와 함께 그곳으로 옮겨 갔다. 얼마 후에 그는 아버지의 자리를 대신했고 행복하게 나라를 통치하게 되었다. 구지르 칸의 동생들은 부유한 지방의 강력한 칸이 되었다. 동생들은 고녹 고혼 두헤 다음으로 가장 아름다운 공주들과 결혼해서 화목하게 잘 살았다.

메르겐 조릭토

옛날 옛적 바이칼에서 멀지 않은 곳에 사라이라는 아주 부자인 부랴트인이 살았다. 늙기 시작했을 때 그는 자신의 천막으로 아름다운 아내 돌고르를 불러서 물었다.

“우리가 어떻게 자식 없이 계속 살아가겠소? 우리의 부를 누구한테 물려줄 거요? 우리가 병들면 누가 우리에게 차를 가져다주겠소?”

“맞는 말이에요. 자식이 없는 것만큼 나쁜 일은 없죠. 죽어도 누가 우리 눈을 감겨 주겠어요.” 미녀 돌고르가 대답했다.

사라이는 돌고르와 슬퍼하다가 잠시 생각을 하더니 이렇게 말했다.

“자식을 갖는 것보다 더 큰 행복은 없소. 우리가 무엇으로 신을 화나게 했단 말이오? 그가 우리에게 무엇을 주었단 말이오? 우리가 가진 부는 우리의 노동으로 나온 것이고, 스텝과 산은 온통 풀 천지요, 가축은 하루가 다르게가 아니라 시시각각 크고 있지 않소.”

오랫동안 부자는 슬퍼했고 미녀 돌고르는 수많은 밤을 잠을 이루지 못했다. 부자의 슬픔에 대해 알게 된 가난한 이웃은 그에게 와서 이렇게 조언했다.

"너무 슬퍼하지 마세요. 다 잘될 거예요. 제가 당신께 약초를 하나 가져다 드릴게요. 그 약초를 먹으면 늙은이는 젊은이가 되고 자식이 없는 사람은 대식구가 된답니다."

부자는 눈물까지 흘리면서 좋아했다.

"만약 당신의 말대로 된다면, 내 재산의 반을 당신께 주겠소."

"저는 아무것도 필요 없어요, 사라이. 꼭 내 충고대로만 하셔야 해요. 제가 가져올 약초를 하루 세 번 마시세요. 그러면 당신은 사람들이 부러워할 만큼 자식이 생길 거예요."

늙은 사라이는 이웃이 약초를 가지고 오기를 오매불망 기다렸다. 마침내 이웃은 와서 그에게 고향에서는 한 번도 본 일이 없는 약초 한 다발을 주었다. 얼마의 시간이 흘렀는지는 아무도 기억하지 못한다. 다만 어느 멋진 날 미녀 돌고르는 임신을 해서 아들을 낳았다. 그리고 둘째, 셋째를 낳았다. 아들들은 유복하게 살았고 빠르게 성장했다.

시간은 유수와 같아서 몇 년이 흘렀고 아들들은 성인이 되었다. 아버지는 아들들을 너무나 좋아했고 어머니는 말할 것도 없었다. 아들들에 대해서 이야기를 할 때가 되었다. 두 아들이 이미 결혼할 날이 다가왔다. 그들은 공후의 영지를 돌아다니다가 아내를 구했는데 동화에 나올 법하고 펜으로 묘사할 수도 없을 만큼 아름답고 두 아내 모두 손재주가 좋아서, 사라이의 동향 사람들이 세상에 없이 그렇게 아름다운 데다 손재주를 가진 아내를 어떻게 찾았는지 놀랄 정도였다. 장화를 지으면 1년을 스텝이나 타이가를 돌아다녀도 닳지 않았고 장갑은 너무 잘 떠서 온기가 빠져나가지 않았으며 외투는 너무 잘 만들어서 산에서도 춥지 않았고 바이칼의 얼음 위에서도 따뜻한 천막 속에서처럼 밤을 지낼 수 있었다. 이 모든 것에 늙은 부자는 매우 기뻐했고 미녀 돌고르도 그와 함께 기뻐했다. 다만 한 가지 돌고르가 슬퍼하는 것은 날 때부터 메르겐 조릭토라고 불렀던 막둥이 아들이 그렇게 총명하지도 못한 것만 같고 말수도 적어서 계속 말이 없다는 것이다. 그는 형들한테서 떨어져 지냈으며 눈에 띄지 않으려고 했다. 이 모든 것을 어머니는 오래전부터 알아채고 있었지만 남편 사라이가 갑자기 태어날 때부터 그렇다면 배 속에 있을 때 무슨 나쁜 일이 있었던 게 아니냐고 말할 것 같아서, 남편한테는 말하는 것을 두려워하고 있었다. 그런데 한번은 늙은 사라이가 돌고르를 불러서 이렇게 물었다.

"왜 당신은 계속 그렇게 침울한 거요? 마음속에 슬픈 일이라도 있는 거요? 말해 보시오."

"아니에요. 무슨 슬픔이 있겠어요." 남편에게 사실을 숨기며 돌고르는 얼굴을 돌렸다.

"당신의 슬픔이 내 슬픔이 아니겠소. 내가 당신을 서운하게라도 한 거요? 늙은 말에게는 굴레도 버거운 거라오." 사라이가 말했다.

미녀 돌고르는 사라이를 바라보다가 아무 말도 하지 않고 고개를 돌렸다. 이것이 사라이에게는 마음에 들지 않았다. 그는 돌고르를 돌려세우고 물었다.

"말해 보시오, 돌고르. 우리 막둥이가 정말 바보인 거요? 아니면 바보인 체하는 거요?"

"사라이, 모르겠어요. 제가 남의 생각을 읽는 마술사가 아니잖아요."

하루가 지나서 사라이는 막둥이 아들 메르겐 조릭토를 불러서 말했다.

"내 아들아, 여기 돈을 주겠으니 도시로 가서 네가 마음에 드는 것을 사 오너라."

"좋아요. 다녀올게요." 조릭토는 대답하고 바로 도시로 출발했다.

조릭토는 서둘지 않고 천천히 도시로 갔다. 나무덤불이 보이면 멈춰서 쳐다보다가 계속 길을 갔다. 개울가에서는 오랫동안 앉아서 물이 돌 위로 넘쳐나는 것, 작은 물고기들이 총알처럼 빠르게 먹이를 잡아채는 것 등을 넋이 빠져 바라보았다. 조릭토는 이 모든 것이 너무 흥미로웠다. 높고 퉁퉁한 활엽수가 보이면 그것도 쳐다보았다. 그는 호기심이 많았지만 물어볼 사람이 없었다. 왜 활엽수는 그렇게 하늘까지 자라는지, 왜 자작나무는 하얗고 수액이 그렇게 많은지, 왜 잣나무숲은 아무 데서나 자라지 않고 사람들이 사는 장소에서 떨어져서 자라는 것인지. 짐승들은 무엇을 먹고 어떻게 사는지, 왜 새들은 날아다니는데, 조릭토 자신은 땅을 걸어 다닐 수밖에 없는지….

그렇게 생각에 잠겨 이런저런 명상을 하면서 조릭토는 도시에 도달했다. 그는 한 가게에 들렀지만 아무것도 사지 않았고 다른 쪽을 쳐다보았지만 역시나 적당한 것을 발견하지 못하고는 시장으로 출발했다. 여기는 사람들이 너무 많았고 사는 사람보다 파는 사람이 더 많았다. 그런 군중 속에서는 길을 잃을 수도 있었다. 타이가보다 더 심했다. 돌아다니다가 조릭토는 이리저리 떠밀려 다녔고 결국 아무것도 사지 못하고 집으로 출발했다. 어머니와 아버지에게 도착해서는 잠자리에 들었고 하루 이상을 잤다. 여행으로 기진맥진해졌고 도시를 걸어서 다녀온다는 것이 장난이 아니었다. 조릭토가 깨어나자 아버지가 물었다.

"자, 이 늙은이한테 무엇으로 기쁨을 주겠느냐? 무엇을 샀느냐?"

"아무것도 안 샀어요." 조릭토가 대답했다.

"그럼 뭐 하러 다리품을 팔았느냐?"

"부처를 찾았는데 찾지를 못해서 이렇게 빈손으로 집에 왔어요. 부처 외에는 아무것도 필요 없어요."

"네가 부처가 무엇인지는 도대체 아느냐?" 아버지가 아들에게 물었다.

조릭토는 아무 말도 하지 않았고 다만 모자를 쓰고는 아버지에게 작별 인사를 하면서 말했다.

"아버지, 건강하시고 평안히 계세요. 저는 길을 떠날 때가 되었어요. 제 능력을 시험하고 사람들을 보러 가겠어요."

조릭토는 천막을 나와서 사방을 둘러보고 태양이 떠오르는 쪽으로 떠났다. 아버지는 그의 뒤에 대고 말했다.

"부처를 찾으면 내게 보여 줘라."

그때는 아직 부처들에 대해서 부랴트 사람들은 아무것도 모르고 있었고 어떻게 생겼는지 보지 못했을 때였다.

"찾으면 반드시 보여 드릴게요." 조릭토는 아버지한테 고개를 돌려서 대답했다. 조릭토는 동쪽으로 오랫동안 갔고 그다음에 서쪽으로 방향을 돌렸다. 그가 걸어 다니는 동안 고향 사람들이 조릭토가 무턱대고 갑자기 부처를 찾아 나섰다고 비웃으며 말했다. 도대체 이 부처가 누구한테 필요하며 세상에 있기는 하단 말인가? 이렇게 오랫동안 조릭토를 비웃었다. 조릭토가 세상에 있다는 것을 잊어버리지 않았던 동안에. 그러는 사이 조릭토는 계속 걸었다. 휴식도 모른 채 슬픔도 모른 채 걸어 다녔다. 그는 길을 잃지 않았는데 별을 읽을 줄 알았고 태양이 어떻게 방향을 트는지, 즉 언제 동쪽에서 길을 시작해서 서쪽으로 가는지를 알고 있었기 때문이다.

길을 떠난 지 며칠이 지나서 조릭토는 그 앞에 허름한 천막이 있고 그 옆에 아가씨가 있는 것을 보았다. 아가씨는 청년 조릭토를 보자마자 바로 천막 안으로 들어갔다. 조릭토는 멈춰서 천막에서 연기가 나와 하늘 바로 아래까지 피어오르는 것을 쳐다보았다. 조릭토는 사방을 둘러보고 천막 옆을 지나쳐 가지 않기로 결심하고 안으로 들어갔다. 천막 안에는 벙어리 딸과 함께 노파가 살고 있었다. 노파는 일어나서 청년 조릭토와 인사를 나누고 물었다.

"젊은이, 어디서 왔고 어디로 가는 길이오?"

"부처를 찾는 행운을 경험하려고 가는 길입니다."

노파가 말했다. "잘되었군요. 내 딸은 말을 못 한다오. 부처한테 경배해서, 내 딸이 말을 하게 해 주시오."

"부처한테 경배하고 따님이 말을 할 수 있게 해 달라고 부탁할게요."

이렇게 말하고 조릭토는 서둘러 옷을 입고 계속 갔다. 길을 가면서 어디서도 멈추지 않았다. 해가 이미 저물었고 어둠이 시작되었다. 가다가 보니 앞에 어떤 무리가 검게 보였다. 다가가 보니 죽은 가축들이 누워 있었다. 조릭토는 가여워서 그 옆에 멈춰서 밤을 보냈다. 밤에 깊은 잠을 자고 다음 날 아침에 계속 갔다. 이때 지역 황제의 보초들이 영지를 돌다가 타향인이 그들의 땅을 돌아다니고 있는 것을 보았다. 그들은 그를 붙잡아서 황제의 궁전으로 데려갔다. 궁전에는 소론존이라는 이름의 황제가 옥좌에 앉아 있었다. 조릭토를 황제 앞으로 데려갔다.

"젊은이, 어디서 왔으며 어디로 왜 가는 길이냐?" 소론존 황제가 물었다.

"저는 사라이라는 부자의 아들 조릭토입니다. 부처에게 경배하러 가는 길입니다."

"나는 소론존 황제다. 네가 보듯이 물이 없어 가축이 모두 죽고 풀이 바싹 말라 버렸다. 곧 내 왕국이 망할 것이다. 부처에게 내가 물을 얻을 수 있도록 빌어 주길 바란다."

"노력해 보겠습니다." 조릭토가 말했다.

황제는 선한 젊은이를 잘 먹이고 충분히 마시게 했고 그는 계속 갈 채비를 하기 시작했다. 황제는 하인들에게 청년 조릭토에게 은과 금을 여비로 주게 명령했고, 다시 한번 조릭토에게 자신의 왕국이 가뭄에서 벗어날 수 있도록 노력해 줄 것과 돌아오는 길에 그에게 들러 모든 것을 보고해 줄 것을 명령했다.

조릭토가 말했다.

"황제께 걱정하지 마시라고 하세요. 필요한 것을 모두 할게요. 저도 평범한 사람들이 고통받고 있는 것을 알아요. 물이 없으면 모두가 죽을 거예요."

황제는 자기 하인들에게 조릭토를 배웅하게 했고 그들은 바닷가까지 그를 배웅했다. 그가 바닷가에 멈춰서 둘러보니 아무도 없었다. 해변을 따라 걷기 시작했다. 어두운 생각이 마음에 차 있었다. 어떻게 바다를 건널 것인가? 개울을 건너는 것이 아니지 않은가. 우리의 조릭토는 서글퍼지기 시작했다. 시간이 가는데 그는 여전히 걸어 다니고 있었다. 어떻게 할까? 그런데 갑자기 누군가의 목소리가 들렸다.

"젊은이, 무슨 생각을 하는 거요? 바다를 건너고 싶은 게요? 이리 가까이 오시오."

조릭토는 깜짝 놀라서 둘러보았다. 아무도 없었는데 목소리는 분명하게 들렸다. 이게 무슨 일일까? 여기서 그는 아무도 모르지 않는가.

"누가 나를 부른 것이오?" 조릭토가 물었다.

"저예요. 바다의 물고기죠. 바다를 못 건너가는 당신이 불쌍해서요."

조릭토가 해변을 따라 곧장 가서 보니 바다를 가로질러 커다란 물고기가 누워 있었다.

"네가 나를 부른 거였니?" 조릭토가 물었다.

"그래요. 저예요."

"왜 나를 불렀지?"

"당신을 돕고 싶어서요. 먼저 당신이 어디서 왔고 누구인지 말해 주세요. 그리고 어디로 왜 가는 길인지도요?"

"저 멀리 부처한테 경배하러 가는 길이란다."

물고기가 말했다.

"잘되었군요. 내게 다행스럽게도 당신이 여기 왔군요. 벌써 10년을 이렇게 움직이지도 못한 채 누워 있답니다. 부처한테 제가 헤엄칠 수 있도록 도와 달라고 부탁해 주세요. 이제 당신은 내 등을 따라가면 바다를 건널 수 있어요."

물고기의 등을 따라 얼마 동안 걸었더니 마침내 다른 쪽 해변에 다다르게 되었다. 해변에는 두 아름이 넘을 정도로 굵은 활엽수가 자라고 있었고 활엽수 뒤에는 잣나무 숲이 산 정상까지 뻗어 있었는데 더 멀리에는 아마도 사람들이 흑담비와 다람쥐를 잡는 곳일, 산이 보였다. 조릭토는 주위를 다 둘러보고 속으로 생각했다. '어디나 대지는 한결같고, 어디나 숲은 우거지고 가축 떼를 방목하고 암소들은 풀숲을 거닐며 사람들은 짐승들을 죽이고 그것으로 살아가는구나.'

조릭토는 해변의 거의 맨 가장자리에 멈춰서 잠잘 곳을 찾기 시작했다. 평지를 골라서 불을 피워 차를 끓여 마시고 깊은 잠에 빠졌다. 잠을 자다가 꿈을 꾸는데 그가 마치 바이칼 호숫가에 누워 있고 그 옆에는 다리를 묶은 말이 거닐고 불 위 식기에는 고기가 끓고 있고 어머니는 그가 아주 어렸을 때 그랬던 것처럼, 옆에 앉아서 그의 머리칼을 쓰다듬고 있는 것 같았다.

아침 일찍 조릭토는 잠에서 깼지만 아무것도 먹지 않고 길을 떠났다. 바다에서 조금 떨어져 가서 언덕으로 올라가 보니, 그 앞에는 높고 높은 집이 있었는데 지붕이 하늘을 뚫을 듯했고 금과 은으로 온통 번쩍이고 있어서 똑바로 쳐다볼 수가 없었다. 조릭토는 이것이 바로 부처의 집이라는 것을 대번에 알아챘다. 그는 걸음을 재촉했고 한 산을 넘었고 뒤이어 다른 산을 넘어서 부처의 궁전 대문 바로 앞까지 왔다. 대문 계단으로 들어섰는데 빛이 너무 강해서 눈물이 흘렀고 눈이 밝음과 섬광을 견뎌내지 못했다. 조릭토가 힘을 모아서 문 끝을 조금 열었더니 이런 소리가 들렸다.

"장하다, 조릭토야. 나를 찾아왔구나. 무엇을 원하는지, 무엇을 도와주었으면 좋겠는지 말해라."

조릭토는 너무 놀라서 한 마디도 내뱉을 수가 없었다. 그는 여기서 부처가 진짜 산다는 사실을 바로 짐작하게 되었다.

"내가 보이느냐?" 부처가 물었다.

"제가 어찌 그럴 자격이 되겠습니까?" 조릭토가 대답했다.

"너도 사람이고 나도 사람인데 그러면 우리는 서로에게 그럴 자격이 있는 것 아니겠느냐. 말해라. 할 수 있는 것으로 도와주겠노라."

조릭토는 용기를 내서 말했다.

"길에서 저는 여인을 만났는데 그녀에게는 어린 딸이 있었습니다. 어린 딸이 다시 말을 하게 해 주십시오."

"슬퍼하지 마라, 조릭토. 그 아가씨가 말을 하게 될 것이다. 계속 말해라."

"한 왕국에 소론존이라는 황제가 살고 있습니다. 그의 불행은 물이 없어서 가축이 모두 말라 죽어 가고 있다는 것입니다. 그가 당신의 도움을 부탁했습니다."

"소론존의 왕국에 물이 있게 될 것이다. 가축 떼가 번성하게 될 것이다. 가축이 없다면 사람들에게 나쁜 일이니."

"저한테는 또 하나의 소원이 있습니다. 한 바다에서 커다란 물고기가 움직이지 못하고 누워 있는 것을 보았습니다. 그 물고기가 당신이 헤엄칠 능력을 돌려주어 움직일 수 있도록 해 달라고 소원했습니다."

"그 물고기가 다른 물고기처럼 헤엄치게 될 것이다."

조릭토는 부처 앞에 오랫동안 있었지만 더 이상은 아무것도 소원하지 않았고 자신에 대해서는 한 마디도 하지 않았다. 조릭토가 문을 닫고 나가려고 하자 부처가 말했다.

"노파의 딸은 약혼자를 만나면 말을 시작하게 될 것이고, 소론존 왕의 왕국 가축 떼 문제는 강 수원지에서 물의 출구를 메우고 있는 코끼리 뼈들을 파내면 물이 나와 해결될 것이다. 물고기는 깨물고 있는 보석을 아가리에서 빼내면 헤엄쳐서 재빨리 움직이기 시작할 것이다. 이 보석을 가져가서 깨뜨려 사람들에게 나눠 주어라. 땅 위의 사람들은 대번에 잘살게 될 것이고 굶주리지도 않고 가난도 슬픔도 알지 못하게 될 것이다."

부처는 현명한 노인이었는데 평범한 부랴트인들에 대해 염려하고 있다면 그렇게까지 성인은 아니었다.

"저는 당신을 칭송할 것입니다. 당신은 전 인류에게 커다란 은혜를 베풀었습니다. 사람들에게 은혜를 베푼 이를 잊어서는 안 됩니다." 조릭토가 말했다.

부처는 이 말을 듣지는 못했다. 그는 이때 자신의 천막에서 하인들에게 여행길에 오르는 조릭토를 위해 금과 은, 고기를 주라고 말하고 있었다. 그리고 또 부처는 조릭토가 바다를 건너 집까지 갈 수 있도록 황갈색 말을 선물하라고 명령했다. 조릭토가 막 떠나려는데 부처가 문간 계단으로 나와서 배웅의 말을 했다.

"명철하며 현명한 메르겐 조릭토여, 너는 앞으로 너의 민족에 대해 염려해야만 한다. 집으로 가면 부모님과 네가 선을 가져다준 모든 이가 너와의 만남을 기뻐할 것이다. 신과 함께 긴 여정을 떠나라, 달과 별과 호수가 너를 밝혀 줄 것이다."

황갈색 말은 메르겐 조릭토를 태우고 숲보다 더 높이, 떠가는 구름 옆으로 달렸다. 그가 어떻게 바닷가에 있게 되었는지 눈치도 못 챌 정도였다. 어느새 보니 그 앞에 물고기가 바다를 가로질러 누워서 꿈쩍도 않고 있었다. 물고기가 메르겐 조릭토를 보더니 물었다.

"부처가 무엇이라고 말했나요? 내가 움직일 수 있게 될까요?"

"네가 아가리에 물고 있는 보석을 내게 주렴. 그럼 헤엄칠 수 있게 될 거야."

"당신을 믿을게요, 조릭토. 보석을 받으세요." 물고기가 말했다.

물고기는 아가리를 벌렸고 고개를 약간 들더니 보석을 그에게 주었다. 이 보석은 너무나 반짝여서 대지 전체를 비출 정도였다. 다만 태양만이 보석에서 나오는 빛을 쫓을 수 있었다. 조릭토는 황갈색 말에서 내려서 보석을 손에 쥐었는데 이때 물이 튀기는 소리가 들렸다. 움직이지 못하던 물고기가 잠수했다가 꼬리를 흔들며 눈길이 닿는 데로 헤엄쳐 가는 것이었다. '보석은 어떻게 하지.' 조릭토는 생각에 잠겼다. 가져가기엔 너무 크고 무거웠고 깨뜨리자니 힘이 부족했다. 계속 생각을 하다가 속으로 말했다.

"어쩌면 짐승들과 새들이 나를 도와줄 거야. 어서 불러봐야겠다."

그리고 소리쳐서 불렀다. 그러자 해변 쪽으로 수많은 짐승들이 몰려와서 순식간에 보석을 쪼갰다. 새들은 조각을 물어서 사람들에게 나눠 주기 위해 사방으로 날아갔다. 보석은 다 해결되었다. 조릭토는 황갈색 말을 타고 계속 갔다. 소론존 황제의 왕국에 도착했다. 황제는 마중하러 나와서 물었다.

"내 아들아, 무슨 소식으로 나를 기쁘게 하려느냐?"

"폐하의 소원은 이루어질 것입니다. 폐하의 왕국에 물이 원하는 만큼 있게 될 것입니다."

황제는 기뻐했고 하인들에게 식탁을 차리고 가장 값비싼 음식으로 나그네를 대접하라고 명령했다. 음식을 먹으면서 조릭토는 말했다.

"강의 수원지에서 코끼리가 죽었고 그 뼈가 원천을 막고 있습니다. 코끼리를 파내면 강변에 물이 가득 찰 것입니다."

소론존 황제는 왕국 전체에서 사람들을 모았고 그들은 강 수원지를 파기 시작했다. 조금 파내자 분수가 터져 올라와서 강변으로 강이 넘치기 시작했다. 황제는 기뻐했고 소론존 왕국의 사람들도 만족했다.

"내가 너에게 무슨 상을 내리면 좋겠느냐?" 황제 소론존이 물었다.

"저는 아무것도 필요 없습니다. 여행길에 좋은 말씀이나 해 주시면 저는 떠나겠습니다."

소론존 황제는 조릭토가 원하는 만큼 금과 은을 주라고 명령했다. 그러나 소론존 황제가 주었던 가장 값진 것은 가축이었다. 조릭토는 이에 대해 황제에게 감사했다.

조릭토는 황갈색 말을 타고 계속 갔다. 가고 또 가서 수많은 계곡과 산을 지나치고 수많은 강을 건너 말 못 하는 딸을 둔 노파의 집에 당도했다. 노파의 개가 커다랗게 짖으며 조릭토를 맞이했다. 딸이 그를 마중 나오며 말했다.

"엄마, 전에 걸어서 우리한테 들렀던 그 착한 젊은이가 황갈색 말을 타고 우리한테 왔어요."

어머니는 너무 놀랐다. 딸은 18년을 말을 하지 않았는데 갑자기 말을 하기 시작했던 것이다. 그녀가 마당으로 달려 나와서 보니 부처한테 경배하러 갔던 그 젊은이가 황갈색 말에서 내렸다.

“우리에게 어떤 소식을 가져왔나요?” 노파가 물었다.

“현명한 부처가 말하기를, 당신의 딸이 약혼자를 보면 바로 말을 하게 될 거라고 했어요.”

“맞는 말이에요. 우리 딸은 18년을 벙어리였는데 지금 당신을 보자마자 말을 하기 시작했어요.”

이때 딸도 자기가 조릭토를 보자마자 말이 돌아왔다고 직접 말했다.

“만약 당신이 나를 보자마자 말이 돌아왔다면 부처의 뜻대로 당신은 나의 아내가 되어야만 합니다.”

노파의 딸이 대답했다.

“그렇게 해야죠. 저는 18년 동안 수많은 젊은이들을 보았지만 아무도 저에게 말을 돌려주지는 못했어요. 당신만이 유일하게 그렇게 했으니까 당신의 정숙한 아내가 될게요.”

어머니도 확답을 했다.

“너희 둘이 헤어지는 것을 보고 싶지 않으니 부부가 되거라.”

조릭토는 말에 딸과 노파를 앉히고 모두 함께 떠났다. 얼마 동안 가다가 보니 해변에 어부들이 서서 물고기를 낚고 있었다.

“에이, 여보시오, 내게도 물고기 한 마리만 주시오!”

조릭토는 말에서 내려 어망으로 가서 가장 커다란 물고기 한 마리를 골랐다. 물고기를 들고 해변을 따라가다가 물고기를 떨어뜨렸다. 그 물고기는 바로 물속으로 들어가서 꼬리를 흔들며 말했다.

"선한 젊은이여, 여기 계세요. 제가 바다로 헤엄쳐 가서 아버지에게 당신에 대해 말할게요."

"이건 무슨 물고기요? 사람 목소리로 말하고 저렇게도 빨리 헤엄을 치다니." 조릭토가 놀랐다.

조릭토가 두 마디 말도 마치기 전에 그에게 회색 말을 타고 어떤 사람이 다가와서 말했다.

"내 말 위 내 뒤에 앉아서 같이 갑시다. 용왕님께서 당신을 초대했소이다."

"내가 어떻게 물속으로 간단 말입니까. 나는 스텝과 타이가를 달리는 데 익숙하지만 바닷속으로는 한 번도 가 보지 않아서 두렵습니다."

"괜찮소. 내 뒤에 앉아서 갑시다." 그 사람이 대답했다.

조릭토는 자기의 황갈색 말과 헤어지기가 싫었다. 그는 손에 고삐를 쥐고 자신은 용왕 신하의 말 등에 앉아서 바닷속으로 들어갔다. 가고 또 가다가 보니 갑자기 그들 앞에 커다랗고 긴 철 다리가 나타났다. 그들은 다리 위로 갔고 그 다리는 곧장 용궁으로 뻗어 있었다. 현관 계단으로 다가갔다.

그들을 맞으러 용왕이 나왔다.

"젊은이, 우리 용궁으로 초대하겠소."

그는 다가와서 조릭토에게 키스하고 손을 잡고는 궁궐로 데려갔다. 거기에는 이미 다양한 음식이 식탁이 넘치도록 차려져 있었고 그들은 먹고 마시기 시작했다. 음식을 먹으면서 용왕은 말했다.

"선한 젊은이여, 당신은 내 외동딸을 구했다오. 당신이 없었다면, 나는 사랑하는 공주를 잃고 평생을 슬퍼했을 거고 내 딸은 나쁜 사람들의 손에 죽었을 거요. 딸을 구해 준 은혜를 무엇으로 갚으면 되겠소? 당신의 소원은 무엇이오?"

"당신은 용왕이시니 사람의 목숨이 얼마나 귀중한지 아시잖습니까. 어떤 귀한 물건이라도 저는 만족할 것입니다."

"젊은이, 당신의 이름은 무엇이오?" 용왕이 물었다.

"저는 메르겐 조릭토라고 합니다."

"자 그럼, 메르겐 조릭토. 내가 너에게 마법의 모자, 외투, 금망치를 주겠네. 금망치로 땅을 때리면 네 앞에 바로 금으로 된 집이 나올 거네. 마법의 모자를 쓰면 보이지 않게 되고 외투를 걸치면 불 속도 걸어갈 수 있는데 그 외투를 흔들면 장대비가 쏟아지기 때문이네. 이 귀중한 물건들은 내 외동딸을 죽음에서 구해 준 것에 대해 나쁘지 않은 보답이라고 생각하네."

조릭토가 말했다.

"그렇게도 귀중한 선물을 받기 전에 먼저 시험을 해 보면 좋겠습니다."

"귀중한 선물들을 가져오너라!" 용왕이 소리쳤다.

이 모든 귀중품들을 가져와서 조릭토 앞에 놓았다. 조릭토가 망치를 들어서 땅을 두드렸더니 그 앞에 단번에 금으로 된 집이 세워졌다. 그다음에 조릭토가 외투를 입었더니 바로 장대비가 쏟아졌다. 신하들 중 한 명에게 용왕이 마법의 모자를 쓰라고 명령했고 그가 모자를 쓰자 그는 바로 보이지 않게 되었다. 메르겐 조릭토는 용왕의 선물을 모두 가지고 집으로 떠날 채비를 했다. 용왕은 명령했다.

"내 황갈색 말에 타게. 그러면 평안하게 바다를 건널 수 있을 것이네."

용왕은 신하들에게 조릭토를 집까지 데려다주라고 말했다. 작별 인사로 용왕은 말했다.

"만약 무엇이 필요하면 소리만 치면 내가 도우러 가겠네."

"그렇게 하겠습니다." 조릭토가 대답했다.

조릭토는 용왕과 작별을 하고 황갈색 말을 타고 떠났다. 용왕은 이 젊은이가 사랑하는 딸의 목숨을 구해 준 것과 자신의 용궁으로 내려와 준 것이 기뻤다.

메르겐 조릭토는 익숙한 길로 들어섰다. 어린 시절부터 알고 있던 장소가 나타났고 또다시 그 앞에는 하늘까지 닿는 튼튼한 활엽수, 우거진 자작나무, 활짝 핀 벚나무 숲, 짐승과 새들이 보였다. 메르겐 조릭토는 집에 도착하기까지 오랫동안 말을 달렸다. 이제 바로 고향 마을이 보였고 고향집 천막이 있었다. 조릭토는 생각에 잠겼다. '부모님은 살아 계실까? 병들지는 않으셨을까? 내가 죽었다고 장례 치러 버리시지는 않았을까?' 조릭토의 마음속에서 무엇인가 불안감이 일기 시작했다. 고향집 천막 바로 앞에서 조릭토는 말에서 내렸고 조금 몸을 구부리고 천막으로 들어갔다. 어머니는 그와 작별했을 때와 똑같이, 그렇게 여전히 아름다웠다. 아버지는 약간 등이 굽었지만 예전에 그랬듯이 똑같이 당당했다. 늙은 사라이와 미녀 돌고르는 들어온 사람을 보고는 물었다.

"젊은이는 뉘시며 어디서 오는 길이오?"

"정말 친아버지와 친어머니가 부처에게 경배하러 갔던 친아들을 몰라보신단 말씀입니까?"

"그럼 너의 부처는 어디 있느냐?" 아버지가 물었다.

"바로 여기, 제 옆에 있습니다." 아들이 대답했다.

조릭토는 마법의 모자를 썼고, 그러자 바로 그가 보이지 않게 되었다. 그런 다음 그는 망치를 잡고 그것으로 땅을 치니 눈앞에 당장 금으로 된 집이 세워졌다. 모두가 그들 옆에 집이 세워진 것을 보았을 때 조릭토가 외투를 입고 흔들자 바로 장대비가 쏟아졌다. 늙은 사라이는 아들을 보고 '어디서 이런 힘이 나왔을까?'라고 생각하며 너무 놀라워했다. 그는 이에 대해 조릭토에게 아무 말도 하지 않았지만 마음속으로는 막둥이 아들이 두 형을 능가했다고 기뻐했다.

마을 사람들이 모여들었고 '어떻게 조릭토가 그렇게 빨리 집을 짓고 비를 부르고 보이지 않게 될 수 있을까?' 하며 모두 놀라워했다.

"내 아들은 금보다 더 귀하다. 이제 내 부는 조릭토가 할 줄 아는 것에 비하면 한 푼의 가치도 없는 것이다." 늙은 부자 사라이는 말했다.

아버지와 어머니는 그런 아들이 있다는 것이 행복했다. 한마을 사람들도 더 부자가 되어 잘살게 되었다. 메르겐 조릭토가 할 수 있는 한 그들을 도와주었기 때문이다.

명중한 화살

용사 메옐은 평생을 용맹하고 힘센 수많은 용사들과 전투에서 싸웠지만 한 번도 등이 땅에 닿은 적이 없었고 그 누구도 그를 이길 수가 없었다. 용사의 고향 사람들은 그가 힘세고 지혜롭고 재빠르다고 자랑스러워했다. 이웃에는 젊지만 뽐내기 좋아하고 시기심 많은 또 다른 용사 예엘렌이 살고 있었다. 낯선 땅을 침략해서 다른 사람의 가축을 빼앗아 오는 것이 이 용사가 첫 번째로 하는 일이었다.

메옐의 힘과 명성을 듣고 뽐내기 좋아하는 용사는 이 이웃과 싸워 보기로 결심했다. 이를 위해 그는 삼백 명의 용사를 모아서 그들과 함께 메옐 용사의 조국으로 향했다. 용사들과 함께 국경에 도착한 예엘렌 용사는 연락병을 통해서 늙은 용사에게 이렇게 알렸다.

"당신이 과거에 내 아버지를 죽였다는 말을 들었다. 그래서 나는 당신과 싸우러 왔다. 젊은 개가 항상 이빨이 뾰족한 것이고 젊은 용사가 항상 힘이 센 법이다. 나에게 맞서려고 해 봐라. 다음 태양이 떠오를 때까지 대답을 기다리겠다. 이후에는 곧바로 공격할 것이다…."

용사 메옐은 세월과 경험에 걸맞게 침착했으며 뻔뻔스러

운 도전을 받아들여 연락병을 통해서 대답을 보냈다.

"힘을 겨뤄 보고 싶다면 그렇게 하자."

대답을 받고서 용사 예엘렌은 화가 나서 투덜거렸다.

"에이, 자신의 썩어 가는 누란 뼈가 아깝지 않다 이거지."

그러고는 드넓은 초원 샤샤에 수많은 펠트 천막을 치고는 여명을 기다리기 시작했다.

이 밤에 용사 메옐은 적에 맞선 원정을 떠났다. 가장 놀라운 일은 늙은 용사가 군대도 없이 전투에 나갔다는 사실이었다. 그는 아끼는 동물 뼈 활 한 장과 쇠촉을 달고 깃털을 잘 붙인 화살 한 대만을 가지고 갔다. 그리고 가장 예리한 추적 사냥꾼 한 명을 불렀다. 이것이 노련한 용사 메옐의 군대 전부였다.

늙은 용사와 그의 척후병은 밤에 풀이 바스락대는 소리에 귀 기울이며 드넓은 샤샤 초원을 따라 오랫동안 갔다. 마침내 그들은 수많은 불빛을 발견했다. 얼마나 많은지 세기도 힘들었고 초원에 몰려 있는 수많은 말 떼는 셀 수도 없었다. 용사 예옐렌의 군대가 피운 모닥불이 타고 있는 것이었다.

"타국 용사가 수많은 군대를 몰고 왔군요. 감당할 수 있을까요?" 말 떼 목동이나 양몰이 목동도 셀 수 없을 정도로 많은 누런 모닥불 불꽃들을 불안하게 바라보면서 추적 사냥꾼이 물었다.

"해 보자구." 훌륭한 용사는 수수께끼처럼 미소 지으며 말했다. "훌륭한 양치기 개는 얼마나 많은 늑대들이 양 떼를 공격하는지 생각하지 않고 늑대 떼가 따르는 우두머리 늑대의 목덜미를 물어 버리지…. 늙은 용사의 말을 듣게. 타국 군사들의 모닥불이 타고 있는 드넓은 초원 샤샤로 가게. 거기 수많은 천막 중에서 가장 크고 가장 화려하게 장식된 천막을 찾게. 내 생각에 그 천막에서 용사 예옐렌이 쉬고 있을 거네. 그에게 전하게. 내가 담뱃대를 좀 얻어 피우고 싶다고. 왜냐하면 급하게 원정에 나서느라 집에다 담배쌈지를 놓고 와서 그렇다고 하게. 그리고 자네는 이 동안에 이 낯선 용사의 모습은 어떤지, 키와 덩치는 얼마나 되는지, 자기 천막의 어떤 자리에서 살진 양고기를 먹으면서 주로 앉는지 알아 오게나. 그런 다음 그 북쪽 산에서 나를 찾아서 알아낸 것을 말해 주게. 가게, 내 친구여 용감하게…."

곧 척후병은 수많은 펠트 천막들 가운데로 갔다. 그리고 하얀 펠트로 된, 끝이 뾰족하며, 가장 크고 화려하게 장식된 천막을 발견했다. 천막 가까이 갔을 때 하얀 펠트 천막에서 우렁찬 목소리가 들려왔다. 척후병은 눈짐작으로 천막의 크기를 가늠했다. 천막의 높이는 여덟 걸음보다 높았고, 넓이는 열여섯 걸음보다 넓었다. 파수꾼은 척후병을 천막으로 들여보내 주었다. 왜냐하면 그가 무기가 없었고 왜 낯선 용사한테 왔는지를 잘 설명했기 때문이다.

용사 예엘렌은 어깨를 천막의 경사면에 기댄 채 연기통 바로 밑 하얀 펠트천에 앉아 있었다. 거인의 양옆에는 큰 솥 두 개에 노란색 차가 끓고 있었다. 각각의 솥 옆에는 하인 네 명이 일을 하고 있었다. 그들은 용사에게 계속해서 찻잔을 대령하고 있었고 그는 그 차를 한꺼번에 꿀꺽하며 바닥까지 마셔 버렸다.

척후병은 인사를 하고 이렇게 말했다.

"우리 용사님이 교제를 위해 당신께 담배를 청하십니다. 원정에 급히 나서느라 집에 담배쌈지를 두고 오셨답니다."

용사 예엘렌이 비웃었다.

"늙은 낙타가 싸우기로 했다 이거지. 그렇다면 내 담배를 그에게 전해 주게. 아직 위가 시꺼매지기 전, 죽기 전에 한 번 더 피우라고 하시게."

그리고 거인은 자신의 담배쌈지에서 독한 붉은 담배를 꺼내 보냈다.

척후병은 북쪽 산에서 그를 기다리고 있던 용사에게 돌아가서 그가 보았던 모든 것을 자세하게 전했다. 타국 용사의 건방진 말을 전하는 것도 잊지 않았다.

용사 메엘이 가만히 웃었다.

"그렇단 말이지. 그렇다면 누구의 위가 먼저 시꺼매지는지 두고 보지…."

그리고 그는 추적꾼 척후병에게 이렇게 말했다.

"이제 내 친구여, 되돌아가게나. 용사 예엘렌의 파수꾼들이 눈치채지 못하게 조심해서 기어가게. 내 생각에 그는 양고기를 실컷 먹고 지금까지도 누런 차를 마시고 있을 거네. 잠에 곯아떨어질 때까지 열 양동이는 더 마실 거라고 생각하네. 자기 천막에 어깨를 기대어 아직 앉아 있을 때 서둘러야만 하네. 북쪽에서 용사 예엘렌의 천막으로 다가가서 타국 거인의 척추 뒤쪽에서 부싯돌로 불을 피우게나. 이후에 재빨리 도망치게. 그리고 천막에서 무슨 일이 벌어지는지 들어 보게…."

추적꾼이 적의 펠트 천막으로 돌아왔을 때 밤은 더 어두워졌다. 파수꾼들은 열 걸음마다 서 있었고 쟁쟁한 목소리로 서로에게 신호를 했다. 하지만 추적 사냥꾼은 파수꾼들 사이를 기어갔기 때문에 마른 풀 줄기 하나도 꺾지 않고 지나갔다. 그는 북쪽에서 높은 천막으로 다가갔고 부싯돌을 꺼내서, 여전히 자신의 천막에 앉아서 차를 마시면서 우렁찬 목소리로 이야기를 하고 있는 거인의 척추 뒤쪽에서 불을 피웠다. 부싯돌을 쳐서 불꽃이 번쩍이자마자 척후병은 다른 쪽으로 도망쳤고 이 순간에 강력한 화살이 휙 날아가는 소리를 들었다. 화살은 용사 메엘이 있는 북쪽 산 쪽에서 날아왔다. 화살은 높은 천막의 하얀 펠트천을 뚫었고 그 순간에 척후병은 천막 내부에서 거인의 무서운 목소리를 들었다.

"그만! 차를 마실 때가 아니다. 내 등에서 날카롭고 차가운 쇠 같은 것이 느껴진다. 어디서 날아온 것이냐? 경보 신호를 울려라!"

나팔을 부는 소리가 들렸다. 군사들의 야영지에서 즉시 소동이 일어났고 놀란 사람들의 외침, 말들의 우는 소리가 들렸다. 모닥불들이 꺼졌고 완전한 어둠 속에서 군사들은 서로서로 걸려 넘어졌고 군마 대신에 암소를 탔고 창과 화살 대신에 장작개비를 들었고, 모자 대신에 훔친 소와 양 고기를 밤새 삶았던 솥을 머리에 썼다….

뒤죽박죽 북새통을 이용해서 용감한 추적꾼 척후병은 타국 군사들의 야영지를 벗어나서 용사 메엘의 북쪽 산으로 갔다. 용사는 그의 이야기를 듣고 물었다.

"자네의 눈과 손은 실수를 모르겠지? 자네는 큰 소리만 치는 그놈의 척추 뒤쪽에 정확히 부싯돌로 불을 붙였겠지?"

"네, 제 눈과 손은 실수한 적이 없습니다, 존경하는 용사님." 유명한 추적 사냥꾼이 겸손하게 대답했다.

"충분해! 자네를 믿겠네. 내 화살은 세고도 정확하게 날아갔어. 화살은 자기 임무를 해냈네. 적은 더 이상 오지 못할 거야."

기쁨에 넘친 훌륭한 두 용사는 북쪽 산에서 따뜻한 골짜기로 내려갔다. 이때 그들은 원정을 위해 가져왔던 자루를 풀었다. 그리고 가장 좋은 고기를 삶았다. 가장 독하고 향기 좋은 술을 마셨다. 그런 다음 잠자리에 들었다. 아침이 되었다. 신선한 북풍이 먹구름의 흔적을, 싸움과 타인의 재산을 좋아하는 거만한 용사 예엘렌이 자신의 군대와 함께 왔던 쪽으로 쓸어가 버렸다.

"그 언덕으로 올라가서 우리 적들이 무엇을 하는지 보게." 용사 메엘이 충성스러운 척후병에게 말했다.

척후병은 언덕으로 올라갔다.

"천막을 거두고 타국 군사들이 왔던 곳으로 떠나고 있는 것이 보입니다. 야영지에는 둥근 모닥불 재와 커다란 붉은 낙타밖에 안 남았습니다. 낙타는 타국 용사의 높은 천막이 있던 그 자리 옆에 누워 있습니다."

"그들이 어떤 낙타를 거기에 버렸는지 가 보세." 용사 메엘은 웃더니 적의 야영지 쪽으로 척후병과 함께 출발했다. 초원에 누워 있는 것은 커다란 붉은 낙타가 아니라 죽어 가는 용사 예엘렌이었다. 그가 너무 무거워서 정신없이 남쪽으로 도망쳤던 군사들은 자신들의 지도자를 늑대 먹이가 되라고 던져 버렸던 것이었다.

이전까지 서로 본 적이 없던 적이 된 용사들은 눈으로 만났다. 용사 예엘렌은 땅에 팔꿈치를 대고 조금 몸을 일으키더니 낮은 목소리로 말했다.

"백발의 용사여, 나는 당신에 대해 익히 들었소. 가장 센 용사들과의 전투에서 등이 한 번도 땅에 닿은 적이 없다고들 했소. 북쪽 산 정상에서 날아와 내 등을 뚫은 화살이 당신 것이었소? 당신은 세월이 지나 늙었기 때문에 나는 당신의 팔과 눈도 늙었다고 생각했소. 이것이 내 계산 착오였소. 왜 당신은 먼 거리에서 나를 죽이기로 결심한 것이오?"

용사 메엘이 대답했다.

"당신은 왜 멀리서 여기까지 왔소? 당신은 내 죽음을 얻으러 왔는데 스스로가 죽음을 맞았구려."

"나는 젊은 사람이고 아직 이 황금의 땅에서 더 살고 싶소."

"황금의 땅에서 더 살고 싶었다면 왜 자신의 땅에서 살지 않고 내 땅을 빼앗으려 했소? 아니면 당신에게 황금의 땅이 좁기라도 했단 말이오?"

"백발의 용사여, 당신이 옳다고 칩시다. 하지만 당신은 정당하지 않소. 멀리서 밤에 내 천막의 펠트천을 뚫고 화살을 쏘지 않았소. 이것은 전투의 법칙이 아니오…."

용사 메엘은 웃음을 터뜨렸다.

"우리 땅을 침략했을 때 당신은 우리에게 침략할지 안 할지 물어보기라도 했단 말이오? 그런데 침략을 당한 후에 우리는 당신을 어떻게 죽일지 당신과 상의해야 한단 말이오?"

용사 예엘렌은 무엇이라고 대답할 말을 찾지 못하고 눈을 감았다.

"당신의 화살을 빼내시오…." 그는 용사 메엘에게 부탁했다.

백발의 용사는 침략해 온 용사의 등에서 화살을 빼냈고 이후에 그 용사는 숨을 거두었다.

이렇게 명성 높은 용사 메엘은 밤의 깜깜함 속에서 부싯돌 불꽃을 보고 쏜, 강력하고 정확한 화살 한 방으로 흉포한 적의 침략으로부터 이 땅을 해방했다.

그렇게 노인들은 이에 대해 이야기하고 있다.

노인 호레도이

옛날 행복했던 시절에 세상에 노인 호레도이가 살고 있었다. 그는 끝없이 펼쳐지는 초원에서 풀을 뜯던 검은 양을 스무 마리 가지고 있었고 그 외에도 밤색 말이 두 마리 있었는데 그중 한 마리는 비범한 경주마였고 다른 한 마리는 두 앞다리를 절었다.

노인 호레도이에게는 모든 것이 풍족했고 그는 걱정 없이 살았다. 어느 날 그의 양 떼 중에서 가장 좋은 양이 하얀 새끼 양을 낳는 일이 발생했다. 호레도이는 양 떼 중에서 새끼 양을 단번에 알아채지는 못했다. 그러는 사이에 까마귀 두 마리가 날아와서 새끼 양의 눈을 쪼아 먹어 버렸다.

노인은 화가 나서 경주마를 타고 까마귀들의 뒤를 쫓기 시작했고 따라잡아서 까마귀들한테서 한 눈씩을 파내 쪼아 먹은 눈을 대신해서 새끼 양에게 박아 주었다. 새끼 양은 전보다 더 잘 보게 되었다. 하지만 까마귀들은 예세게 말란(예세게 말란은 샤먼 만신전의 최고 신들 중 한 신의 이름이다)에게 하소연을 했다. 노인이 빠른 경주마를 타고 우리를 쫓아와서 자신들의 눈을 파내 버렸다고 말했다.

예세게 말란은 노인에게 격노해서 빠른 경주마를 잡아먹

어 버리도록 아홉 마리의 늑대를 보냈다. 그러나 노인은 불길한 예감을 느끼고는 경주마를 숨겨 놓고 그 자리에 절름발이 말을 묶어 놓았다. 밤에 늑대들이 와서 절름발이 말을 잡아먹었다. 늑대들이 떠나자마자 노인은 경주마를 타고 배불리 먹은 다음에 천천히 잔걸음으로 뛰어가고 있는 회색 늑대들을 단숨에 쫓아갔다. 노인은 꼬리에 붙은 털만 남겨 놓고 아홉 마리 늑대 모두의 가죽을 벗겨서 집으로 돌아왔다.

늑대들은 울부짖으며 예세게 말란에게 달려가서 '우리가 잘못 알고 경주마 대신에 변변치 못한 절름발이 말을 먹어 치운 후에 노인이 우리 모두의 가죽을 벗겨 버렸습니다' 하고 하소연을 했다.

예세게 말란은 더할 나위 없이 격노했고 아홉 마리 슐무스[16]를 불러서 호레도이를 끌고 오라고 명령했다. 그런데 노인은 사전에 모든 대문을 잠그고 모든 문에 빗장을 걸어 두고는 불청객들을 기다리고 있었다. 슐무스들이 도착해서 대문으로 들어가려고 들이밀었으나 도대체 열리지가 않았다! 호레도이 노인의 빗장과 걸쇠가 너무 단단했다! 슐무스들은 담장을 따라 걸어 다니면서 틈새를 들여다보았지만 들

---

16) 슐무스, 숄모스, 슈무스는 악마, 마귀, 귀신 등을 말한다.

어갈 수가 없었고 불청객들의 버릇을 고쳐 주려고 호레도이는 솥에 물을 펄펄 끓여서 악귀들에게 휙 쏟아 버렸다.

아홉 마리 숄무스는 째지는 듯한 소리를 지르며 예세게 말란에게 달려가서 '못된 노인이 펄펄 끓는 물을 우리에게 끼얹었다'고 하소연을 했다.

예세게 말란은 인내심이 폭발해서 구름을 타고 호레도이가 그에게 준 모욕과 그의 불순종에 대해 벼락과 번개로 혼내 주려고 호레도이한테로 날아갔다.

노인 호레도이는 총명했다. 그는 '내가 예세게 말란의 하수꾼들을 혼내 주었으니 내 집에 예세게 말란 자신이 직접 나타나지 않을까?' 이렇게 생각했다. 노인은 타라순[17] 아홉 솥을 준비하고 흰 양을 잡아 죽여서 천상의 손님을 맞이하러 밖으로 나갔다.

예세게 말란은 구름을 타고 날아와서 호레도이가 희생제를 준비한 것을 보고는 신의 분노를 가라앉혔다.

"노인 호레도이, 어째서 너는 내 까마귀들의 눈을 한쪽씩 파냈느냐?" 예세게 말란이 땅으로 내려와서 물었다.

"까마귀들이 당신께 바칠 제물로 예정된 흰 새끼 양의 눈을 파먹은 것을 정말 모르셨단 말입니까?" 호레도이가 말했

---

17) 각주 13 참조.

다.

"그럼 어째서 내가 너의 말을 잡아먹으라고 보냈던 아홉 마리 늑대의 가죽을 벗겼느냐?"

"늑대들이 당신이 잡아먹으라고 명령했던 그 말이 아닌 다른 말을 잡아먹었기 때문입니다." 호레도이가 대답했다.

"그렇다면 왜 너는 내가 너를 데려오라고 보냈던 아홉 마리 숄무스에게 펄펄 끓는 물을 끼얹었느냐?"

"제가 이 숄무스들을 당신께서 보낸 줄을 어떻게 알았겠습니까. 마치 도둑처럼 행동했기에 제가 그들에게 뜨거운 물을 끼얹은 것입니다."

예세게 말란은 호레도이의 대답에 만족했고 그의 희생제를 받아들이고는 하늘로 돌아갔다. 그래서 그때부터 그 누구도 노인을 노엽게 하지 못했다.

청년 티스헤 비스헤

작은 검은 숲 가장자리에 노부부가 살고 있었다. 그들에게는 티스헤 비스헤라는 아들이 있었는데 매우 힘이 세고 너무 제멋대로인 청년이었다. 무슨 말을 해도 티스헤 비스헤는 모든 것을 자기 식대로 하려고 했다. 노부부는 망나니 아들에게서 벗어날 궁리를 하다가 어느 날 이렇게 말했다.

"우리한테는 검은 황소가 있었는데 소 떼에서 떨어져 나가서 타이가로 도망쳤고 들소가 되어 버렸단다. 아들아, 네가 가서 황소를 좀 찾아오렴."

티스헤 비스헤는 밧줄을 들고 숲으로 갔다. 길도 없이 정처 없이 가다가 황소를 부르며 소리쳤다.

"오오오. 검은 황소야! 오오오!" 잣나무와 전나무 주위가 흔들리기 시작했고 가지들이 흔들리더니 숲에서 검은 곰이 튀어나와서 티스헤 비스헤에게 덤벼들었다. 청년은 곰의 털북숭이 목덜미를 움켜잡고 강아지 흔들듯 흔들어서 목에 밧줄을 던져 걸고는 집으로 끌고 왔다.

노부부는 그 모습을 보고는 무서워서 덜덜 떨며 아들에게 애원했다.

"이 무서운 괴물을 풀어 줘라!"

"그렇게도 어렵게 찾았는데 어떻게 풀어 줄 수 있어요?" 청년은 놀라면서 곰을 암소들과 한 무리에 놓고 잠가 버렸다.

아침에 노부부가 일어나 보니 곰이 암소들을 모조리 짓밟아 죽여 버렸다.

"이런 아들을 어쩌면 좋을까? 어떻게 해야 할까?" 불쌍한 부모는 곡성을 터뜨렸다. "통제가 불가능하구나! 누구도 당해 낼 재간이 없구나! 타이가의 주인에게 보내면 안 될까? 어쩌면 그는 아들을 혼내 줄지도 모르지 않는가?"

그렇게 하기로 결정했다. 노부부는 말했다.

"아들아, 타이가의 남쪽에 사는 사람이 한 명 있는데 오래전에 우리의 큰 솥을 빌려 가서는 아직까지 돌려주지 않는구나. 네가 가서 솥을 집으로 가져오렴."

티스헤 비스헤는 타르칠을 한 목재로 썰매를 만들어서 검은 곰을 매고 숲으로 출발했다. 그 숲에는 뿌리 밑에서 꼭대기까지 벤 낙엽송으로 만든 오두막 한 채가 땅속 깊숙이 박혀 있었다. 청년이 오두막으로 들어가 보니 아홉 양동이들이 솥이 끓고 있었고 평상에는 모피 이불을 네 겹이나 푹 뒤집어쓴 타이가의 주인이 누워 있었다.

"남의 것을 잠시 빌려 놓고 되돌려주는 데는 태평이시군!" 티스헤 비스헤가 그에게 말했다. 그는 고기가 든 솥을 발로 들어 올려서 불에 엎질러 버렸다. 다시 한번 들어 올렸더니 솥이 밖으로 날아갔다.

"생전에 한 번도 남의 솥을 빌려 본 적이 없었다!" 타이가의 주인이 화를 냈다. "이런 강도놈 같으니라구!" 그는 소리쳤고 청년에게 덤벼들었다.

티스헤 비스헤는 타이가의 주인을 호되게 패고 그를 묶어서 마부석에 앉히고 썰매에 솥을 싣고 채찍으로 곰을 세게 후려치며 집으로 출발했다.

"우리를 구원해 주세요. 신이시여!" 그 수레를 보고 노부부는 애원하기 시작했다. "그 누구도 우리 망나니 아들을 감당해 낼 수가 없구나. 차라리 우리가 아들한테서 떠나서 눈길 닿는 데로 가는 편이 낫겠구나."

티스헤 비스헤는 타이가의 곰을 마당에 매어 놓고 타이가의 주인을 더 단단히 결박하고는 곯아떨어졌다. 이른 새벽녘에 깨서 부모님께 말했다.

"부모님은 앉아서 행운이 오기를 기다리시지만 저는 행운을 찾아서 길을 떠나겠어요."

이 말을 하고는 마당을 나섰고 곰을 풀어 주고 타이가 주인의 족쇄를 벗겼다.

"타이가로 돌아가시오. 집으로들 가시오." 그가 말했다.

그리고 그는 길도 없는 곳으로 정처 없이 떠났다.

길을 가다가 가다가, 커다란 바위를 들어 올리다가 땅속으로 빠져 버린 사람의 흔적을 발견했다. 티스헤 비스헤는 바위를 들어 올리려고 했고 무릎까지 들어 올렸다. 불끈 힘을 써서 머리 위까지 들어 올렸다. 티스헤 비스헤는 땅이 꺼져 버린 곳에 대고 소리쳤다.

"어서 나오시오!"

거기서 힘센 용사가 밖으로 나왔다.

"정말 장사로군!" 티스헤 비스헤는 놀라워했다.

"진짜 장사들에 비하면 내가 무슨 장사 축에나 들겠소!" 그가 대답했다.

"정말 당신보다 더 힘센 사람을 찾을 수가 있단 말이오? 그런 사람이 어디 있소?"

"북쪽, 검은 숲 가장자리에 노부부가 살고 있다오. 그 부부에겐 티스헤 비스헤라는 아들이 있지요. 그 사람은 곰이 끄는 수레를 타고 다니고 타이가의 주인이 그의 마부 노릇을 했다오. 그가 진짜 장사지요."

"그게 바로 나요. 친구로 지냅시다." 티스헤 비스헤가 말했다.

그리고 그들은 함께 떠났다. 그들은 가다가 뜻밖에 높은 산을 낮은 산으로, 낮은 산을 높은 산으로 옮겨 놓는 사람을 만나게 되었다.

"이 사람이야말로 장사군!" 나그네들이 놀라서 말했다.

"진짜 장사들에 비하면 내가 무슨 장사겠소!" 그 사람이 대답했다.

"정말 당신보다 더 힘이 센 사람을 찾을 수 있단 말이오? 그런 사람이 어디 있소?" 나그네들은 산을 옮겨 놓은 사람한테 물었다.

"북쪽, 검은 숲 가장자리에 노부부가 살고 있다오. 그 부부에겐 티스헤 비스헤라는 아들이 있지요. 그 사람은 곰이 끄는 수레를 타고 다니고 타이가의 주인이 그의 마부 노릇을 했다오. 그가 진짜 장사지요." 그 사람이 대답했다.

그들은 친구가 되었고 셋이서 함께 계속 길을 떠났다. 그들은 가다가 바다를 여울처럼 건너서 어망 대신 턱수염으로 물고기를 잡고 있는 사람을 우연히 만나게 되었다.

"거인이로군요. 당신은 바다를 여울처럼 건너고 턱수염으로 물고기를 잡는군요. 당신보다 더 힘센 사람이 있을까요?" 나그네들이 그에게 말했다.

"북쪽, 검은 숲 가장자리에 노부부가 살고 있다오. 그 부부에겐 티스헤 비스헤라는 아들이 있지요. 그 사람은 곰이 끄는 수레를 타고 다니고 타이가의 주인이 그의 마부 노릇을 했다오. 그 사람이 진짜 장사지요."

그들은 친구가 되었다. 그들은 넷이 되었다. 친구들은 타이가로 깊이 들어가게 되었다. 그들은 나무를 뿌리까지 베고 꼭대기를 잘라서 오두막을 지었다. 무거운 바위 밑에서 땅으로 꺼졌던 장사를 오두막에 남아 있게 했다.

"집을 지키고 저녁을 준비해 주시오." 나머지 장사들은 그에게 명하고 사냥을 떠났다. 청년은 혼자 남아서 고기를 삶기 시작했다. 손톱만 한 노인의 모습을 한 만가트하이가 나타나서 말했다.

"네가 삶은 모든 것을 내게 내놓아라."

"너를 위해 요리한 것이 아니다." 청년이 대답했다.

만가트하이가 덤벼들어서 재수 없는 청년을 마구 때리고는 저녁을 먹어 치우고 사라져 버렸다.

사냥 갔던 장사들이 돌아왔는데 그들의 친구가 앉아서 울고 있었다.

"무슨 일이야?" 그들이 물었다.

"팔뚝 길이의 턱수염을 기른 손톱만 한 노인이 와서는 나를 때리고 저녁을 모두 먹어 치우고는 사라졌어."

그들은 서둘러 되는대로 대충 먹고는 잠자리에 들었다. 다음 날 산을 옮겼던 장사한테 집을 지키라고 남아 있게 했다.

걸쭉하게 끓인 수프를 막 맛보려고 하는데 팔뚝 길이의 턱수염을 기른 손톱만 한 노인이 나타났다.

"네가 끓인 것을 전부 내놔라!" 노인이 말했다.

"너를 위해 요리한 것이 아니다." 산을 옮긴 장사가 대답했다.

만가트하이는 그에게 덤벼들어 죽도록 그를 때리고 저녁을 먹어 치우고 사라졌다.

사냥 갔던 장사들이 돌아왔더니 그들의 친구가 앉아서 울고 있었다.

"무슨 일이야?"라고 물었다.

"팔뚝 길이의 턱수염을 기른 손톱만 한 노인이 와서는 나를 때리고 저녁을 모두 먹어 치우고는 사라졌어."

다음 날에는 바다를 여울처럼 건너서 턱수염으로 물고기를 잡았던 장사를 집 지키라고 남게 했다.

만가트하이는 그를 처치해 버리고 저녁을 먹어 치우고 사라졌다.

다시 한번 친구들은 수프도 없이 맨빵만 먹고는 잠자리에 들었다.

"오늘은 내가 집에 남을게." 아침에 티스헤 비스헤가 말했다.

그의 친구들은 사냥을 떠났고 티스헤 비스헤는 저녁을 짓기 시작했다. 난데없이 팔뚝 길이의 턱수염을 기른 손톱만 한 노인이 나타나서 말했다.

“네가 끓인 것을 전부 내놔라.”

“너를 위해 요리한 것이 아니다.” 티스헤 비스헤가 대답했다. 만가트하이는 그에게 덤벼들었지만 예상대로 되지 않았다. 티스헤 비스헤는 불청객을 정신도 못 차리게 마구 때렸다. 그런 다음 그를 문턱 너머로 끌어내서 어깨로 오두막 모퉁이를 들어 올렸고 팔꿈치 길이의 턱수염을 틈새로 밀어 넣고 통나무를 내려놓았다. 노인의 턱수염이 단단히 끼어 버렸다.

티스헤 비스헤가 집으로 돌아와서 저녁을 마저 요리하고 포로를 살펴보려고 나갔더니 자취도 없이 사라지고 없었다. 턱수염만 통나무 사이에 삐죽 삐져나와 있었다.

친구들이 오두막 모퉁이를 보니 팔뚝 길이의 턱수염이 새처럼 바람에 나부끼고 있었다.

“좋다. 저녁 먹고 쉬고 나서 내일 생생하기도 하고 오래되기도 한 흔적을 따라 도망자를 잡으러 떠나자.”

다음 날 친구들은 노인을 찾으러 출발했다. 그들은 가다가 가다가 도망자의 흔적이 끊어진 땅의 넓은 틈에까지 닿게 되었다.

“20년이라도 벌레의 흔적을 쫓아 그를 추적할 것이고 10년이라도 거미 흔적을 쫓아 그를 뒤쫓을 것이다. 도망자는 결코 벗어날 수가 없다!” 친구들은 이렇게 결심했다.

티스헤 비스헤는 허리 둘레를 밧줄로 묶고는 말했다.

"내가 아래로 내려갈 수 있게 도와줘."

밧줄은 틈의 밑에까지 내려가기에 충분했다.

티스헤 비스헤는 밧줄을 풀고 땅 밑을 따라갔다. 가다가 청동 오두막을 발견했다. 그 안으로 들어가니 아름다운 여자가 앉아 있었다.

"안녕하세요! 훌륭한 청년이여, 당신은 어디서 왔어요?" 미녀가 그에게 말했다.

"나는 땅 위에서 내려왔어요." 티스헤 비스헤가 대답했다.

"우리를 구해 주세요. 신이시여!" 미녀는 떨리는 목소리로 말했다. "당신을 어떻게 숨길까요? 내 남편은 진짜 살인마 만가트하이예요. 그는 땅 위에서 나를 납치해서 강제로 끌고 왔어요. 저는 평생 그런 괴물은 처음 봤어요. 당신을 여기서 마주치면 당신도 저도 죽일 거예요. 우리를 구해 주세요, 신이시여! 당신은 땅 위로 도로 올라가시는 것이 나아요."

"나를 처단해 보라지요. 되돌아가는 것은 일러요." 티스헤 비스헤가 대답했다.

"여기서 얼마 안 가면 은오두막이 있어요." 여자가 그에게 말했다. "그리고 좀 더 가면 금오두막이 있구요. 그 오두막에도 땅 위에서 온 아가씨들이 살고 있어요. 우리 모두는 만가트하이 한 명의 아내들이에요. 그는 그 오두막에서도 묵고 있어요."

청년은 청동 오두막에서 밤을 지내고 아침에 차를 마시면서 여주인에게 말했다.

"난 당신 남편이 아무리 끔찍해도 무섭지 않아요. 내가 직접 그를 찾아 나서겠어요."

"신이 당신을 구해 주시길!" 여주인이 애원했다. "만약 악당 남편을 이기시면 저를 땅 위로 데려가 주세요."

"그렇게 하겠소." 티스헤 비스헤는 이렇게 말하고 계속 갔다.

은오두막에 도착했다. 문턱을 넘어서자 첫 번째 미녀보다 더 아름다운 미녀가 보였다. 그녀는 놀라서 떨면서 말했다.

"이 오두막에 사는 동안 문턱을 넘어오는 사람은 한 번도 못 봤어요. 당신은 어디서 오셨나요?"

"땅 위에서 왔소." 티스헤 비스헤는 대답했다.

"우리를 구해 주세요. 신이시여!" 그녀는 불안해했다. "당신을 어디에 숨길까요? 내 남편 만가트하이는 진짜 살인귀예요. 그가 당신을 여기서 마주치게 된다면 우리 둘 다 죽일 거예요."

"나는 당신 남편이 아무리 끔찍해도 무섭지 않아요. 내가 직접 그를 찾아 나서겠어요." 티스헤 비스헤가 말했다.

"오늘 그는 나한테서 나갔어요. 그러니까 틀림없이 오늘 밤은 금오두막에서 보낼 거예요." 여주인이 말했다. "악당 남편을 이기시면 저를 땅 위로 데려가 주세요."

"그렇게 하겠소." 티스헤 비스헤는 동의했고 금오두막으로 떠났다.

금문턱을 넘자 이전 여인들보다 더 아름다운 미녀를 만나게 되었다.

그녀는 손님을 보고는 몸을 부르르 떨었다.

"이 오두막에 사는 동안 사람이 들어온 것은 한 번도 보지 못했어요. 당신은 어디서 오셨나요?" 그녀가 물었다.

"땅 위에서 왔소." 티스헤 비스헤가 대답했다.

"우리를 구해 주세요. 신이시여!" 여주인은 불안해했다. "당신을 어떻게 숨길까요? 내 남편 만가트하이는 진짜 살인귀예요. 당신을 여기서 마주치게 되면 우리 둘 다 죽일 거예요."

"두고 보죠. 누가 누구를 이기는지." 티스헤 비스헤가 말했다. "다만 당신은 악당의 영혼이 어디에 숨어 있는지 알아내도록 해 보시오."

여주인은 손님을 먹고 마시게 한 다음 멀리 있는 방에 숨겨 두었다.

한밤중에 시끌벅적하고 쿵쾅거리는 소리가 나고 계단을 따라 발 구르는 소리가 나더니 불만족스러운 목소리가 울려 퍼졌다.

"푸, 푸, 오두막에서 무슨 낯선 기운이 느껴지는데? 무슨 냄새지?"

"그렇게 생각되는 것뿐이에요." 여주인이 돌아온 남편에게 대답했다. "내가 머리를 빗었는데 머리카락이 불에 떨어졌어요. 그래서 연기가 났나 봐요."

여주인은 남편을 먹고 마시게 한 다음 잠자리에 들게 했다. 그리고 이렇게 말했다.

"낮도 밤도 모르고 당신은 세상을 돌아다니시는데, 저는 당신의 영혼이 어디에 있는지도 모르잖아요."

"당신이 알아서 뭐 하려고?" 남편이 물었다.

"당신의 영혼을 지키려고 그러죠." 아내가 대답했다. "저는 당신이 오랫동안 돌아오지 않으시면 너무 걱정되고 불안해요! 하지만 실토하기 싫으시고 고집 피우시려면 당신 식대로 하세요. 비밀을 간직하고 사세요. 저는 당신을 걱정하지도 않고 기다리지도 않을게요." 이렇게 말하고 화가 나서 침을 뱉고는 다른 쪽으로 몸을 돌렸다.

"그래 좋다. 말해 주마." 남편이 말했다. "그러니 내 쪽으로 얼굴을 돌려 다오."

"좋아요. 그렇게 할게요." 부인은 이렇게 말하면서 한 마디 한 마디를 새겨들었다.

"내 영혼은 여섯 해 된 숫양의 뿔 속에 보관하고 있지." 남편이 실토했다.

티스헤 비스헤는 이 대화를 전부 엿들었고 만가트하이가 잠들기를 기다렸다. 그리고 그의 코 고는 소리가 들리자마자 가만가만 까치발을 딛고 마당으로 나왔다. 그는 양우리에서 뾰족한 뿔이 달린 숫양을 발견했다. 그 양을 찬찬히 보고는 짐작해 보았다. '이 양인가 아닌가?' 그러는 사이에 날이 밝아 오기 시작했다. 이런저런 생각 하며 꾸물거릴 시간이 없었다.

'만가트하이가 이 양을 두고 말했겠지.' 마침내 청년은 이렇게 결정하고 뿔 하나를 부러뜨렸다. 뿔에서 수십 마리의 벌이 튀어나왔고 머리 위에서 웽웽거렸다. 티스헤 비스헤는 모두 잡아서 짓밟아 버렸다. 청년은 이 뿔을 저쪽으로 휙 던져 버리고 다른 뿔을 잡아 부러뜨렸다. 뿔에서 또다시 수십 마리의 벌이 튀어나왔다. 티스헤 비스헤는 그 벌들을 다 처치했는데 두 마리만 죽이지 않았다.

그러는 사이에 만가트하이가 깨어났고 아내에게 투덜거렸다.

"머리가 지끈지끈 너무 아프군."

티스헤 비스헤는 집으로 들어와서 만가트하이에게 바싹 다가갔다.

"이 악당 놈아 일어나라!" 청년이 말했다. "너랑 같지 않은 사람이 나타나면 일어나는 게다. 일어나!" 티스헤 비스헤는 되풀이해서 말하고는 주먹을 폈다.

청년의 손바닥에서 겨우 살아남은 벌 두 마리가 얼핏 나왔다.

"아이구, 벌들을 풀어 줘라, 풀어 줘!" 만가트하이가 애원했다.

"아니, 내가 괜히 모든 것을 반대로 하는 티스헤 비스헤인 줄 아느냐." 티스헤 비스헤는 이렇게 말하고는 벌들을 짓밟아 죽였다.

만가트하이는 너무 아파서 울부짖었다.

"네가 그런 일을 저질렀어도 너와 싸울 힘은 남았다." 이렇게 말하고 청년에게 덤벼들었다.

그러는 사이에 만가트하이의 부인은 마당에 있던 물동이 두 개가 생각났다. 한 동이의 물을 마시면 힘이 더 생기고 다른 동이의 물을 마시면 힘이 없어졌다. 아내는 마당으로 뛰어 나가서 물동이를 바꿔 놓았다.

두 대결자 모두가 낙타처럼 참을성 있고 말처럼 힘이 셌지만 만가트하이의 힘이 점점 빠지기 시작했다.

"잠깐 숨 좀 돌리자." 그가 이렇게 말하며, 물동이를 바꿔 놓은 줄을 모르고 청년에게 힘이 솟는 물동이를 건네며 말했다. "갈증 좀 풀어라."

그리고 자신은 힘이 빠지는 물을 마셨다.

결투자들이 또다시 싸우기 시작했다. 이번에는 만가트하이가 너무 빨리 기운이 약해졌다. 티스헤 비스헤는 그를 토막 내서 모닥불에 태워 버렸다. 재는 사시나무 삽으로 북쪽과 남쪽에 날려 버렸다. 티스헤 비스헤는 만가트하이의 아내를 데리고 귀금속을 챙기고는 나머지는 전부 불태워 버리고 은오두막으로 향했다. 만가트하이의 두 번째 아내를 데리고 귀중한 물건을 챙기고는 집을 불태웠고 청동 오두막으로 향했다. 만가트하이의 세 번째 아내도 데리고 귀중품에 대해서도 잊지 않고 챙기고 오두막을 불태우고는 재가 식기도 전에 그들 넷은 땅의 틈에 도착했다.

"밧줄을 내려 주시오!" 티스헤 비스헤는 친구들에게 소리쳤다.

친구들은 밧줄을 밑으로 내렸다. 그는 청동 오두막의 여인을 동여맸다.

"당기시오!" 소리쳤다.

세 장사가 땅 틈에서 미녀를 끌어 올리면서 누가 여자를 차지할지 심하게 다투기 시작했다. 결국 바다를 건너서 턱 수염으로 물고기를 잡았던 장사가 이겼다.

"밧줄을 내려 주시오!" 티스헤 비스헤가 또다시 소리쳤다.

밧줄이 내려왔다. 그는 은오두막의 여인을 동여맸다. 세 장사가 땅 틈에서 미녀를 끌어 올렸다. 이번에는 산을 옮긴 장사와 바위를 들어 올린 장사가 다투기 시작했다.

"내 것이 될 거야! 아니다. 내가 차지할 거다!" 그들은 주먹다짐을 하면서 서로에게 덤벼들었다. 산을 옮긴 장사가 싸움에서 이겼고 여자는 그의 차지가 되었다.

"밧줄을 내려 주시오!" 티스헤 비스헤가 소리쳤다.

또다시 밧줄이 내려왔다. 티스헤 비스헤는 금오두막의 여인을 동여맸고 위로 올려 보냈다. 바위를 들어 올린 장사가 그녀 차지가 되었다.

"밧줄을 내리시오!" 마지막으로 티스헤 비스헤는 소리쳤다. 이번에는 자신을 밧줄로 동여매고는 말했다. "당기시오!"

장사들이 밧줄을 당기기 시작했다. 그러나 티스헤 비스헤를 보자 그들은 보물을 그와 나눠 갖기 싫어져서 밧줄을 잘라 버렸다. 티스헤 비스헤는 땅 틈으로, 땅 밑으로 떨어졌다. 떨어지면서 부딪쳐서 엉치뼈가 부러져 버렸다. 그는 다리를 옴짝달싹도 못 하고 누워 있었다. 그때 갑자기, 족제비가 담비를 뒤쫓다가 따라잡아서는 담비의 두 다리를 부러뜨리는 것을 보게 되었다. 담비는 얼마 동안 누워 있다가 볼썽사나운 풀로 기어가서는 뿌리를 파서 씹기 시작했다. 담비가 이 뿌리를 다 먹자 그의 다리가 아물었다.

"이제 너는 나한테서 도망가지 못할 것이다!" 담비가 족제비에게 겁을 주면서 뒤쫓아 갔다.

티스헤 비스헤도 그 풀로 겨우겨우 기어갔고 세 뿌리를 파내서 먹었더니 다리가 아물었다. 그는 벌떡 일어나서 걸어갔다. 가다가 가다가 드넓은 호수에 도착했다. 거기 커다란 나무 위에 칸 가루디[18] 새들이 앉아 있었다. 밑에 앉아 있는 새가 울고 있었다. 조금 위에 앉아 있는 새는 노래하고 있었다. 맨 위에 앉아 있는 세 번째 새는 웃고 있었다.

"너는 왜 울고 있니?" 티스헤 비스헤가 아래 앉은 새에게 물었다.

"어떻게 안 울 수가 있겠어요? 조금 있으면 호수 밑바닥에서 거대한 독사가 나올 거예요. 오늘 그 독사의 희생물이 되는 새가 우는 거예요. 내일 먹히게 되는 새는 노래하구요.

---

18) 칸 가루디(гаруди). 부랴트 신화에 나오는 새의 명칭으로 마법을 부리고 무엇이든 잘 만들어 내는 솜씨 좋은 새로 등장한다.

모래 먹히는 새는 웃는 거구요. 이제 곧 뱀이 물에서 고개를 쑥 내밀고 아가리를 벌리고 '날아와라' 하고 소리칠 거예요. 그러면 나는 영원히 사라지는 거죠." 새가 대답했다.

"내 말 좀 들어 봐." 티스헤 비스헤가 말했다. "이번에는 뱀의 아가리로 직접 날아들지 말고, '만약 배가 고프면 해변으로 나와서 우리를 잡아라'라고 말해 봐."

티스헤 비스헤는 끝이 뾰족한 황소만 한 돌덩이를 준비해서 몸을 숨겼다. 호수가 들끓기 시작했고 거품이 일더니 소용돌이 속에서 거대한 뱀의 머리가 보였다.

"내 입으로 날아와라!" 뱀은 쩌렁쩌렁한 목소리로 소리쳤다.

"만약 배가 고프면 해변으로 나와서 나를 잡아라." 밑에 앉은 새가 대답했다.

"감히 누가 이런 것을 가르쳤느냐?" 뱀이 놀라서 물었다. "너희를 산 채로 삼키려고 했는데 잘근잘근 씹어 먹어야겠군." 뱀이 씩씩거리며 입을 벌린 채 나무로 갔다.

티스헤 비스헤는 끝이 뾰족한 돌덩이를 던져서 거대한 뱀의 머리를 짓이겨 버렸다.

청년이 정신을 차리기도 전에 누군가가 그를 땅으로 밀어붙였고 숨이 막힐 정도로 옴짝 못 하게 했다. 칸 가루디 새가 날아와서, 해변에 사방으로 퍼져서 나무와 풀을 재로 만들어 버린 뱀의 독에서 새끼들의 구원자 티스헤 비스헤를 감싸 준 것이었다.

“당신은 우리 새끼들의 목숨을 구해 주었소. 무엇으로 은혜를 갚을까요?” 칸 가루디 새가 말했다.

“내가 태어난 땅 위로 올라가도록 도와주시오. 그 외엔 아무것도 필요 없소.” 티스헤 비스헤가 대답했다.

“그렇게 하지요. 다만 물 70동이와 고기 70통을 준비해 주시오.” 칸 가루디 새가 말했다.

티스헤 비스헤는 새가 할 수 없는 것을 했다. 물 70동이와 고기 70통을 준비했다.

“이제 준비한 것을 내게 실어 주시오. 만약 머리를 왼쪽으로 돌리면 고기 한 통을 던지고, 오른쪽으로 돌리면 물 한 동이를 던지시오.” 새가 말했다.

티스헤 비스헤는 통을 새의 등에 실었고 자기도 자리 잡고 앉았다. 칸 가루디는 점점 더 위로 올라가기 시작했다. 왼쪽을 보면 청년은 새에게 고기 한 통을 던졌고, 오른쪽으로 머리를 저으면 청년은 물 한 동이를 주었다.

이제 땅 위까지는 손으로 닿을 듯했다. 새는 왼쪽으로 고개를 돌렸지만 청년에게는 고기도 물도 남아 있지 않았다. 그는 자기 다리에서 고기 한 조각을 잘라서 새에게 던졌다.

“왜 당신은 다리를 접니까?” 칸 가루디가 물었다.

"고기가 떨어져서 내 다리에서 고기 조각을 잘랐어요. 그래서 저는 겁니다." 그는 대답했다.

새는 캑캑 사레들렸고, 먹었던 고기 조각이 입에서 떨어져 나왔다.

"그 고기 조각을 얼마 안 된 상처에 얹으시오." 새가 말했다.

청년은 다리에 고기 조각을 얹었고 곧바로 상처가 죄어져 아물어서 흉터도 남지 않았다.

그런 다음 칸 가루디 새는 땅 밑으로 내려갔고 티스헤 비스헤는 네 구석이 있는 자신의 검은 오두막으로 향했다. 길을 가는 도중에 예전의 세 친구를 만났고 그들을 처단하고는 만가트하이한테서 구해 낸 세 아내와 함께 행복하게 살았다.

무 몬토

옛날 행복했던 시절에 곤돌이라는 황제가 살았다. 그에게는 하늘까지 닿는, 형용할 수 없이 아름다운 궁전이 있었다. 궁전의 문은 자개로 되어 있었고, 창틀, 마루, 천장은 순은으로 되어 있었다. 내실에는 구석마다 촛불이 타고 있었고 벽마다 선대 황제의 초상화가 걸려 있었다.

곤돌에게는 아름다운 부인이 두 명 있었고 각각의 부인에게서 아들을 한 명씩 두었다. 첫째 부인의 아들은 무 몬토라고 불렀고, 둘째 아내의 아들은 알탄 섹세였다. 첫째 아들은 바보라고 이름이 나 있었고 둘째 아들은 잘생긴 데다 똑똑했다. 황제는 첫째 부인의 아들을 사랑하지 않았다. 그래서 그에게 나쁜 옷을 입혔고 철로 된 올가미 장대를 쥐여 주어 걸어 다니며 양을 치라고 보냈다. 젊은 아내의 아들은 귀여워했고 황제 옷을 입혔으며 황금 올가미 장대를 주어 말 떼 중에서 가장 좋은 말을 치라고 보냈다.

어느 날 무 몬토는 방목지에 양을 풀어 놓고는 잠이 들었다. 오랫동안 잤는지, 잠깐 잤는지 모르겠다. 만약 알게 된다면 내게 말해 주시길! 아무튼 잠에서 깨자마자 그는 하늘까지 닿은 불 회오리를 보게 되었고, 불 회오리 안에는 사방으로 뻗어 나가는 실꾸리가 있었는데 그가 빙빙 돌아 보기도 하고 아무리 갈팡질팡 왔다 갔다 해도 불꽃의 빽빽한 고리에서 빠져나올 수가 없었다. 그때 무 몬토는 오래 생각하지도 않고 자신의 긴 철 장대로 실꾸리를 걸어서 불꽃에서 내던졌다. 실꾸리는 마지막으로 땅에 세게 부딪쳤고 아름다운 남자로 변했다. 그는 무릎을 꿇고 앉아서 무 몬토에게 이렇게 말했다.

"나의 선한 해방이시여! 내게 다가오십시오. 당신은 나를 영원한 죽음에서 구해 주셨는데 당신께 무엇으로 감사해야 할지 모르겠군요."

그에게 무 몬토가 다가가서 인사를 하고 이렇게 물었다.

"당신은 누구며, 어떤 종족 출신입니까?"

그가 대답했다.

"나는 모고 칸 황제입니다. 갈타 모고 칸 황제와 전쟁을 벌였는데 그가 마지막 결투에서 나를 이겼고 불꽃 회오리로 옭아매고는 이 세상에 풀어 놓았습니다. 아흔 날 밤낮을 빙빙 돌고 돌았고 불꽃 실꾸리 속에서 타고 있었습니다. 당신은 나를 고통에서 해방했습니다. 저는 당신의 이름이 무엇인지, 누구 아들인지 알고 싶습니다."

"나는 곤돌 황제의 아들입니다." 무 몬토가 대답했다.

"당신은 내게 큰 은혜를 베풀었습니다. 제가 손님으로 모시고 싶습니다." 모고 칸이 말했다.

무 몬토는 그렇게 하겠다고 했고 가까운 시일에 모고 칸을 방문하겠다고 약속했다. 이후에 새 친구들은 헤어졌고 다른 방향으로 흩어졌다. 집으로 돌아와 무 몬토는 어머니에게 일어났던 일을 모두 말했고 모고 칸에게 다녀오는 것에 대해 허락을 구했다. 어머니는 머나먼 알려지지 않은 나라에 아들을 떠나보낸다는 것을 오랫동안 결정하지 못했지만 결국 허락했고 여행길을 위해 두 마리 양의 우유에 이긴 반죽으로 빵을 구워 주었다.

어머니와 작별한 후 무 몬토는 길을 떠났다. 산을 넘고 계곡을 지나고 드넓은 초원을 지나 오랫동안 걸어갔으며 지나기 힘든 수많은 늪을 통과하고 등 뒤로 적지 않은 강, 바다, 광막한 대양을 남겨 두었다. 그는 신발이 다 닳도록 걸었다. 그래서 맨발로 갔고 그의 발은 뼈까지 닳아 해졌다. 이제 네 발로 기어갔고, 그랬더니 손바닥이 닳았다. 그러자 땅 위에 누워 바퀴를 굴려서 갔다. 그의 길이 낮은 현관으로 이끌 때까지 오랫동안 바퀴를 굴려 갔다. 집으로 들어가서 무 몬토는 물었다.

"모고 칸의 궁전까지 가는 길은 아직 멀었소?"

"나는 그 칸의 신하요. 궁전은 가깝소이다." 집주인이 말했다.

그는 나그네를 집으로 데리고 들어갔고 할 수 있는 만큼 대접했다. 무 몬토는 선한 사람의 집에서 잠깐 숨을 돌리고 상처를 치유하고는 또다시 길을 떠날 채비를 했다. 그러자 집주인이 그에게 말했다.

"모고 칸이 당신에게 신하의 반과 자기 금과 은의 반을 주겠다고 제안하면 이렇게 말하세요. '다스릴 줄도 모르는 신하들은 제게 필요 없으며 셀 줄 모르는 금과 은도 필요 없습니다. 열 개의 장막 뒤 침상에 앉아 있는 아구 노곤 공주를 주시는 것이 저는 더 좋습니다'라고요."

이때 모고 칸이 보낸, 세 쌍의 말이 끄는 마차가 도착했다. 무 몬토는 마차에 앉아 그를 기다리는 모고 칸에게로 갔다. 칸은 기쁘게 귀중한 손님을 맞이해 궁전으로 데려갔고, 그들은 거기서 열흘 동안 주연을 즐겼으며 그 후에 무 몬토는 집으로 떠날 채비를 하기 시작했다. 그때 칸이 말했다.

"내 신하의 반을 가져가시고, 내 금과 은의 절반을 가져가시오."

무 몬토는 대답했다.

"내가 다스릴 줄도 모르는 신하들은 필요가 없으며, 내가 셀 줄도 모르는 금도 필요 없소. 제게는 내 인생의 충실한 반려자가 되도록 아구 노곤 공주를 주시는 편이 더 좋소."

"당신은 해서는 안 될 말을 하는군요!" 모고 칸이 말했다.

"당신은 그 누구도 감히 꿈꿀 수도 없는 것을 부탁하는군요! 그러나 나는 당신에게 빚을 졌으니 공주를 당신께 주겠소. 왜냐하면 당신은 내 목숨을 구해 주었기 때문이오."

이후에 칸은 황금빛 수건에 감싼 푸르스름한 깃이 달린 어린 새를 선물로 주고는 결혼 생활을 축복했다. 그런 다음 누런 강아지를 주면서 말했다.

"자작나무들이 있는 곳으로 가게 되면 강아지가 너희에게 참매를 잡아 줄 것이다. 그 매로 허기를 채우게 될 것이다. 소나무들이 있는 곳으로 가면 매를 잡아 줄 것이다. 그것도 먹을 수 있다. 강아지가 너희를 먹여 살리게 될 것이다."

칸의 작별 인사를 듣고 무 몬토는 새를 품에 넣고, 아내 아구 노곤의 손을 잡고 강아지를 휘파람으로 불러 귀향길에 올랐다.

무 몬토가 그 뒤로 오랫동안 갔는지 어땠는지 모르겠다. 아는 것이라고는, 누런 강아지가 그들에게 아무것도 잡아다 주지 않았다는 것뿐이다. 무 몬토는 화가 나서 본보기를 보이려고 강아지를 벌하려 했지만 자기 힘을 생각하지 못했고 죽여 버리고 말았다. 무 몬토는 완전히 화가 났고 배가 고픈 채 잠자리에 들었다.

아침에 눈을 뜨니 자기 눈을 믿을 수가 없었다. 그는 아름다운 궁전에, 일곱 커튼이 드리워진 값비싸고 부드러운 침상에 누워 있었고 옆에는 아름다운 여인이 자고 있었다. 무 몬토는 깜짝 놀랐고 자신의 무례한 행동에 놀라서 침대에서 뛰어 내려와서 송아지 가죽 외투를 걸치고 밧줄 허리띠를 매고는 궁전에서 도망쳐 나갔다.

거리로 나와 그는 아름다운 도시와 커다란 시장을 발견하게 되었다. 무 몬토는 시장 쪽으로 갔고 이때 배고픔이 또다시 생각났다. 무 몬토는 장사치한테서 빵을 빼앗아 먹었다. 실컷 먹은 후 도시를 배회하기 시작했다. 걸어 다니다가 결국 밤이 되었지만 그는 몸 둘 데가 없었다. 왜냐하면 그 누구도 그런 차림의 뜨내기를 재워 주려고 하지 않았기 때문이다.

무 몬토는 어느 마구간으로 들어갔는데 말들이 그를 물고 발로 차기 시작했다. 개 우리로 갔는데 거긴 더 나빴다. 돼지우리로 갔더니 더 구역질이 났다. 어쩔 도리가 없어서 전날 잠을 잤던 궁전을 찾아 떠났다. 오랫동안 찾다가 결국 발견했다. 들어가서 하룻밤 묵을 수 있느냐고 물었다. "됩니다"라고 답을 듣고 무 몬토는 가장 따뜻한 구석에 누웠다.

아침에 눈을 떠서 보니 또다시 그 넓은 침대에 그 여자와 함께였다. 또다시 무 몬토는 도망치고 싶었고 자신의 누더기 외투를 집어 들었지만 여자가 외투를 빼앗아서 벽난로에 던져 버렸다.

"나를 불쌍히 여겨 곱게 보내 주시오."

"무 몬토, 어떻게 당신은 자기 아내도 몰라볼 수가 있어요?" 여자가 웃기 시작했다.

무 몬토가 쳐다보니 그 앞에는 아구 노곤이 있었는데 다만 예전보다 더 예뻐졌다. 그녀가 부드러운 목소리로 말했다.

"내 남편, 이 부유한 영지의 황제는 가장 좋은 옷을 입어야만 해요."

무 몬토는 왕 노릇을 하기 시작했다. 어느 날 그가 도시를 걸어서 산책하러 나갔다. 시장 옆을 지나가는데 상인들이 그를 알아보고 아주 큰 소리로 말했다.

"보시오, 여기 보시오. 이 사람은 바로 빵을 훔쳐 먹어 치운 바로 그 젊은이 아니오!"

"무슨 소리 하는 거요! 이 사람은 우리의 황제요!" 다른 사람들이 반박했다.

사람들이 이런저런 추측을 하는 동안 무 몬토에게 그의 동생 알탄 섹세가 찾아왔다. 아버지의 말 떼를 둘러보러 나섰다가 초원의 커다란 도시에 도착하게 된 것이었다. 이 도시를 누가 다스리는지 알아보려고 사람을 보냈고 그 사람이 이렇게 말했다.

"이 영지들은 곤돌 황제의 아들 몬토 칸이 다스리고 있습니다."

무 몬토는 동생을 환대해 그를 풍요로운 식탁에 앉혀서 잘 대접했고 부모님의 건강에 대해 물은 다음 손님을 영예롭게 배웅했다.

집으로 온 알탄 섹세는 아버지에게 무 몬토가 모고 칸의 아름다운 딸과 결혼해서 황제가 되었다고 말했다. 이 이야기를 들은 황제 곤돌은 아들을 질투해서 그를 죽이기로 결심했다. 얼마의 시간이 지난 후 그는 자신의 하인들을 보내서 무 몬토에게 자기한테 오라고 초청했다. 무 몬토는 기꺼이 수락했다. 아버지는 정중하고 예의 바르게 아들을 맞이했다. 타국을 순례한 것에 대해, 갑자기 영지가 된 왕국에 대해, 아름다운 아내에 대해 이것저것 꼬치꼬치 캐물었다.

모든 것에 대해 무 몬토는 아뢰었고, 아무것도 잊어버리지 않았고, 곤돌 황제는 그에게 말했다.

"내 아버지, 너의 할아버지가 돌아가셨을 때, 나는 그에게 백마와 안장을 주었다. 그는 말도, 안장도 내게 되돌려 보내지 않았다. 너에게 부탁하니 저세상으로 가서 안장과 말을 가져오너라."

어찌할 도리가 없어서 무 몬토는 그러겠다고 하고는 어머니와 만나고 나서 집으로 떠났고 아내에게 아버지가 내준 과제에 대해 이야기했다. 아름다운 아구 노곤은 남편을 안심시키고는 죽은 사람들의 왕국에 가는 길을 알려 주겠다고 약속했다.

다음 날 그녀는 무 몬토에게 작별 인사를 하며 당부하기 시작했다.

"북쪽으로 난 길을 계속 가세요. 길에서 커다란 검은 돌을 발견하게 될 거예요. 그 돌을 들어 올리며 '이리 와라!'라고 소리치세요. 당신 앞에 커다란 여우가 나타나서 '꼬리를 붙잡아라!'라고 말할 거예요. 그러면 그렇게 꼬리를 붙잡고 계속 따라가시면 죽은 사람들의 왕국에 도착하게 될 거예요."

무 몬토는 그렇게 했다. 북쪽으로 가다가 검은 돌을 보았고 그 돌을 들면서 '이리 와라!'라고 소리쳤다. 그의 부름에 구멍에서 여우가 나타나 '꼬리를 붙잡아라!'라고 말했다. 무 몬토는 꼬리를 붙잡았고 둘은 길을 떠났다. 오랫동안 갔더니 결국 저세상에 도착하게 되었다. 거기에도 나름의 태양, 나름의 달, 나름의 별들이 있었다. 무 몬토는 맨바위 위에 방목되어 있는 말 떼를 보고는 놀랐지만 그 말들의 털은 기름기가 번들번들했다. 조금 더 멀리에 있는 다른 말 떼는 무릎 높이의 풀밭에서 풀을 뜯고 있었지만 너무 야위어서 걷다가도 배고픔 때문에 넘어지곤 했다. 조금 더 가서 무 몬토는 두 여자를 보았는데 여자들의 입이 질긴 실로 꿰매져 있었다.

"저 여자들은 어떻게 된 일이냐?" 무 몬토가 물었다.

"목적지까지 도착하면 당신의 할아버지께서 대답해 줄 거예요." 여우가 말했다.

그리고 그들은 계속 갔다.

가다 보니 역청이 끓고 있는 커다란 솥이 보였고 그 속에는 관리들과 무당들이 끓고 있었다. 길옆에는 손발이 묶인 남자들이 누워 있었다. 그 옆에는 옹이투성이의 장작을 껴안은 벌거벗은 여자들이 서 있었다. 계속 놀라면서 그들 옆을 지나가다가 또 다른 두 여자를 보았는데, 그중 한 명은 너무나 가난했는데도 행복해 보였고, 다른 한 명은 너무나 부유해 보였는데도 거의 아사할 지경이었다. 모든 일이 놀라울 뿐이었다!

마침내 할아버지께 도착했다. 무 몬토는 그에게 말했다.

"나의 아버지, 당신의 아들, 곤돌 황제께서 당신이 타고 산 자들의 왕국에서 죽은 자들의 왕국으로 떠나셨던 안장 채운 말을 가지고 오라고 저를 보내셨습니다."

"친구를 내쫓을 수는 없고 난로를 뛰어넘을 수는 없는 법이지!" 할아버지는 이렇게 대답하고 손자와 함께 죽은 자들의 왕국 출구 쪽으로 갔다. 아무것도 가지지 못했지만 만족스럽게 살고 있는 여자와 모든 것을 가졌는데 굶주림에 거의 죽어 가는 두 여자가 앉아 있는 곳에 이르렀을 때 무 몬토는 할아버지에게 물었다.

"왜 이 두 여자의 운명은 이렇게도 다른가요?"

그러자 할아버지가 그에게 대답했다.

"첫 번째 여자는 산 자의 나라에서 가난했지만, 가지고 있는 모든 것을 가난뱅이들과 나누었기 때문에 지금은 그 무엇도 부족하지 않단다. 두 번째 여자는 부자였지만 인색했고 한마디 한마디 할 때마다 '나는 가난해서 아무것도 없다! 굶어 죽을 지경이다!'라고 되풀이했지. 이 말 때문에 그녀는 지금 영원히 굶주릴 운명에 처한 거야. 담배 대신에 작년 재를 피우고 있는 거야."

그들은 계속 가서 벌거벗은 여자들이 장작을 껴안고 있는 곳에 도착했다. 무 몬토는 이렇게 물었다.

"왜 이 여자들은 이렇게 고통을 받고 있습니까?"

"산 자들의 나라에서 남편을 배신하고 너무 자유분방한 삶을 살았기 때문이다." 할아버지가 대답했다.

그들은 계속 갔고 손발이 묶인 사람들한테 도착했다. 또다시 무 몬토는 할아버지께 물었다.

"어떤 죄 때문에 이들은 이렇게 고통받고 있는 것입니까?"

"이승에서 도적질을 했기 때문이란다." 할아버지가 대답했다.

그들은 계속 가다가 역청이 담긴 솥 안에서 관리들과 무당들이 끓고 있는 곳에 도착했다.

"왜 그들은 솥 안에서 끓고 있는 것입니까?" 무 몬토가 물었다.

"관리들은 가난한 사람들을 박해하고 뇌물을 받고 불공정한 판결을 내렸기 때문이다. 무당들은 사람들을 꾀어 더 많은 돈을 빼앗으려고 일부러 겁에 질리게 하였기 때문이다." 할아버지가 대답했다.

이후에 그들은 계속 가다가 서로서로에게 입이 꿰매진 여자들이 있는 곳에 도착했다.

"왜 이 여자들의 입은 질긴 실로 꿰매져 있나요?" 무 몬토가 물었다.

"이승에서 중상모략을 일삼고 사람들을 다투게 하고 선량한 사람들을 비방하고 자기 이익을 위해 아첨했기 때문이란다." 할아버지가 대답했다.

이후에 그들은 풍성한 방목지에서 풀을 뜯고 있지만 비쩍 마른 말 떼가 있는 곳에 도착했다.

"어떻게 이렇게 될 수가 있지요?" 무 몬토가 물었다.

"게으른 주인들이 이승에서 이 말들을 굶겨 죽였기 때문에 지금까지도 몸에 살이 붙지 않는 것이다."

약간 더 지나 손자와 할아버지는 맨바위 위에서 방목되어 있는 말 떼가 있는 곳에 도착했다.

"이 말들은 어떻게 이렇게 매끈하고 잘 길러졌을까요?" 무 몬토가 물었다.

"이승에서 그 말들은 선한 주인을 만나서 잘 먹었기 때문에 저승에도 살진 상태로 왔단다." 할아버지가 대답했다.

얘기를 하면서 할아버지와 손자는 저승에서 나와서 이승에 도착했다. 그때 할아버지는 무 몬토에게 안장을 채운 말을 주면서 말했다.

"아버지에게 이 말을 가져다주면서 그도 곧 내게 오게 될 것이라고 말해라."

이 말을 한 후 그는 감쪽같이 사라졌고 무 몬토는 아버지에게 백마를 가져다주면서 할아버지의 말을 전했다. 이 말 때문에 곤돌 황제는 큰 공포에 휩싸였지만 내색하지 않고 아들에게 값비싼 안장을 채운 말을 되돌려준 것을 고맙다고 한 다음 이렇게 말했다.

"네가 아직 어렸을 때 나는 예세게 말란에게 제사를 드렸다. 그때 나는 커다란 숫양과 아홉 개의 털가죽을 아끼지 않았지. 그런데 예세게 말란은 나를 잊어버리고 내 소원 하나도 들어주지 않았단다. 그에게 가서 커다란 숫양과 아홉 개의 털가죽을 가져오너라."

어쩔 도리가 없어서 무 몬토는 동의했고 머리를 떨군 채 집으로 갔다. 아구 노곤이 그를 안심시켰고 하늘로 올라가는 것을 도와주겠다고 약속했다. 다음 날 무 몬토는 길 떠날 채비를 하기 시작했다. 그때 아내가 그의 어깨에 세 개의 아름다운 비단 실타래를 묶고 손을 흔들자 무 몬토가 하늘로 올라가기 시작했다. 세 달 내내 그의 여정은 계속되었다. 마침내 예세게 말란의 궁전이 나타났다. 무 몬토는 궁전으로 들어가서 예세게 말란에게 말했다.

"나의 아버지 곤돌 황제가 나를 당신께 보냈습니다. 내가 어렸을 때 우리 신앙의 의식에 따라서 당신께 커다란 하얀 숫양과 일곱 개의 짐승 가죽을 제물로 바쳤습니다.[19] 이 모든 것을 이제 되돌려 달라고 하십니다."

"사흘 후면 너의 아버지는 요구했던 물건들을 돌려받을 것이다." 예세게 말란이 대답했다.

무 몬토는 하늘에서 내려오기 시작했다. 하루를 내려갔고 이틀을 내려갔고, 사흘째에 보니 번개가 곤돌 황제의 궁전을 내리쳤고 예세게 말란이 쿵쾅 우레 소리를 울렸으며 모든 것이 잠잠해졌을 때는 궁전도, 아버지도 예전의 자리

19) 앞에서는 아홉 개의 털가죽이었다. 구전 채록에 따른 오류로 보인다.

에 없었다. 어머니만이 멀쩡하게 살아 있는 것을 언덕에서 무 몬토가 발견했다. 아들은 어머니를 모셔 가서 젊은 아내를 인사 시킨 후 행복하게 아무 걱정 없이 살았다.

일상담

갈단과 바이르 형제

언젠가 한 형제가 살고 있었다. 형 갈단은 키가 작고, 조용하며, 다른 사람이 사는 것처럼 살면서 조금씩 부자가 되고 싶은 사람이었다.

동생 바이르는 호기 있고 용맹한 사람으로 자기 식대로 살기를 원했다. 잘되면 부자가 되고, 안 되면 가난하게 살면 되지만, 사람들한테는 존경받기를 원했다. 한번은 갈단이 동생 바이르에게 말했다.

"수도원의 라마승들한테 가 보자! 그 스님들이 신들에게 가장 가까우니 어떻게 사는 것이 옳은지 가장 잘 알 테니까."

"그래 가요! 가는 길에서도 무엇인가 배울 게 있겠죠!" 바이르가 동의했다.

그리고 형제는 길을 떠났다.

하루를 갔다. 이틀을 갔다. 사흘을 갔다. 나흘째에 형제는 길에서 두 할머니를 만났다. 할머니들은 앉아서 체스를 두고 있었다. 형제가 할머니들 옆에 멈춰서 쳐다보기 시작했다.

갈단이 조금 보다가 동생을 재촉하기 시작했다.

"가야지, 바이르! 갈 시간이야, 바이르! 가자, 바이르야!"

"먼저 가, 형! 나는 조금 더 보고 싶은데. 형이 먼저 출발하면 내가 나중에 뒤쫓아 갈게!" 바이르가 말했다.

형 갈단은 떠났고 동생 바이르는 남았다.

3년이 흘렀다.

형제는 서로에 대해 깜깜무소식이었다. 3년 내내 갈단은 수도원 라마승들에게서 가르침을 받았다. 그 스님들에게 온갖 이치를 배웠고 두꺼운 책에 모두 써서는 집으로 떠났다.

갈단은 가다가 가다가 동생과 헤어졌던 바로 그 장소에 도달했다. 바라보니 할머니들은 여전히 앉아서 체스를 두고 있었고 그 옆에는 동생 바이르가 앉아 있었다.

갈단이 다가가서는 동생에게 물었다.

"정말, 내 동생 바이르냐. 3년 내내 이렇게 앉아 있었던 거야?"

"이렇게 앉아 있었지! 대신에 체스 두는 법을 배웠지! 형은 어디 있었어?" 동생 바이르가 말했다.

"나야 신성한 라마승한테 가르침을 받았지. 이제 모든 것을 알겠어! 모든 이치를 알게 되었고 책에 써 왔지. 이제는 조용히 살아갈 수 있어. 집으로 가자. 집에서 너한테 알려줄 테니."

"그래, 가자!" 동생 바이르가 동의했다.

그리고 그들은 떠났다.

가고 또 갔고 너무 피곤했다. 가다가 보니 길에 유르타[20]가 세워져 있었다. 천막으로 들어갔다. 천막 안에는 노인과 노파 둘이 앉아서 큰 소리로 엉엉 울고 있었다.

"왜 그리 슬피 우세요?" 형제가 물었다.

"너무 애통해서요. 우리네 칸이 매일 아침 누구 한 명이 궁전으로 와서는 당신과 체스를 두라고 명령했거든요. 지는 사람은 참수당해요. 하지만 아무도 칸을 이길 수가 없어요. 내일은 우리 아들이 칸한테 가야만 해요. 내일이면 우리 아들은 죽어야만 하는 거죠. 어떻게 해야 할까요?" 노인이 말했다.

이렇게 말하고는 노인은 노파와 함께 더 크게 울기 시작했다.

그때 갈단이 자기 책을 펼쳐서는 이에 맞는 대답을 찾기 시작했다. 오랫동안 뒤적이며 찾았다. 밤이 흘러갔는데도 여전히 찾고 있었고, 아침이 되었는데도 여전히 찾고 있다가, 마침내 찾았다.

"바로 여기예요! 신성한 라마승들의 조언을 들으세요!" 그러고는 다음과 같이 읽기 시작했다. "'사람에게 무슨 일이 일어날지는 운명만이 알 뿐이다. 사람은 정해진 운명을 바

20) 유목민들의 주거인 천막을 말한다.

꿀 수 없다. 운명에 순종해라!' 이렇게 신성한 라마승들은 명했어요! 선하신 어르신들, 당신들은 순종해야만 해요."

갈단은 이렇게 말하고는 책을 덮었다. 갈단이 책을 여행가방에 챙겨 넣자, 바이르가 이렇게 말했다.

"슬퍼하지 마세요. 선하신 어르신들! 아들 이름을 알려 주세요. 제가 어르신들 아들 대신에 칸한테 갈게요!"

노인과 노파는 아들 이름을 알려 주길 원치 않았다.

"어떻게 우리를 위해 당신을 죽게 할 수가 있겠어요?"

"왜 죽어요? 내가 칸과 체스를 둬서 칸이 지게 만들어야죠!" 바이르가 말했다.

그러자 갈단이 그를 말리기 시작했다.

"못 들었어? 아무도 칸을 이길 수가 없다잖아?! 네가 3년 동안 체스 두는 것을 보았다고 체스 명수라도 되었다고 생각하는 것은 아니겠지? 집에 가자!"

"안 가. 칸한테 갈 거야. 칸하고 체스를 둘 거야!" 바이르가 말했다.

바이르는 노인들을 설득해서 결국 아들 이름을 알아냈고 칸한테로 갔다.

가서는 인사를 드렸다.

칸은 탁자에 그를 앉히고는 체스를 배열하고 이렇게 물었다.

"조건은 알고 있으렷다?"

"알고 있습니다요."

"누구와 장기를 두는지도 알고 있으렷다?"

"물론 알고 있습니다요."

"참수용 긴 칼도 알겠구나?"

"그건 모르겠습니다요!"

"봐라, 융단 위에 걸려 있잖느냐! 보이느냐? 이 칼은 마법의 칼이다! 저절로 진 사람의 목을 베지!"

"정말 칸의 머리도 감히 벨 수가 있을까요?" 바이르가 놀라 물었다.

"이 칼은 진 사람의 머리는 무조건 벨 것이다! 나는 한 번도 진 적이 없다! 자, 두자!"

칸이 엄하게 말했다.

장기를 두기 시작했다.

바이르가 한 수 두었다. 칸이 한 수 두었다. 바이르가 한 수 두었다. 칸이 한 수 두었다. 두고 또 두었고 칸이 둘 차례였다. 칸은 말을 옮기려고 했지만, 어떻게 두더라도 바이르가 다음 수로 바로 체크메이트를 만들 것이라는 것을 알게 되었다. 칸이 흘끗 칼을 보자 칼이 흔들리면서 못에서 미끄러지려고 했다. 칸은 어떻게 두어야 할지 궁리했다. 이렇게도 생각해 보고 저렇게도 생각해 보았다. 칼이 점점 더 심하게 흔들리고 있었다.

"무승부로 하자!" 칸이 바이르에게 말했다.

"안 됩니다요. 위대한 칸이시여! 무승부로 한다면 칼이 두 사람 모두의 목을 벨 것입니다요! 소인은 저의 미천한 목 하나 때문에 칸의 머리가 달아날까 봐 안타까울 뿐입니다요. 칸께서는 할 수 있는 만큼 잘 생각해 보고 계십시오. 저는 그동안 집에 다녀오겠습니다요."

바이르가 정중하게 대답했다.

그리고 바이르는 집으로 갔다.

칸은 생각에 생각을 거듭했고 너무 오랫동안 생각하다가는 그렇게 장기판 옆에서 특별한 수도 생각해 내지 못한 채로 죽고 말았다.

바이르는 솔직하게 양심에 따라 할 줄 아는 대로 살았고, 사람들은 그를 항상 존경했다.

꾀 많은 청년이 칸이 된 이야기

가난뱅이 청년이 나이 든 어머니와 살고 있었다. 암염소 한 마리를 제외하고는 아무런 살림도 없었다. 먹고살기가 점점 더 힘들어졌다. 청년은 이런저런 궁리를 하기 시작했다.

'앞으로 어떻게 살지? 못된 부자라도 속여 볼까?' 청년이 생각했다.

그는 어머니를 모시고 대도시로 출발했고 암염소는 그들 뒤를 따랐다. 그들은 도둑질로 부를 축적한 사람의 집에 가까이 갔다. 청년은 집을 두드렸고 목수라고 인사하고 집에 부엌채를 증축하는 일을 한다고 했다. 그는 주인에게 통나무와 널빤지를 달라고 해서 일에 착수했다.

부자는 빨리 완성된 부엌채를 보고 싶어서 하루에 세 번씩 찾아와서 가난뱅이를 감독했다. 그러자 청년은 부자를 벌줄 궁리를 했다. 주인이 곁채에 들르자마자 청년은 못과 망치가 놓인 궤짝 뚜껑을 쿵쿵하면서 등으로 궤짝을 가렸다. 부자는 '다른 보물과 돈을 감춰 놓은 것이 아닐까'라고 생각했다. 그리고 그는 어두운 밤에 궤짝의 내용물을 검사해 보기로 결심했다. 청년은 주인의 교활한 성격을 알고는 조수를 고용해서 곁채에서 도둑을 기다리기 시작했다. 아직 달이 떠오르지도 않았는데 밤손님이 나타나서 궤짝을 뒤지기 시작했다. 이때 청년은 조수와 함께 도둑을 붙잡았다.

"내 보물을 훔치려 하다니! 너를 감옥에 처넣겠다!" 청년이 고래고래 소리치기 시작했다.

"조용히 좀 하시오! 바보 같으니라구, 떠들지 말란 말이오! 금화 천 개를 주겠으니 풀어만 주시오." 부자가 애원했다.

청년은 돈을 받고 부자를 풀어 주고는 생각했다. '적을 만들었으니 한시도 여기 머물면 안 된다.' 그는 돈을 품속에 숨기고 어머니의 손을 잡고 다른 지방으로 떠났다. 암염소는 물어볼 것도 없이 그들 뒤를 따랐다.

그들은 날이 저물도록 걸어갔다. 잠잘 곳을 생각할 때가 왔다. 그들은 도시에 로도이라는 부자가 산다는 얘기를 지나가는 사람한테서 듣고는 그에게로 갔다. 부유한 집에 가까이 가 청년은 금화 세 닢을 암염소 꼬리 밑에 집어넣고는 문을 두드렸다.

"무슨 염소를 끌고 다니는 게요?" 로도이가 물었다.

"오, 이 암염소는 내게 목숨만큼 소중합니다." 청년이 이렇게 대답했다. 그리고 암염소의 배를 문지르자 꼬리에서 금화 세 닢이 떨어졌다.

"주인장, 이것은 하룻밤 묵는 값이오." 청년이 말했다.

"당신 암염소는 자주 그렇게 합니까?" 로도이가 물었다.

"매일 저녁 그러지요. 금화 세 닢씩이 아니라 한 줌씩 쏟아 낸답니다. 지금은 내가 기도문을 읽지 않아서 적게 쏟아 낸 겁니다." 청년이 대답했다.

다음 날 아침 로도이는 청년에게 달라붙어 염소를 팔라고 치근거리기 시작했다.

"무슨 말씀을 하는 거예요? 염소를 팔면 나는 빈털터리가 되는 거예요. 하지만 처음에 금화 오백 개를 준다면 모를까요…." 청년이 눈에 눈물이 고인 채 대답했다.

"오백 개 금화를 가지고 염소를 다오!" 부자 로도이가 말했다.

그렇게 합의를 했다.

"배를 쓰다듬으시고, 기도하는 것도 잊으시면 안 돼요. 그러면 금화가 나올 거예요." 청년은 이렇게 당부했다.

청년은 어머니의 손을 잡고 계속 갔다. 부자 로도이는 겨우 저녁까지 기다렸다가 구입한 염소의 배를 쓰다듬기 시작했다. 너무나 열심히 쓰다듬어서 염소는 주인에게 금화 한 닢도 내놓지 않고 죽어 버렸다.

로도이는 쫄딱 망했고 사기꾼을 찾으러 달려갔다. 청년은 숨을 생각도 하지 않고 시장에서 이것저것 상품의 가격을 묻고 다녔다. 로도이는 청년에게 덤벼들었고 경비를 소리쳐 불러서 칸한테로 데려갔다. 그러나 칸은 이 사건을 심리할 시간이 없었다. "나 없이 그와 잘 처리하시오." 그는 로도이에게 말했다. 로도이는 청년을 어떻게 처벌할 것인지를 오랫동안 생각하더니 이런 묘안을 꾸며 냈다.

그는 사기꾼을 자루에 넣었고 짐꾼들을 고용해서 자루를 강으로 가져가서 다리에서 던져 버리라고 명령했다. 하인들은 명령을 수행하러 달려갔다. 자루를 어깨에 걸치고 강으로 끌고 갔다.

도중에 자루 속에서 청년이 물었다.

"선량한 사람들이여, 우리가 지금 어디로 가는지 말씀 좀 해 주세요?"

"두 갈래의 갈림길로 가는 중이다. 그런데 왜 묻는 거냐? 어차피 너는 물에 빠져 죽을 텐데." 짐꾼들이 대답했다.

청년이 그들에게 말했다.

"왼쪽으로 돌아가면 숲속 공터에 곧 도착하게 될 텐데, 그곳 소나무 세 그루 아래에 내가 금을 묻어 놓았어요." 이 말을 하자마자 짐꾼들은 자루를 땅바닥에 내팽개치고 금을 찾으러 달려갔다. 그리고 발소리도 멀리서 잦아들었다. 청년은 이제 어떻게 할지 생각하기 시작했다.

이때 옆으로 평생 칸이 되기를 꿈꾸었던 한 바보가 지나갔다. 그가 길에서 자루를 발견하고는 다가와서 더듬더듬 만져 보았더니 사람이 앉아 있는 것이 아닌가!

"당신 거기서 뭐 하는 거요?" 바보가 물었다.

"나를 칸을 만들려고 하는 사람들이 있는데 내가 스님이 되기를 바랐더니 나를 자루에 넣어 버렸다오." 청년이 대답했다.

"이상한 사람이군! 칸이 되는 것보다 더 좋은 게 있다니!" 바보가 놀라워했다.

"아니오, 나는 스님이 되고 싶소! 만약 칸이 되고 싶으면 내 대신에 자루에 들어와 계시오." 청년이 말했다.

바보는 자루를 풀어 청년을 놓아주고 자기가 자루 안으로 기어 들어갔다. 그리고 "묶으시오!"라고 소리쳤다. 청년이 나무로 기어 올라가자마자 금을 한 푼도 못 찾은 짐꾼들이 지치고 화가 나서 나타났다. 그들은 자신들의 격분을 자루 속 바보에게 쏟아냈다. 그를 때리면서 말했다. "속이면 어떻게 되는지 알게 될 것이다!" 그리고 그를 다리에서 물로 던져 버리고 손을 탁탁 털고는 제 집으로 가 버렸다.

그러자 청년은 나무에서 내려와서 도시로 돌아가 어머니를 모시고 또다시 길을 떠났다.

그는 어머니의 손을 잡고 숲을 걸어갔다. 그런데 곰이 그들 앞에 나타났다. 청년은 곰의 귀를 붙잡았고 그들은 싸우기 시작했다. 오랫동안 싸워서 너무 지쳤다. 청년의 옷은 갈기갈기 찢어졌고 금화가 쏟아졌다.

이때 그 옆을 칸이 새로운 영지를 둘러보라고 보낸 칸의 아들이 지나갔다. 그는 청년을 발견하고는 물었다.

"여기서 뭐 하는 거요?"

청년은 입술을 움직거리며 금화를 세는 척했다.

"나는 칸의 아들이고 이 땅의 주인이다. 너는 왜 아무 말이 없는 거냐?" 또다시 칸의 아들이 물었다.

청년이 대답했다.

"당신이 저를 방해하시고 계시잖아요. 내가 천신에게 곰을 제물로 바치니 천신이 제게 금화 비를 내려주었어요. 보세요. 주위에 얼마나 많은 금화가 떨어졌는지. 아직 둔한 곰을 제물로 다 바치지도 않고 귀만 잡아당겼을 뿐인데도요."

"곰을 내게 양보해라. 다른 놈을 찾으면 되지 않느냐, 나는 새로운 영지를 신께 찬미하려고 하는 게다." 칸의 아들이 대답했다.

"그럼 그런 결투자를 준 것에 대해 무엇을 주실 건데요?" 청년이 물었다.

"내 수중에 금도 없고 다른 재물도 없으니 내 말과 값비싼 옷과 화살과 활을 가져가라." 칸의 아들이 대답했다.

"좋아요. 그럼 가지세요. 저는 다른 곰을 찾으러 가야겠군요." 청년이 말했다.

칸의 아들은 자신의 물건을 넘겨주고 곰의 귀를 붙잡았다. 청년은 자신의 금화를 줍고 칸의 옷을 가지고 사라졌다.

칸의 아들은 곰과 얼마간 싸웠지만 굼뜬 곰은 그를 짓밟고는 숲으로 도망쳐 버렸다.

청년은 칸의 옷을 입고 말을 타고 부자 로도이한테로 달려갔다.

로도이는 깜짝 놀라서 눈이 이마까지 치켜 올라갔다.

"너는 죽은 것이 아니었어? 이렇게 멋있어지다니!" 로도이는 이렇게 물으면서 깜짝 놀랐다.

청년이 말했다.

"당신께 얼마나 고마운지! 당신 덕분에 루산 칸의 용궁에 갔다 왔어요. 거기서 저를 융숭히 맞아 주었고 값비싼 옷을 입히고 금을 주었어요. 당신의 은혜가 생각나서 당신께 감사하러 왔어요."

로도이는 두 눈이 활활 불타올랐고 자기도 루산 칸의 관대함을 경험해 보고 싶어졌다.

"감사할 필요 없네. 그보다는 용왕한테 어떻게 갈 수 있는지 말해 주겠나?" 부자 로도이가 말했다.

"아주 간단해요. 자루에 기어 들어가시면 내가 직접 그 장소까지 모셔다 드리죠." 청년이 말했다.

청년은 부자 로도이를 강까지 가져가서 다리에서 던져 버리고 자신은 그 지방의 칸에게 갔다.

"당신은 어디서 오는 것이오? 왜 왔소?" 칸이 물었다.

"저는 당신의 아들이 칸이 되어야만 하는 그 나라에서 왔습니다. 그런데 그곳 귀족들이 그를 마음에 들어하지 않아서 타이가의 곰으로 하여금 물어 죽게 했습니다. 나는 몰래 당신 아들의 옷과 말과 무기를 빼앗아서 아들의 유품으로 당신께 가져왔습니다."

칸의 분노는 끝이 없었다.

"어떻게 그들이 감히 그런 짓을! 그들을 다 쓸어 버리겠다! 당장 가서 비열한들에게 복수를 해 주겠다!" 칸이 쟁쟁한 목소리로 으르렁거렸다.

"그렇게 할 수도 있지만, 제가 먼저 가서 그들의 힘이 얼마나 센지 알아볼게요." 청년이 말했다.

하루가 지나 청년이 돌아와서 칸에게 보고했다.

"당신에게 맞설 힘이 그들에게는 없습니다요."

꾸물거릴 것이 전혀 없었다. 어두운 밤에 칸은 잠자고 있는 땅을 공격해서 그들을 복종시켰다. 이후에 그는 아버지처럼 꾀 많은 청년을 사랑했고 그를 가까이하면서 친자식처럼 여겼다.

청년은 어머니의 손을 붙잡고 궁전으로 모시고 갔다. 그때 칸은 늙어서 죽었고, 청년은 나라를 다스리기 시작했다.

바보 천치

옛날 옛적에 한 부자가 살았다. 그의 가축 떼는 개미집의 개미만큼 많았다. 부자의 금과 돈은 셀 수도 없었다. 주위의 모든 땅은 그의 손아귀에 있었다. 수많은 머슴들이 이 땅에서 겨울에도 여름에도 일했다. 그들의 일은 끝이 없고 한이 없었다.

부자는 외동아들이 있었는데 바보 천치였고 샤바르 테네크라고 불렀다. 아버지는 아들을 여행을 보내 세상의 노고와 접촉시켜 보려고 했다. 매일 아침 그를 착한 말에 태워서 머슴들과 가축 떼를 살피라고 보냈던 것이다.

샤바르 테네크가 스텝으로 갔으나 초원과 저지를 구분할 수 없었고 열 마리의 말도 세지를 못했다.

부자는 아내에게 이렇게 불평했다.

"저런 바보 천치는 아무것도 가르칠 수가 없어. 우리가 죽으면 도둑들이 가장 좋은 가축을 훔쳐 갈 테고 나머지는 개와 늑대들이 뜯어 놓을 테지. 금과 돈은 우리의 적들 차지가 될 테고. 사람들은 그의 모든 재산을 사기 쳐서 빼앗아 버릴 거야. 아들이 혼자 남게 되면 힘들 거야. 아들에게 좋은 아내를 구해 주어야만 해. 샤바르 테네크에게 지혜로운 아내가 생기면 며느리가 우리가 축적한 재산을 탕진되게 놔두지 않을 거고, 우리 아들도 잘 보살펴서 모욕당하지 않게 할 거야."

아내가 말했다.

"천막을 다녀서 빚과 세금을 거둬들이고, 동시에 우리 아들의 약혼녀도 찾아야만 하겠어요. 만약 적당한 아가씨를 만난다면 부모가 반대할 수도 있으니 가축 떼와 돈과 금을 선물하도록 해요."

부자가 동의했다.

"당신이 꼭 맞는 말을 하는구려."

그는 가장 좋은 옷을 입고 준마를 타고 천막들을 다녔다. 한 집에서 나와서 다른 집으로 갔다. 어느 날 보니 아주 낡은 오두막 굴뚝에서 연기가 나고 있었다. 부자는 말을 묶어 놓고는 그 오두막으로 들어갔다. 거기엔 노인 부부가 고기가 든 솥을 불에 안치고 있었다.

노인 부부가 기뻐했다.

"싱싱한 고기가 든 첫 번째 솥을 안쳤는데 마침 손님이 오셨군요. 그렇다면 선한 사람이 우리의 가난한 처소에 들었다는 뜻이에요. 그런 말이 있거든요." 이렇게 말했다.

그들의 목소리를 듣고 세 개의 커튼 속에서 젊은 아가씨가 나와서 손님을 보고 식탁을 차리기 시작했다. 쓸데없는 분주함도 없이 재빨리 고기를 내놓았고 손님 앞에 술잔을 놓았다.

부자는 술을 마시고 고기를 먹으면서 아가씨를 바라보았다. '매우 민첩하고 아름답군. 이 아가씨를 며느릿감으로 데려가면 좋을 텐데'라고 생각했다.

부자가 노부부에게 말했다.

"제게는 외동아들이 있고, 어르신들에겐 외동딸이 있군요. 우리가 중매인이 되어서 허리띠를 교환할 수는 없을까요?"

노인이 대답했다.

"그런 사람을 거절한다면 죄를 짓는 거죠. 하지만 우리가 홀로 남는다면 재와 먼지 속에서 허덕이게 될 텐데 누가 우리를 보살핀단 말입니까? 누가 우리에게 먹고 마실 것을 준단 말입니까?"

부자가 말했다.

"돈을 드리겠소! 새집도 드리지요. 양 열다섯 마리와 암소 네 마리를 농경지로 몰아오겠소. 말 세 마리를 수레와 함께 덧붙여서 드리겠소. 따님이 시집을 가면 남편과 둘이서 어르신네를 봉양할 게 아니오."

"그러면 중매를 받아들이겠소." 노부부가 대답했다.

부자는 자신의 비단 허리띠를 풀어서 가난뱅이에게 내밀

었고 가난뱅이는 자신의 해진 가죽 허리띠를 부자에게 주었다. 부자는 기뻐서 가난뱅이의 술을 마셨고 자신의 말을 타고 만족스럽게 집으로 향했다.

집에서 그는 아내에게 말했다.

"우리 아들한테 훌륭한 색시를 찾았다오. 지혜롭고 민첩하고 아름답다오. 일주일 후에 결혼식을 올립시다."

부자는 잠자리에 들었고 그의 아내는 집안일 때문에 바삐 움직였다. 일곱 날을 집에서 술과 고기를 준비했고 7일을 약혼자에게 줄 옷을 지었다. 마침내 부모는 바보 아들에게 예복을 입히고 머리를 빗겨 주었다. 아들은 사람 비슷하게 되었다.

가난뱅이는 7일째에 친척들, 노인, 노파들을 초대해 마차에 태워서 결혼식에 참석하기 위해 출발했다.

부자는 그들을 대문에서 맞이했고 손을 잡고 집으로 이끌었다. 네 다리의 식탁에는 손님 네 명분의 음식이 차려져 있었고 다리가 많은 식탁에는 많은 수의 손님들을 위한 음식이 차려져 있었다. 신랑 신부를 위해서는 따로 식탁이 차려져 있었다.

7일을 즐겼고 일주일을 주연을 베풀었다. 8일째에 손님들은 집으로 가기 시작했다. 부자는 사돈에게 양 열다섯 마리와 암소 네 마리를 선물했다. 세 마리의 말을 수레 세 대에 묶었고 세 명의 마부가 손님들을 고향 천막으로 데려다주었다. 부자는 목수 여섯 명을 보내서 가난뱅이에게 튼튼한 집을 지어 주었다. 청년을 두 명 보내서 건초를 베고 추수를 하고 가축을 돌보는 것을 도와주게 했다. 노인들은 잘살게 되었다.

부자의 집에서도 삶이 순조롭게 풀렸다. 어느 날 샤바르 테네크가 자기의 가축들을 살피러 나갔다. 사흘을 다녀왔다. 그가 돌아왔을 때 아내가 물었다.

"가축 떼에 말은 몇 마리예요?"

"모르는데." 그가 대답했다.

"양은 몇 마리인데요?"

샤바르 테네크가 말했다.

"이건 정말 모르겠어. 어떤 양들이 뛰어다니는데, 가서 봐 봐. 어디에 우리 양이 있고 어디에 다른 사람 양이 있는지 모르겠어."

"그럼, 당신 가축 떼에서 젖소가 몇 마리 있는지 세서 말해 주세요."

샤바르 테네크는 뒤통수를 긁적이더니 대답했다.

"우리 머슴들이 소젖을 짜고 있다는 것 말고는 더 이상은 아무것도 말할 수 없어."

아내가 또다시 질문을 던졌다.

"어떻게 생각하세요, 당신 영지에 경작지가 더 많아요? 아니면 방목지가 더 많아요?"

"쓸데없는 말로 나를 귀찮게 좀 하지 마!" 샤바르 테네크는 화를 내고 밖으로 나갔다.

그러자 젊은 아내는 잠시 생각에 잠겼고 침울해졌다. '사람들이 부자의 아들은 지혜가 빛나지는 않는다고 내게 말했지. 하지만 내 남편이 바보 천치일 줄은 전혀 생각지도 못했어.' 그녀는 이렇게 생각했다.

부자는 아내와 함께 영리하고 민첩한 며느리를 보고는 기뻐서 어쩔 줄 몰랐다.

그들은 이렇게 판단했다.

"이제야 우리 아들이 정신을 차리겠군. 이제 우리는 죽어도 걱정이 없겠어."

그런데 샤바르 테네크는 집에 앉아 있다가 아내에게 말했다.

"왜 당신은 당신 부모님께 한 번도 다녀오지 않는 거요? 나도 다녀올 의향이 있소."

아내가 대답했다.

"당신과 사는 것은 친척들을 웃게 만들 것이고 길을 서두르면 사람들을 웃게 만들 거예요. 당신 혼자 다녀오는 것이 낫겠어요."

그런 대화 이후에 샤바르 테네크는 부모에게 이렇게 말했다.

"장인한테 다녀오기로 마음먹었어요. 부인도 길에서 염려와 걱정을 날려 버리라고 충고했어요."

아버지와 어머니는 이렇게 생각했다. '우리 아들이 얼마나 똑똑해졌는지! 현명한 아내와 산다는 것이 이런 거구나!'

"아름다운 옷을 입고 준마를 타고 가거라." 아버지가 작별 인사를 했다.

샤바르 테네크는 가장 좋은 외투를 입고 가장 순종적인 말을 타고 잠시 생각에 잠겼다.

"무엇을 잊었느냐, 아니면 무슨 슬픈 생각이 떠오른 것이냐?" 아버지가 물었다.

"장인에게 가는 길을 몰라요." 샤바르 테네크가 대답했다.

아내가 말했다.

"괜찮아요. 길에서 방향을 돌리지 말고 곧장 가세요. 만약 방향을 꺾으면 늑대 소굴로 들어가게 될 거예요. 타이가의 골짜기 너머, 밝은 숲 주위에서 새집을 발견하게 될 거예요. 거기에 당신의 장인이 살고 있어요. 사위를 반기시며 가장 기름진 양을 잡고 가장 진한 술을 대접할 거예요. 집에서 밥도 못 얻어먹은 것처럼 고기에 덤벼들지 말고 욕심도 부리지 말고 적당히 드세요. 안 그러면 배가 아프게 될 거예요. 술도 많이 드시지 말고 입만 축이구요. 어리석게 굴지 않도록 조심하세요."

"나도 알아." 그가 대답했다.

"당신에게 침상을 깔아 주고 자라고 하면 윗옷을 벗어서 정성스레 개 놓으세요. 아셨죠?"

"못 알아먹을 것이 뭐가 있겠소!" 샤바르 테네크가 말했다.

그리고 그는 말을 달려서 길을 갔는데 그 길은 걸어서도 갈 수 없고 말을 타고도 갈 수 없는 깊은 타이가의 골짜기로 이어졌다. 샤바르 테네크가 보니 길 한가운데 커다란 소나무가 서 있었다. 그는 생각했다. '아내는 길에서 방향을 꺾지 말라고 일렀는데 이 소나무를 어쩌지? 소나무를 돌아간다면 방향을 꺾는 것이고 방향을 돌리는 것은 길을 잃어버리는 것인데.' 샤바르 테네크는 소나무로 기어 올라가기 시작했고 커다란 나무를 지나게 말을 끌기 시작했다. 하루 동안 붙잡았고 다음 날도 매달렸다. 가지가 지탱하지 못하고 부러졌고 샤바르 테네크는 밑으로 떨어져 머리를 땅에 부딪쳐서 소나무 가지를 붙잡은 채 누워서 생각했다. '소나무에서 떨어지면 이렇게 죽는 거구나.'

이때 농군 두 명이 나무를 베다가 주인 없는 말이 아침부터 저녁까지 서 있는 것을 보게 되었다. '어떻게 안장을 얹은 말이 주인 없이 숲에 있게 되었을까?' 농군들은 이렇게 생각했다. 더 가까이 가서 보니 소나무 밑에 눈을 부릅뜨고 소나무 가지를 꼭 껴안은 젊은 청년이 누워 있었다. 농군들은 '아마도, 너무 피곤해서 서늘한 곳을 골라 기분 상쾌하게 쉬고 있나 보군'이라고 생각하고 물었다.

"오래전부터 쉬고 있습니까?"

"저는 쉬는 것이 아니라 소나무에서 떨어져 땅에 세게 부딪쳐 죽은 것입니다."

"죽은 사람은 눈을 깜빡이지 않고 입술을 움직거릴 수가 없는 법이오. 당신은 아직 살아 있다는 얘기요." 농군들이 말했다.

"좋아요. 살았다면 일어나야죠." 청년은 동의하고 나뭇가지를 던져 버리고 일어섰다.

"왜 소나무엔 기어 올라간 거요?" 농군들이 물었다.

"길을 잃고 늑대 소굴에 빠지지 않으려면 아내가 길에서 방향을 꺾지 말라고 신신당부했거든요. 가고 가다 보니 내 길에 커다란 소나무가 서 있는 거예요. 소나무로 기어 올라가 말을 저쪽으로 끌고 가려다 보니 이렇게 굴러떨어진 거예요." 청년이 하소연을 했다.

"말에 타시오. 우리가 길을 안내하리다." 농군들이 말했다. 그들은 청년을 말에 태워 소나무 주위를 에돌아갔다.

"어디로 가는 길이오?" 농군들이 물었다.

"장인한테 가는 길이오."

"이 길을 따라 끝까지 가면 숲 가장자리에 높고 아름다운 집이 보일 거요. 거기에 당신의 장인이 살고 있소." 농군들이 그에게 작별 인사를 했다.

그리고 샤바르 테네크는 계속 갔다. 가다가 가다 보니 숲 가장자리까지 다다르게 되었다. 거기엔 높고 아름다운 집이 서 있었다. 샤바르 테네크는 집에 가까이 갔고 장인이 그를 친자식 대하듯이 길에서 맞이했다. "우리 사위가 왔구나!" 장인이 말했다. 손님의 손을 잡고 새집으로 인도했다. 세 개의 커튼 속에서 장모가 나왔다. "우리 아들이 왔구나!" 장모가 말했다.

노인들은 귀한 손님을 식탁에 앉히고 그 앞에 김이 나는 고기를 놓고, 새로 담근 술을 마시게 했다.

"우리 집에 처음 온 기념으로 마시게." 장인 장모가 말했다.

사위는 입술을 축이고 대답했다.

"더 이상은 안 돼요. 장인 장모님이나 마시세요!"

노인들은 술을 마시고는 손님에게 고기를 놓아 주었다.

"술이 맘에 들지 않으면 고기라도 맛보게."

그는 한 조각을 먹고 또 한 조각을 먹은 후에 말했다.

"환대해 주셔서 고맙습니다. 이미 배불러요."

"귀한 음식에 익숙한 부자 아들은 우리 고기는 음식으로 치지도 않는가 보군." 노인들은 서글퍼졌다. "먼 길에 피곤하겠네."

장모는 사위의 침상을 준비하기 시작했다. 사위는 옷을 벗고 어머니가 낳아 주신 대로 맨몸으로 누웠다. 누워서 생각했다. '장인 장모가 잠자리에 들기만 하면 가만히 몰래 고기를 몽땅 먹어 치워야겠군.'

하지만 노부부는 마음이 가라앉질 않았고 술을 마시면서 사위에 대해 논하고 있었다.

마침내 어두워졌다. 집 안과 마당의 모든 것이 조용해졌다. 샤바르 테네크는 침상에서 일어나서 식탁 쪽으로 몰래 숨어들었다. 벽을 따라 살금살금 가다가 어깨가 선반에 걸려서 우유가 든 단지가 그에게 떨어졌다. 청년이 손으로 만져 보니 여기도 우유가 있고, 저기도 끈적끈적했다. 그는 씻기로 결심하고 현관으로 나와서 양털이 담긴 자작나무 바구니를 손으로 더듬거려 우유를 닦아 내기 시작했다. 이때 달이 떠올랐다. 청년이 보니 자신도 몰라볼 지경이었다. 머리부터 발끝까지 양털로 덮여 있었다. 그는 자신이 양으로 변한 것이라고 착각하게 되었다.

그러는 사이에 대문 뒤에서 절거덕거렸고 널빤지로 만든 대문 너머에서 툭툭거리는 소리가 났다. 도둑들이 수레에 커다란 상자를 싣고 나타났다.

샤바르 테네크는 양들 사이에 숨어서 밤손님들이 그를 알아보지 않을까 하고 생각했다. 하지만 그들에게는 마침 양이 필요했다. 도둑들은 가축 떼 옆에 수레를 세우고 덮개를 벗겼다. 가장 날쌘 도둑이 가축 떼에 뛰어 들어갔다.

그는 양을 잡아 친구에게 넘기기 시작했고, 친구는 상자에 잡은 양들을 넣었다. 샤바르 테네크는 정신을 차릴 새도 없이 상자에 들어가게 되었다. 도둑들은 말을 채찍질했고 길을 따라 달렸다. 상자가 덜컹거렸고 양들의 뿔과 발굽이 샤바르 테네크의 옆구리와 배에 부딪쳤고 꿰뚫어서 찌를 지경이었다.

조금씩 밝아지기 시작했다. 도둑들이 샤바르 테네크의 고향집 옆을 지날 때 상자 속의 양들은 자기 동족들의 울음소리를 들었고 자신들도 대답으로 울기 시작했다. '내가 양이라면 나도 뒤질 수는 없지.' 샤바르 테네크가 이렇게 생각하고 갑자기 울부짖기 시작했고, 도둑들은 깜짝 놀라서 수레에서 떨어졌다. "우리 뒤를 따라왔어!" 그들은 이렇게 소리쳤고 말을 풀어서 타고 길에 상자가 실린 수레를 놓아두고 도망쳤다.

해가 뜨자 샤바르 테네크의 아내는 가축을 방목지로 몰기 시작했고 길에서 커다란 상자가 실린 수레를 보았다. '저 안에 뭐가 들었을까?' 그녀는 생각했다. 안을 들여다보니 거기엔 그녀의 바보 남편이 양들 사이에서 쪼그리고 앉아 있었고 눈을 휘둥그레 뜨고 알아보지 못한다는 듯이 아내를 바라보았다.

"무슨 일이 생긴 거예요, 불쌍한 사람아?" 아내가 물었다. "어떻게 여기 들어가게 된 거예요?"

남편이 대답했다.

"양이 되었기 때문에 여기 들어가게 된 거요. 양이 된 것은 장인한테 갔기 때문이오. 당신이 당부한 대로 길에서 방향을 꺾지 않고 계속해서 갔소. 길에서 소나무를 만났고 나는 당신의 당부를 기억하고는 나무 위로 기어 올라갔고 나무를 지나게 말을 끌기 시작했지만 떨어져서 죽었소. 농군 두 명이 나를 살려냈고 말에 태워서 길을 인도해 주어서 그 길을 따라 장인에게 갈 수 있었소. 장인은 나의 손을 잡고 집으로 데려갔고 장모는 식탁에 앉혀 대접하기 시작했소. 나는 당신이 당부한 대로 술은 마시지 않았고 고기도 거절한 채 맨몸으로 잠자리에 누웠소. 다만 배가 고파서 잠들 수가 없었소. 그래서 일어나서 무엇인가 먹을 것을 찾으려고 하다가 우유 단지를 엎질러 버렸소. 씻으려고 현관으로 나갔는데 양털이 든 바구니를 발견했고 우유를 닦기 시작했는데 어떻게 양으로 변한 것인지 모르겠소. 이때 도둑들이 별안간 나타났고 나를 포함해서 양 여섯 마리를 상자에 넣어서 여기까지 데려온 것이오."

아내는 사람들이 발견하기 전에 재빨리 샤바르 테네크를 집으로 데려와서 물을 데워 불쌍한 바보한테서 양털을 긁어 털어냈고 그를 씻기고 머리를 빗겨 주었다. 그런 다음 부모님께 소식을 전할 사람을 보냈다. '당신의 사위 샤바르 테네크는 밤에 현관에 나왔다가 양 우리에 있는 도둑들을 보았습니다. 그는 어머니가 낳아 준 대로 맨몸으로 도둑들을 뒤쫓았고 밤새 뒤쫓아서 마침내 자신의 영지에서 멀지 않은 곳에서 그들을 따라잡았습니다. 사위의 옷을 보내 주고 그의 말을 몰아 보내고 양들은 데려가시오'라는 쪽지였다.

"우리 사위가 이렇게도 똑똑하군! 이렇게도 용감할 수가! 밤새 잠도 자지 않고 도둑들을 뒤쫓아서 우리 재산을 지켰다니." 장인 장모는 쪽지를 다 읽고는 이렇게 말했다.

그렇게 아내는 샤바르 테네크와 평생을 지지고 볶고 살았다.

현명한 아내

착하지만 게으른 한 청년이 세상에 살고 있었다. 어느 곳에서도 오랫동안 머물지를 못했고 집집마다 천막마다 다니거나 주인의 말들을 살피면서 부유한 고관의 집 헛간에서도 자주 밤을 새우곤 했다. 어느 날 고관이 말했다.

"우리 집에 머물러라. 평생을 남의 집을 돌아다니면서 안절부절 씻을 수는 없는 노릇 아니냐. 내 가축들을 돌보는 데는 주의 깊은 눈이 필요하단다. 이 일을 해 주면 내가 먹여 주고 입혀 주마."

청년은 이리저리 궁리해 보았다. '이 일을 한다고 하면 머슴이 되는 것인데 내겐 자유가 더 소중해'라고 생각하고 이렇게 말했다.

"아니에요. 머물지 않겠어요. 고향 땅이 그리워서 너무 힘드네요. 집으로 돌아갈 때예요."

그러자 고관이 말했다.

"만약 그렇다면 어서 떠나거라."

청년은 길 떠날 채비를 했다. 집주인 딸이 가엾게 여겨서 눈물을 흘리며 청년에게 금반지를 주었다.

청년은 반지를 들고 고관과 작별하면서 말했다.

"길에서 무슨 어려움이 있어도 괜찮아요. 나리의 따님이 금반지를 주셨어요."

아버지 어머니는 딸에게 화를 냈다. 그들은 경솔한 딸을 집에서 내쫓기로 결심했다.

그들은 딸에게 말했다.

"감히 네가 우리도 모르게 게으름뱅이에다 가난뱅이에게 반지를 주었다면 이 청년과 함께 어디로든 떠나거라. 너의 장신구는 모두 가져가서 가난뱅이에게 줘도 좋다."

미녀 아가씨는 울면서 슬퍼했다.

"금도 필요 없고 옷도 필요 없어요. 쫓아내지만 마시고 같이 살게 해 주세요."

그러나 고관은 아내와 꿈쩍도 하지 않았다.

"가라, 가." 그들은 이렇게 말했다.

하는 수 없이 불쌍한 아가씨는 청년과 함께 고향 집을 떠나야만 했다.

그들은 커다란 도시에 도착했다. 부유하지 않은 집주인에게 셋방살이를 부탁했다. 여기서 결혼도 하고 결혼식도 올렸다. 그리고 청년은 자기 아내가 아름다울 뿐만 아니라 여간 솜씨가 있는 것이 아니며 수공예를 아주 잘한다는 사실을 알게 되었다. 아내는 벙어리장갑 한 짝을 떠서 남편에게 주었다.

"비싸지도 싸지도 않게 적당한 값에 그 장갑을 팔러 다녀오세요."

"얼마나 부르면 되오?" 남편이 물었다.

"백 루블을 달라고 하세요."

청년이 장갑을 들고 시장을 돌아다니는데 부자 상인이 맞은편에서 왔다.

"정말 예쁜 장갑이군! 얼마요?" 상인이 말했다.

"백 루블이오." 청년이 말했다.

"내가 이 장갑을 사리다. 돈은 내일 가지러 오시오." 상인이 말했다.

청년은 집으로 돌아왔고 아내는 장갑에 대해 물었다. 남편은 있었던 일을 아내에게 이야기했다. 아침이 되자 아내가 그에게 말했다.

"양말을 떴는데 비싸지도 싸지도 않게 팔고 오세요."

청년은 시장에 갔고 그의 맞은편에서 어제의 상인이 왔다.

"그렇게 예쁜 양말은 얼마에 파는 거요?" 상인이 물었다.

"백 루블이오." 청년이 말했다.

"이리 주시오. 돈은 내일 와서 이백 루블을 한꺼번에 받아 가시오." 상인이 말했다.

청년은 집으로 돌아왔고 아내는 양말에 대해 물었다.

"똑같은 가격에 팔았소." 그는 대답했다.

다음 날 아내는 모자를 떴고 남편에게 팔라고 주었다. 청년이 시장에 도착하기도 전에 그 상인이 그에게 다가왔다.

"그 모자는 얼마요?" 상인이 물었다.

"백 루블이오."

"모자도 내가 사리다. 내일 와서 삼백 루블을 한꺼번에 받으시오." 상인이 말했다.

청년이 집으로 돌아왔고 아내는 모자에 대해 물었다.

"같은 가격에 팔았소." 그는 대답했다.

다음 날 청년은 그 상인을 찾아다녔다.

"돈 받으러 왔소?" 상인이 말했다.

청년은 그렇다고 고개를 끄덕였다.

"삼백 루블을 받을 거요? 아니면 좋은 충고 세 마디를 들을 거요? 직접 고르시오." 상인이 말했다.

"좋은 충고 세 마디를 듣겠소." 청년이 대답했다.

상인이 말했다.

"그러면 잘 들으시오. 첫 번째 충고는 낯선 지방에서는 버려진 집에서 잠을 자지 말고 차라리 한지에서 밤을 지내는 것이 낫소. 두 번째 충고는 길에서 다른 사람이 잃어버린 물건을 발견하면 줍지 말고 비켜서 돌아가시오. 마지막 나의 충고는 물이 없는 곳에 가게 되거든, 산 정상에서 세 개의 돌덩어리 옆 세 그루의 포플러 나무를 찾아서 그 돌덩어리를 파내면 그 밑에서 물이 솟구쳐 나올 것이오. 내 말을 알아들었으면 이제 가 보시오."

청년은 집으로 돌아왔고 아내는 이렇게 물었다.

"돈은 받았어요?"

"돈 대신에 좋은 충고 세 마디를 들었다오." 남편이 말했다.

"그거 좋군요." 아내가 말했다.

그들은 이렇게 살았는데 어느 땐가 갑자기 청년이 말했다.

"내가 행복과 성공을 찾아서 낯선 곳으로 떠나 보면 어떨까?"

아내는 대답했다.

"당신 뜻대로 하세요. 사람들이 그냥 이렇게 말하는 것이 아니잖아요. '남자에게는 길을 배웅하면서 작별을 고하고 여자는 축복해야 한다'라고요."

청년은 집에 아내를 남겨 놓고 길을 떠났다. 멀고도 낯선 나라까지 갔지만 길에서 성공도 행운도 만날 수가 없었다. 가다가 보니 길가에 빈집이 있었고 그 안에는 나그네 두 명이 잠잘 준비를 하고 있었다. 그들과 함께 밤을 지내고 싶었지만 버려진 집에서 숙박하지 말라던 상인의 충고가 떠올랐다.

"마당에서 자도록 합시다." 청년은 우연히 만난 사람들에게 말했다.

대답으로 그들은 비웃기 시작했다.

"멀쩡한 방을 두고 우리가 어째서 한데서 잠을 자겠소!"

밤에 땅이 요동을 치더니 집 벽이 흔들렸고 지붕이 무너져서 불행한 두 사람은 깔려 죽고 말았다.

청년은 계속 갔다. 가다가 보니 길에 궤짝이 놓여 있었다. 낯선 물건을 줍고 싶었지만 낯선 물건을 비켜서 돌아가라는 상인의 두 번째 충고가 떠올랐다. 뒤에서 오던 나그네가 그 궤짝을 주웠다. 그런데 길을 따라 도착했던 도시에서 보초병들이 그 나그네를 붙잡고서 "궤짝 속의 귀금속은 어디 있느냐?"며 고문하기 시작했다. 알고 보니 도둑들이 한 부잣집을 도둑질했고 귀금속은 자기들끼리 나누고는 빈 궤짝을 버렸던 것이었다. 그것을 나그네가 주웠던 것이다. 사형에 처할 모든 죄가 있다고 유죄 판결을 내리고 공범자들을 대라고 고문하기 시작했다.

청년은 그 도시에서 서둘러 떠났다. 오랫동안 가다가 보니 계곡에 도착했는데 그곳에서는 주민들이 타는 듯한 여름 무더위에 물도 없이 괴로워하면서 갈증으로 죽어 가고 있었다.

청년은 둘러보았고 높은 산 위에 세 그루의 포플러 나무와 그 옆에 세 개의 돌덩어리가 있는 것을 발견했다.

"당신들에게 물을 파내 주겠소." 청년이 말했다.

"당신의 말이 실현된다면 우리도 보답하리다!" 사람들이 웅성거리기 시작했다.

"그러면 삽을 가지고 산 정상 세 그루의 포플러 나무 옆에 있는 세 개의 돌덩이 밑을 파시오." 청년이 말했다.

사람들이 파기 시작했고 세 개의 돌덩이 밑에서 물이 솟구쳤다. 처음에는 개울로 그다음에는 강으로 흘러넘쳤다.

계곡의 주민들은 자신들의 구원자를 여러 날에 걸쳐 대접했고 가뭄이 끝난 것을 축하했다. 그러나 모든 것에 기한이 있듯이 청년은 집으로 갈 준비를 했다. 은혜를 입은 사람들은 그에게 온갖 재물과 좋은 말을 선물했다. 청년이 가고 또 가다가 결국 예비품은 떨어졌고 말은 완전히 힘이 빠졌다. 그러자 청년은 자기 말을 날 선 도끼와 바꾸고 계속 갔다. 숲을 지나 곧장 가면서 도끼로 나무를 찍어 길을 내었다. 도끼가 무뎌졌고 아무 짝에도 쓸모없게 되었다. 청년은 도끼를 연마기와 바꿨다. 다만 갈 것이 없다는 것이 문제였다. 청년은 길에서 호수를 발견했고 그 위에서 노니는 오리 떼를 보게 되었다. 그는 오리 떼에 연마기를 던졌지만 맞지 않았다. 오리들은 펄쩍 날갯짓하며 날아가 버렸고 연마기는 물에 빠졌다. 이렇게 넝마 옷을 입고 빈손으로 청년은 고향으로 돌아오게 되었다.

청년은 자기 물건을 팔았던 낯익은 상인에게 갔다. 그에게 절하고 인사를 했다.

"안녕하시오, 친구! 오랫동안 보지 못했구려. 어떻게 지냈소?" 상인은 반가워하면서 물었다.

"5년을 알지 못하는 곳을 떠돌았지요. 당신의 충고 덕분에 멀쩡하게 살아 집으로 돌아왔답니다."

청년은 어떻게 부자가 되었고 어떻게 주머니에 한 푼도 없게 되었는지, 자기의 여행에 대해 이야기했다. 상인은 그에게 말했다.

"아내는 부자가 되어 당신을 기다리는데 당신은 거지로 돌아왔군요. 아내가 당신을 문지방도 못 넘게 할 거요."

"아니에요, 상인 어른. 아내는 어떤 경우라도 나를 반길 것이고 나쁜 말은 하지 않을 거예요." 청년이 대답했다.

"왜 그렇지요? 아내가 방탕한 남편을 욕하지 않는다는 말은 보도 듣도 못했소!" 상인이 그의 말을 믿지 않고 놀라서 물었다.

"내가 말하잖아요. 말로도 뭐라고 하지 않을 거예요." 청년은 자기 말이 옳다고 했다.

상인이 말했다.

"그러면 가서 봅시다. 만약 아내가 당신을 욕하지 않으면 당신한테 재물을 가득 실은 수레를 30대 주고 세 채의 대저택 중에서 한 채를 주겠소. 만약 말싸움을 한다면 당신의 아내를 데려가겠소. 단 조건이 있소. 일어난 일을 모두 그녀에게 숨기지 말고 말하시오. 나는 증인들과 함께 당신이 속이지 않도록 옆에 서 있을 거요."

이렇게 결정했다. 두 명의 증인과 함께, 그렇게도 오래 여행하고 알거지가 되어 돌아온 청년의 아내에게 갔다.

"마침내 돌아오셨군요! 성공과 행운은 찾았나요?" 아내가 기뻐하며 물었다.

"자랑은 않겠소." 청년이 대답했다.

그리고 그는 아내에게 5년 동안의 자신의 불행에 대해, 어떻게 계곡 주민들이 그에게 말과 좋은 옷을 주었는지, 어떻게 그가 말과 도끼를 바꾸었고, 도끼를 연마기로 바꾸었는지, 연마기로 오리를 잡고 싶었는데 그 연마기가 어떻게 물에 빠졌는지, 먼 길에서 어떻게 아무것도 남지 않았고, 어깨에 걸친 옷도 낡아빠지게 되었는지를 이야기했다.

아내가 말했다.

"좋은 일은 아니군요. 하지만 다치지 않고 살아서 고향집으로 돌아온 것은 좋은 일이에요." 그 누구도 어떠한 탄식도, 비난도 듣지 못했고 비난하는 시선도 보지 못했다.

상인은 놀라서 이렇게 말했다.

"에이구. 이렇게 훌륭한 부인이 있다니! 내기에 건 모든 것을 아낌없이 주겠소. 재물이 실린 수레 서른 대와 집 한 채, 그리고 덤으로 또 어떤 것이라도 주겠소."

바로 그날 청년은 아내와 함께 선물 받은 집으로 들어갔고 성공과 행운이 스스로 그들에게 굴러 들어갔다.

장사와 꾀돌이

장사 후슈테이는 모든 것을 힘으로 해결했다. 꾀돌이 바슈타이는 매우 재치 있고 현명했다. 후슈테이는 힘으로 한 달 동안 수레 하나를 만들었다. 바슈타이는 총기를 발휘해서 어디서 배운 적도 없지만 여러 수단을 동원해 한 달 동안 썰매 열 개를 만들고 또 무엇인가를 했다. 이 모든 것을 팔아서 돈을 항상 벌었다. 후슈테이는 바슈타이를 시기했다. 어느 날 그는 바슈타이가 다른 집에 손님으로 가 있을 때, 바슈타이의 썰매와 수레를 모두 불태웠다. 바슈타이가 돌아와 보니 썰매와 수레는 흔적도 없고 온통 검은 숯만 남아 있었다. 바슈타이의 아내가 말했다.

"후슈테이가 와서 모두 불태웠어요. 나와서 말하고 싶었지만 무서웠어요."

바슈타이는 검은 숯을 모두 모아서 자루에 반만 채운 후 아내에게 말했다.

"이 숯을 도시로 가져갈 거요."

그는 황소를 타고 숯을 싣고 도시로 출발했다. 도중에 그는 부유한 칸 하르타가이의 영지 옆을 지나가게 되었다.

하르타가이 칸의 세 딸이 궁전 옆에 앉아 있었다. 바슈타이는 그들을 쳐다보았다. 그들이 물었다.

"바슈타이, 어디 가는 길이에요?"

"도시에 갑니다."

"자루 속에 뭐가 들었어요?"

"돈이에요."

"돈을 좀 보여 주세요." 그들이 부탁했다.

"안 돼요! 칸의 딸들이 돈을 보는 즉시 이 돈은 바로 검은 숯으로 변해 버린단 말이에요. 만약 돈이 검은 숯으로 변해 버리면 아가씨들은 이 돈 대신에 무엇을 주시려구요?"

칸의 딸들은 자루를 풀 것을 요구했고 그에게 돈을 주겠다고 약속했다. 자루를 풀자 거기엔 검은 숯만 있었다.

"돈이 아니라, 숯이잖아." 아가씨들이 말했다.

"내가 말했잖아요. 칸의 딸들이 돈을 보는 즉시 돈이 검은 숯으로 변해 버릴 거라고요. 이제 어떻게 하실 거예요? 아가씨들 아버지한테 하소연하는 수밖에 없군요." 바슈타이가 말했다.

칸의 딸들은 그를 설득하기 시작했다.

"에이구, 우리 아버지한테 말하지 마세요. 여기 숯이 있던 만큼 돈을 자루에 채워 드릴게요. 대장간에 가서 거기에 숯을 쏟아 놓고 오세요."

바슈타이는 대장간에다 숯을 모두 쏟아 놓고 아가씨들에

게 자루를 넘겨주었다. 아가씨들은 자루에 숯이 있던 만큼 돈을 채워 주었다.

바슈타이는 이 돈을 가지고 도시로 가서 온갖 물건을 사서 집으로 돌아왔다.

그는 황소를 풀어 놓고 돈과 산 물건들을 아내와 함께 집으로 가져갔다. 바슈타이는 돈을 세고 싶었지만 힘이 부족해서 아내를 후슈테이에게 보내 돈 세는 기구를 가져오라고 했다. 아내는 후슈테이에게 가서 주판을 부탁했다.

"당신들에게 돈 세는 기구가 무슨 필요가 있소?" 후슈테이가 물었다.

"바슈타이가 도시에 가서 뭐를 좀 가져왔는데요, 돈 계산을 하고 싶은가 봐요."

아내는 돈 세는 기구를 가져왔다. 바슈타이는 돈을 양탄자 위에 쏟아 놓고 돈 세는 기구로 세기 시작했다. 이때 후슈테이가 들어왔다.

바슈타이가 말했다. "당신은 정말 좋은 사람이에요! 당신이 내 수레 열 대와 썰매를 불태워서 숯으로 만들었잖아요. 나는 이 숯을 자루에 담아 내 황소에 싣고 갔지요. 칸의 대문까지 가서 '검은 숯 필요하신 분 없어요?'라고 소리쳤어요. 그랬더니 칸이 내 숯을 가지고는 돈을 주었어요."

"그렇다면 칸이 내 숯도 사지 않을까?" 후슈테이가 물었다.

"물론이죠." 바슈타이가 대답했다.

"그럼 나는 숯을 세 자루 가져가야겠군." 후슈테이는 이렇게 말하고 바슈타이한테서 도망치듯 나왔다. 집으로 달려가서 수레와 썰매 모두를 쪼개고 또 무엇인가를 모아서 위에 쌓고 불을 질렀다. 모든 것이 다 타 버렸고 숯 두 자루를 모았다.

"칸한테 다녀오겠소." 후슈테이는 아내에게 이렇게 말하고 그 숯 두 자루를 싣고 떠났다. 밤에 칸에게 도착했다. 황소를 칸의 궁전 대문 옆에 세워 놓고 문을 두드리며 소리쳤다.

"내 검은 숯을 누가 사겠소? 칸의 돈을 누가 주겠소?"

문지기들이 칸에게 물었다.

"누가 문 앞에서 소리소리 치는데요. 어떻게 할까요?"

"숯은 대장간에 쏟아 버리고, 그놈은 실컷 때려서 황소에 태워 돌려보내라." 칸이 문지기들에게 대답했다.

칸의 문지기들이 나와서 후슈테이에게 숯을 대장간에 쏟아 놓게 했다. 그리고 그를 실컷 때려서 겁을 주고 황소에 태워 돌려보냈다. 후슈테이는 악이 받쳐 집으로 돌아왔다.

"돌아가자마자 바슈타이를 죽여 버릴 테다." 후슈테이가 말했다.

집에 들르지도 않고 바슈타이에게 달려갔다. 바슈타이는 집에 없었고 아내만 앉아 있었다.

"바슈타이는 어딨소?" 후슈테이가 물었다.

"다른 집에 방문 갔어요."

"빌어먹을 바슈타이 놈이 나를 속여서 그놈 때문에 칸의 문지기들한테 실컷 얻어맞았소. 숯을 돈으로 바꾸지도 못했소. 바슈타이가 없으니 당신이라도 죽여야겠소." 후슈테이는 이렇게 말하고는 바슈타이 아내를 죽여 버렸다.

후슈테이는 집으로 갔다. 바슈타이가 돌아와 보니 아내가 죽은 채로 누워 있었다. '이 불한당이 내 아내를 죽였구나.' 그는 이렇게 추측했다. 그는 아내의 시신을 닦아서 아름다운 옷을 입히고 황소의 앞자리에 태우고 자신도 황소에 타고는 길을 떠났다. 바슈타이는 칸의 궁전 옆을 지나갔다. 궁전에 서 있던 칸의 세 딸이 그를 발견하고 이렇게 소리쳐 물었다.

"바슈타이, 어디 가십니까? 잠깐만요!"

"내 황소는 겁이 많아요."

칸의 딸들은 그가 있는 쪽으로 달려왔다. 이 순간에 바슈타이는 주머니에서 송곳을 꺼내서 황소를 찔렀다. 황소는 갑자기 울부짖으며 뛰어올랐다. 죽은 아내가 황소에서 떨어졌다. 겨우겨우 바슈타이가 황소를 진정시켰지만 죽은 아내는 땅에 누워 있었다.

"내가 말했잖아요. 황소가 겁이 많다구요. 내 아내가 황소에서 떨어져 죽었어요. 이제 나는 어떻게 한단 말이에요? 아가씨들의 아버지한테 말하러 가겠어요." 바슈타이가 말했다.

그는 칸에게 가서 이렇게 말했다.

"칸 나리, 저는 아내와 함께 황소를 타고 가고 있었습니다. 나리의 세 딸이 우리한테 달려와서 내 황소를 깜짝 놀라게 했습니다. 황소가 껑충 뛰어올라 달리는 바람에 아내가 떨어져 죽었습니다."

칸은 격노했고 세 딸을 불러서 말했다.

"왜 너희는 그의 황소를 놀라게 해서 그의 아내를 죽였느냐? 이 일은 우리에게 아주 끔찍하게 되돌아올 수 있다. 내 이름은 망신을 당하고 내 명예는 더럽혀질 것이다. 이 모든 것을 잘 넘겨야만 하니 그가 아내를 장사 지내도록 도와야 할 것이다. 그리고 너희 중 누군가는 그에게 시집을 가야만 하겠구나!"

이렇게 바슈타이는 아내를 장사 지내고 칸의 딸 한 명에게 장가를 들어 그녀와 함께 집으로 돌아왔다. 그에게 후슈테이가 찾아왔다.

"어디서 그렇게 아름다운 아내를 구했느냐?" 후슈테이가 물었다.

“죽은 내 아내와 칸의 대문으로 가서 이렇게 소리쳤소. ‘누가 내 죽은 아내를 데려가고 살아 있는 딸을 주겠소?’라고요. 칸이 내 죽은 아내를 데려가고 자기 딸을 주었다오.” 바슈타이가 대답했다.

“다른 사람한테도 그렇게 줄 수 있을까?” 후슈테이가 물었다.

“물론이오.”

후슈테이는 집으로 달려가서 ‘칸의 딸에게 장가들고 싶구나’라고 말하면서 아내를 죽였다. 아내의 시체를 가지고 저녁 무렵에 칸의 대문으로 가서 소리쳤다.

“칸이여, 내 죽은 아내를 데려가고 살아 있는 딸을 주시오!”

칸은 이 말을 듣고 문지기한테 말했다.

“그의 아내를 묻어 주고 그놈은 마구 때려 집으로 돌려보내라.”

칸의 문지기들은 후슈테이에게 아내를 장사 지내게 하고 그를 마구 때린 후 황소에 태워 되돌려 보냈다. 격분한 후슈테이는 집으로 돌아가면서, “바슈타이를 단번에 죽여 버리고 칸의 딸과 결혼할 테다”라고 말했다. 집에 도착해서 곧바로 바슈타이에게 달려갔다. 바슈타이의 집에 가니 그가 있었다.

"빌어먹을 놈 같으니라구, 항상 꾀를 부리고 속여 먹다니. 내 썰매를 불태우게 만들고 아내를 죽이게 했어. 칸의 문지기들이 나를 때렸으니 이제 내가 너를 죽여 주마." 후슈테이가 말했다.

후슈테이는 바슈타이를 자루에 쑤셔 넣고 호수 쪽으로 갔다. 호수에 이르렀는데 호수는 얼어붙어 있었고 얼음 구멍이 없었다. 바슈타이를 얼음 위에 버리고 도끼와 쇠몽둥이를 가지러 집으로 갔다. 이때 칸의 신하가 얼음 구멍을 만들어서 가축에게 물을 먹이려고 왔다가 자루를 발견했다.

"이 자루에는 무엇이 있는 거지?" 그가 말하면서 자루를 건드렸다. 그랬더니 그 안에는 사람이 있었다.

"왜 당신은 자루에 기어 들어간 거요?" 그가 물었다.

"물의 의사에게 치료를 받고 있는 거라오. 내 한쪽 눈이 나쁘고 한 손도 또한 안 좋소. 서둘러 자루를 풀어 주시오!"

칸의 신하는 자루를 풀었다. 바슈타이가 자루에서 기어 나왔다. 칸의 신하는 한 다리가 병이 들어 아팠다.

"모든 사람이 그렇게 완쾌될 수 있는 거요?" 신하가 물었다.

"물론이오!" 바슈타이가 대답했다.

"나를 자루에 밀어 넣어 주시오!" 그가 말했다.

바슈타이는 그를 자루에 밀어 넣고 꽁꽁 묶고는 말했다.

"한 사람이 와서 얼음 구멍을 팔 것이오. 당신은 아무 말도 하지 말고 가만히 있으시오. 그가 당신을 들어 올려서 얼음 구멍으로 데려갈 거요. 그래도 아무 말 하지 말고 가만히 있으시오."

그리고 바슈타이는 다른 길로 가서 아내인 칸의 딸에게 신하의 가축 떼를 몰고 갔다. 가축을 몰고 와서 마당에 집어넣고 문을 잠갔다.

"너 때문에 내가 썰매도 없게 되었는데 마침내 너를 죽이는구나."

"나는 바슈타이가 아니라 얼음 구멍을 파던 칸의 신하야."

"거짓말하지 마라! 또 속이려 드는구나!"

이렇게 후슈테이는 칸의 신하를 얼음 구멍에 밀어 넣어 죽여 버렸다.

"마침내 바슈타이를 죽였구나. 이제 그의 아내를 데려와야겠다." 그가 말했다.

그는 노래를 부르면서 집으로 갔다. 그런데 갑자기 바슈타이 집 마당에 수많은 가축이 있는 것이 보였다. '바슈타이에게 어디서 이렇게 많은 가축이 생겼지?' 그는 이렇게 생각했고 그쪽으로 달려갔다. 들어가 보니 바슈타이와 아내가 앉아서 밥을 먹고 있었다.

"내가 너를 얼음 구멍에 처넣었는데. 어떻게 나왔단 말이냐?" 후슈테이가 물었다.

"호수 밑바닥에 갔지. 거기서 호수의 신 룹산 칸의 세 아들을 만났지 뭐야. 그들이 나에게 이 가축을 선물했어. 그래서 나는 그냥 가축을 몰고 오기만 한 거야."

"그게 정말이야?" 후슈테이가 물었다.

"물론 정말이지!"

"아무한테나 그렇게 줄까?"

"물론 주지. 어쩌면 더 많이 줄 수도 있어."

"그럼 나를 얼음 구멍에 넣어 주라." 후슈테이가 부탁했다.

바슈타이는 후슈테이를 던져 버릴 수 있는 커다란 얼음 구멍을 만들었다. "칸의 세 아들이 나에게 후하게 선물할 수 있도록 내가 직접 가축을 가지러 내려가겠다." 그는 이렇게 말하고 얼음 구멍으로 뛰어들었고 물에 빠져 죽었다. 바슈타이는 칸의 딸과 살면서 가축을 키웠다. 그렇게 장사 후슈테이는 죽었고 꾀 많은 바슈타이는 행복하게 살았다.

가난뱅이와 악마

옛날 옛날에 한 가난뱅이 노인이 살았다. 이 노인한테는 외동아들이 있었다. 죽기 전에 노인은 아들에게 남서쪽 산 너머로는 넘어가지 말라고 당부했다.

그로부터 수많은 세월이 흘렀다. 어느 날 청년이 된 아들은 사냥을 하다가 그 산 너머에 가게 되었다. 가서 보니 거기엔 작은 초막이 하나 있었다. 그 안으로 청년이 들어가 보니 식탁에 온갖 진미가 가득 차려져 있었고 모든 것이 잘 정돈되어 있었다. 청년은 실컷 먹고 앉아서 놀라워했다.

다음 날도 와 보니 또다시 음식이 차려져 있었다. 셋째 날에 청년은 사냥에서 일찍 돌아와서 마당에 숨어서 기다려 봤다. 마침내 어떤 어여쁜 아가씨가 와서 음식을 준비하기 시작했다. 청년은 초막으로 들어갔고 그들은 이야기를 나누기 시작했다.

아가씨는 처음에는 매우 놀랐지만 청년과 이야기를 하고 나서 그의 아내가 되겠다고 약속을 했다.

그들은 결혼을 했고 한 마을로 이사를 갔다. 거기서는 모든 사람들이 그 청년의 아내를 황홀하게 바라봤다. 청년의 아내는 물을 길으러 갈 때마다 한 라마승과 마주쳤다. 그 라

마승은 그녀를 매우 사랑하게 되었다. 집으로 와서 남편에게 라마승이 자신을 좋아해서 매일 강에 그녀를 만나러 온다는 사실을 말했다.

"라마승을 만나요. 만났을 때는 그와 상냥하고 부드럽게 대화를 하구려." 남편이 조언을 해 주었다.

다음 날 아내는 물을 뜨러 가서 라마승과 상냥하게 말을 했고 그를 집으로 데려왔다. 남편은 이 모든 것을 짐작하고 있었기에 집에 숨어 있었다. 라마승이 옷을 전부 벗자마자 노크 소리가 났고 격노한 주인이 나타났다. 아내는 라마승을 미리 준비해 놓았던, 역청이 든 궤짝에 겨우 숨기고는 잠갔다.

아침 녘에 남편은 일찍 일어나서 말했다.

"도시에 가서 궤짝에 든 악마를 팔고 오겠소."

그는 말을 수레에 묶고 수레에 라마승이 든 궤짝을 실었다. 일부러 나쁜 길을 골라 늪지와 언덕을 따라 커다란 돌이 널려 있고 움푹 파인 데가 많은 길로 도시에 갔다. 라마승은 궤짝 속에서 겨우 살아서 이리저리 흔들리며 사방으로 던져지고 있었다.

"이렇게 죽는구나." 라마승은 말했다.

가난뱅이는 도시에 도착해서 시장으로 가서 크게 소리치기 시작했다.

"악마 팝니다! 악마 사세요! 악마를 사서 타고 다녀 보세요!"

사람들은 너무 놀랐다. 왜냐하면 지금까지 악마를 파는 사람을 본 적이 없었기 때문이다. 한 부자도 이 말을 들었다.

"도대체 신기한 일도 다 있군? 내가 50루블에 악마를 사겠소." 그는 이렇게 말하고 50루블을 꺼냈다.

가난뱅이는 돈을 받아 세어 보고는 궤짝을 열었다. 라마승은 온통 타르로 범벅이 되어서 정말 벌거벗은 악마와 비슷했다. 궤짝에서 뛰쳐나와서 소리소리 치면서 저쪽으로 도망쳤다. 사람들이 보더니 말했다.

"진짜 악마구나."

부자는 이렇게 50루블을 주고는 아무것도 얻지 못하게 되었다.

가난뱅이는 이렇게 부자도 속이고 라마승도 속여 먹었다.

일흔 개의 거짓 이야기

옛날 옛날에 잔인한 칸이 하나 살았다. 어느 날 칸은 모든 것이 싫증이 났다. 유흥도 놀이도 춤도 사냥도 싫어졌다. 그의 신하들의 운명도 칸은 흥미가 없었다. 그는 아무것도 그 누구도 알고 싶지 않았고 만나고 싶지 않았다. 그래서 모든 촌과 모든 계곡에 알리도록 명령서를 발행했다. 그 안에는 이렇게 적혀 있었다.

"멈추지 않고 진실된 말을 하지 않고 일흔 개의 거짓 이야기를 칸에게 말해 주는 사람에게 한 마리 낙타가 실을 수 있는 만큼의 금을 주겠다. 정해진 대로 이야기하지 못하거나, 이야기하는 도중에 말이 막히거나 이야기가 사실일 경우, 그 사람은 죽음을 면치 못할 것이다. 그 사람은 산 채로 땅에 묻고 다음 날 사형시켜 그 시체는 들개의 먹이가 되게 할 것이다."

이런 명령이 발표된 이후 여러 거짓말쟁이들이 칸의 궁전으로 몰려들었다. 어떤 사람은 욕심 때문이었고, 어떤 사람은 유명해지려고 또 어떤 사람은 그냥 가난 때문이었다. 그러나 그들 중 어느 누구도 칸을 믿게 할 수 있는 그런 거짓 이야기를 꾸며낼 수는 없었다. 약속된 황금 때문에 수많은 사람들이 목숨을 잃었다. 점차로 일흔 개의 거짓 이야기를 하고자 했던 사람은 한 사람도 남지 않게 되었다.

어느 날 마르고 창백한 얼굴에, 누더기 셔츠를 입고 구멍 난 바지를 입은 맨발의 청년이 칸의 은대문을 두드렸다. 쇠사슬에 묶여 앉아 있던 칸의 개들이 그를 보고 짖어 대기 시작했고 문지기들이 멈춰 섰다. 이때까지 여기서 아무도 청년을 본 적이 없었다. 그래서 그가 다른 지역에서 왔다고 생각했지만 그는 여자 청소부와 늙은 목동의 아들이었고 부자들의 황소와 송아지를 방목하는 사람이었다.

"청년, 여기에 무슨 일이지?" 경비들이 건방지게 그에게 물었다.

"칸에게 일흔 개의 거짓 이야기를 해 드리러 왔어요." 그가 대답했다.

칸의 경비는 머리부터 발끝까지 그를 훑어보고는 발을 탕 하고 한 번 구르더니 거만하게 낮은 소리로 말했다.

"아직 머리가 네 어깨에 붙어 있고 몸이 성하고 온전할 때 어서 썩 물러가!"

"약속된 금을 받고 싶어요. 나를 칸한테 데려다주세요!" 이 청년은 꿈쩍하지 않고 용감하게 요구했다.

경비가 이를 눈치채고 놀라서 그를 칸한테 데려갔다.

볼품없는 청년은 궁전의 문턱을 넘어, 여덟 개의 여러 색

깔 요 위에 아무렇게나 다리를 쭉 뻗고 앉아 있는 칸을 보게 되었다. 이날 칸은 매우 화가 나서 아무 말 없이 앉아 있었다. 신하들이 칸에게 금접시 위에 맛있는 음식과 은식기에 달콤한 음료수를 대령해서 그 앞에 있는 식탁에 놓았다. 칸은 한 가지 음식도 건드리지 않았다. 아르히[21]와 호르자[22]는 한 방울도 마시지 않고 치우라고 명령했다. 늙은하인 하나가 얼굴에 핏기가 하나도 없이 서서 공포로 떨고 있었다.

"뭐 하러 왔느냐?" 칸은 화가 치밀어 떨면서 보료에서 소리쳤다.

"오래된 티베트의 법을 따르는 위대한 칸이시여, 저는 폐하께 일흔 개의 거짓 이야기를 해 드리고 싶어서 왔습니다." 청년이 말했다.

칸은 청년의 용기에 깜짝 놀라서 심술궂게 그를 쳐다보다가 열 개 면의 다이아몬드 장식이 박힌 지팡이를 휘두르며 소리쳤다.

"에이, 빌어먹을 놈아, 목이 날아가고 싶은 게냐!"

"티베트의 법을 따르는[23] 위대한 칸이시여, 오래전부터

---

21) 말젖이나 소젖으로 두 번 증류해서 만든 보드카다.

22) 세 번 증류한 보드카다.

23) 라마교의 고향으로 티베트어는 경전의 언어다. 여기서는 진정으로

이런 말이 있습니다. '가축을 죽이면 피를 뽑고 사람을 사형시키기 전에는 말할 기회를 준다.' 제 목을 베기 전에 제 얘기를 들어 주시고 그다음에 제게 낙타 한 마리가 실을 수 있는 만큼의 금을 내주라고 명령하십시오."

청년의 차분하고 현명한 말에 놀란 칸은 순간적으로 무슨 말을 해야 할지 잊어버렸다. 제정신이 돌아왔을 때 분노를 삭이면서 말했다.

"그래 어서 말해 보거라! 내가 들으마!"

그래서 볼품없는 청년은 칸 앞에 서서 일흔 개의 꾸며낸 이야기를 하기 시작했다.

"오, 티베트의 법을 따르는 위대한 칸이시여! 제가 이야기하고 싶은 일은 옛날 옛날, 바로 어제 일어났던 일입니다. 그때 하늘은 안장 밑의 언치보다 작았습니다. 광활한 우리 땅은 낙타 발자국보다 더 작았습니다. 저는 그때 아직 세상에 나지도 않았지만 열 살이 되어서 내 손자의 가축 떼를 방목하여 먹고살고 있었습니다.

그때 어느 멋진 날, 숨 쉬기도 힘겨운 한낮 더위에, 저는 물을 먹이러 말 떼를 물가로 몰고 갔습니다. 물을 먹이러 도

믿는 불교 신자를 말한다.

착해 보니 강이 얼어붙어 있었습니다. 얼음에 구멍을 뚫기로 결심하고 손에 도끼를 쥐고 찍기 시작했습니다. 찍고 또 찍었지만 도끼날이 무뎌져서 손가락만 한 구멍도 파내지를 못했습니다. '어떻게 얼음 구멍을 파내지?' 하고 밤낮으로 생각하다가 한 가지 재밌는 방법을 생각해 냈습니다. 내가 내 머리를 어깨에서 떼어 내서 목을 단단히 쥐고 힘껏 휘둘러서 온 힘을 다해 얼음을 치는 겁니다.

티베트의 법을 따르는 위대한 칸이시여! 어떻게 되었다고 생각하십니까? 내가 얼음을 치자마자 얼음에 커다란 구멍이 생겼지 뭡니까. 그 얼음 구멍에서 내 백 마리의 말들이 단번에 물을 마시고 그 뒤를 이어 또 백 마리의 말들이 마셨답니다. 이후에 말들은 얼음 위에서 노닐기 시작했습니다. 그런데 말 떼를 유심히 살펴보니 거기에 내가 사랑하는 얼룩 암말이 없지 뭡니까. 염소 가죽으로 만든 데겔을 벗고 대지팡이를 꽂아 그 위로 올라가서 봐도 암말이 없었습니다. 가죽 손잡이가 달린 칼을 지팡이에 꽂고 거기로 기어 올라가 봐도 역시 안 보였습니다. 나는 슬퍼져서 가슴에 품고 다니던 바늘을 칼에 찔러 넣었습니다. 또다시 힘겹게 바늘로 기어 올라가서 그 바늘귀를 통해 보자, 흑해 가운데 절벽에서 있는 내 사랑하는 얼룩 암말이 보였습니다. 회색 종마가 주위에서 바다 거품을 일으키며 파도 위를 미끄러져 달리고 있었습니다.

나는 재빨리 지팡이를 쪼아 뚫어서 배를 만들었고 칼로는 노를 만들어서 섬 쪽으로 저어 갔습니다. 잘 저어 가다가 갑자기 배가 거품에 부딪쳐서 가라앉기 시작했습니다. 저는 할 수 없이 가죽 손잡이가 달린 칼 위에 앉아야만 했고 지팡이로 노를 만들어서 순식간에 섬까지 무사히 도착했습니다.

겨우겨우 얼룩 암말을 붙잡아서 밧줄로 말굴레를 만들어서 그 위에 탔습니다. 손에 종마를 붙들고 바다가 출렁거리도록 바다 위를 속보로 달려갔습니다.

얼룩 암말 위에 앉아 기뻐서 노래를 불렀습니다. 갑자기 암말이 파도에 걸려 넘어져 가라앉기 시작했습니다. '어떻게 하지?'라고 생각하다가 순식간에 종마 위에 옮겨 앉고 손에 암말을 붙잡고 재빨리 다른 쪽 해변으로 내달려 갔습니다.

가고 또 가다가 내가 방목하는 말 떼가 있는 곳에 이르게 되었습니다. 내 말들은 산사나무 가운데에서 풀을 뜯고 있었습니다. 내가 암말을 막 싹트기 시작한 산사나무에 묶자 내 발 아래에서 다리가 열 개 달린 토끼가 튀어나왔습니다. 나는 그 토끼를 쫓아 달렸습니다. 하지만 너무 빨리 달려서 도저히 따라잡을 수가 없었습니다. 활시위를 당겨서 화살을 쏘았습니다. 화살은 새 깃으로 곧바로 토끼의 가슴에 맞았다가 도로 돌아왔습니다. 그래서 나는 화살을 깃은 앞을 향하게 하고 화살촉은 뒤를 향하게 했습니다. 어떻게 생각하십니까? 그랬더니 내 화살은 토끼를 관통해서 뚫고 들어갔습니다.

토끼의 가죽을 벗겨 고기에서 기름을 떼어 내고 옷자락에 소똥 연료를 모으기 시작했습니다. 그러다 보니 내 얼룩 암말이 무엇인가에 놀란 것 같았고 발굽으로 땅을 차면서 히잉 히잉 콧김을 내뿜고 있었습니다. 갑자기 누군가가 암말을 산으로 끌고 가는 것이었습니다. 알고 보니 나는 암말을 산사나무에 묶어 놓은 것이 아니라 서른 개의 가지 뻗은 뿔이 달린 숫양한테 묶어 놓은 거였습니다. 이를 나중에 알게 된 거였죠. 겨우 나는 암말을 뒤쫓아서 풀어 주었습니다. 돌아와 보니 내가 모아 놓았던 마른 소똥 연료가 구름 조금 밑 사방으로 흩어져 날아갔습니다. 알고 보니 들꿩을 소똥 연료로 착각했던 것이었습니다.

또다시 저는 마른 소똥 연료를 모아야만 했습니다. 저는 그것을 다리 일곱 개 달린 개에 싣고 겨우 끌고 왔습니다. 그리고 마침내 모닥불을 피웠습니다. 새 솥을 얹고 토끼 비계를 녹이기 시작했습니다. 그러다 갑자기 보니 비계가 온통 흘러내리는 겁니다. 어떻게 할까요? 나는 재빨리 비계를 밑 빠진 솥에 옮겨 담고 그렇게 녹였습니다. 비계가 한 점도 안 남고 다 녹았습니다. 그 비계 기름을 모두 황소 창자에 쏟았습니다. 그런 다음 고기를 갖다가 실컷 배부르게 먹고 싶어서 입을 벌리려는데 입이 없었습니다. 머리를 얼음 구멍 팠던 곳에 두고 잊어버린 것이었습니다. 너무 상심해서 울 뻔했습니다. 조금 생각을 하다가 고기를 목으로 곧장 밀어 넣어 거기서 다시 위로 넣기 시작했습니다. 나는 너무나 많이 먹어서 일어설 수가 없었고 손을 신발 한 짝의 장화목에 닦고는 다른 신발짝에 대해서는 잊어버렸습니다.

쉬려고 누웠습니다. 밤에 잠이 깼습니다. 왜냐하면 발이 얼었기 때문이었습니다. 시끄러운 소리, 외치는 소리가 들렸는데 싸움을 하고 있었습니다. 가만히 보니 내 신발 두 짝이 싸우고 있었습니다. 신발 한 짝이 다른 짝한테 말하기를, '먹어라, 먹어! 맛 좀 봐라! 주인님의 손에서 기름을 먹은 값이다. 이것은 주인이 잊어버렸던 내가 주는 것이다!'라고 했습니다. 그리고 주먹으로 기름을 얻어먹었던 신발짝을 때리고 있었습니다. 나는 일어나서 겨우 신발짝들을 떼어 놓고 말렸습니다. 나는 '화 좀 그만 내라, 지금 너는 아무것도 할 수가 없다. 아마도 너는 이 세상에 불행하게 태어났나 보다' 라고 화가 난 신발짝한테 말하고는 그들 사이에 누워 따뜻하게 잠이 들었습니다.

나는 추워지기 시작해서 잠에서 깼습니다. 내가 본의 아니게 마음을 상하게 했던 신발짝이 없었습니다. 그 신발짝은 나한테 화가 나서 도망쳐 버렸습니다. 나는 신발 한 짝을 두 발에 늘여 신고 도망친 한 짝을 쫓아 달리기 시작했습니다. 뒤를 쫓아 달리고 또 달렸습니다. 하루 온종일 쉬지도 않고 달렸습니다. 도망자 신발짝을 따라잡을 수가 없었습니다. 한 달 내내 그 신발짝을 뒤쫓아 달렸습니다. 아무도 그 신발짝을 본 사람이 없었습니다. 1년 내내 쉬지도 않고 달렸지만 못 찾았습니다.

신발짝을 뒤쫓다가 나는 한 집에 들어갔습니다. 거기서는 성대한 잔치가 열리고 있었고 사람들은 즐겁게 놀고 있었습니다. 수많은 사람들이 손님들을 시중들었습니다. 저는 예기치 않게 주연하는 사람들의 한가운데에 있게 되었습니다. 손님들 앞에 고기와 술이 가득한 접시들이 놓였습니다. 주의 깊게 보았습니다…. 내 눈알이 빠지도록! 오, 티베트의 법을 따르는 위대한 칸이시여! 누가 내 눈에 띄었다고 생각하십니까? 바로 내 신발짝이 온통 기름과 땀투성이로 있었습니다. 나는 너무 놀라서 말했습니다. '나한테 와!' 신발짝은 내 쪽으로 고개를 돌리더니 무서워 떠느라 고기가 든 쟁반을 떨어뜨릴 뻔했습니다. 신발짝은 내가 때릴까 봐 무서워하면서 내게 잘 보이려고 고기를 날라다 주었습니다. '당신은 손에 묻은 기름도 내게는 아까워했습니다. 어서 드세요. 인색한 주인어른, 쟁반에 있는 모든 것을 드세요!'라고 신발짝이 말했습니다.

신발짝은 내 주위에 고기를 산처럼 쌓아 놓았습니다. 나는 고기를 실컷 먹고는 내 머리를 찾아오라고 신발짝을 보냈습니다. 신발짝은 내 머리를 가져와서 제자리에 놓았습니다. 너무 오래 쉬어서 이빨들이 매우 날카로워졌습니다. 그래서 저는 산처럼 쌓인 고기를 그 이빨로 모두 찧었습니다.

나는 신발 두 짝을 신고 말들한테로 돌아갔습니다. 고기를 먹은 뒤인 데다 너무 더워서 물이 마시고 싶어 강으로 향했습니다. 강변을 따라 아래로 내려가서 머리를 얼음 구멍에 처박고 물을 마시기 시작해서 내 이마가 부풀어 오르고 어깨가 곧게 펴지도록 마셨습니다. 일어나고 싶었지만 일어날 수가 없었습니다. '왜 이렇게 몸이 돌처럼 무거워졌지?'라고 생각했습니다. 알고 보니 물을 마실 때 내 길고 숱이 많은 턱수염이 7미터짜리 장어의 이빨에 붙어 버린 것이었습니다. 겨우겨우 장어와 함께 턱수염을 빼냈습니다.

7미터짜리 장어는 너새와 바꿨습니다. 티베트의 법을 따르는 위대한 칸이시여! 그 너새는 너무 컸습니다. 쌍봉낙타보다도 커서 그 새는 가장 깊은 우물에서 몸을 구부리지 않고도 물을 마십니다. 바로 그런 너새였습니다!"

칸은 청년이 더듬거리지 않고 일흔 개의 거짓 이야기를 마쳤기 때문에 그에게 주기로 약속한 금을 내주어야 한다고 생각했다.

"어쩌면 우물 바닥이 깊지 않았을 수도 있지 않느냐?"

"어쩌면 깊지 않았을지도 모르죠. 왜 그렇게 생각하느냐고요? 아침에 돌을 우물에 던지면 저녁에 바닥에 닿기 때문입니다." 청년이 당황하지 않고 말했다.

"아마도 해가 짧은 때였지 않았을까?" 칸이 물었다.

"어쩌면 해가 짧았을 수도 있겠죠. 그때 폐하의 아버지가 내 아버지한테서 양을 훔쳤다가 잡혀서 내 아버지는 폐하 아버지의 머리칼을 하나씩 뽑기 시작했습니다. 저녁때가 되어서야 폐하의 아버지는 완전히 대머리가 되어 벌건 머리를 가지고 집으로 돌아갔던 때였으니까요."

"거짓말 마라!" 칸은 소리를 쳤다가 바로 입을 다물었다.

"티베트의 법을 따르는 위대한 칸이시여! 내 눈으로 본 모든 것을 폐하께 아뢰었습니다. 사람들한테 들었던 모든 것을 이야기한다면 늙어 죽도록 얘기해야 할 것입니다." 청년은 이렇게 말하면서 자기 이야기를 마쳤다.

"이 청년에게 내 보물 중에서 약속된 금을 내주어라!" 칸이 소리쳤고 더 이상 한 마디 말도 하지 않고는 이틀 후에 죽어 버렸다.

현명한 며느리

옛날에 노인 부부가 살고 있었다. 그들에게는 외동아들이 있었다. 노부부는 아들을 결혼시키고 며느리를 집으로 들였다.

어느 날 아침 노인이 양들을 보러 갔더니 암염소 한 마리가 없었다. 노인은 며느리에게 말했다.

"며늘아기야, 암염소 한 마리가 없어졌구나. 가서 찾아오겠니?"

"네." 며느리는 이렇게 말하고 암염소를 찾아 나섰다.

오랫동안 찾아 헤매다가 겨우 찾았다. 늑대들이 암염소를 뜯어 먹고 강 건너 나무 옆에 버려두었던 것이다. 며느리는 되돌아서서 재빨리 집으로 갔다. 이에 대해 시아버지에게 말하고 싶었지만 어떻게 해야 할지 몰랐다. 왜냐하면 결혼식 때 며느리는 쇼노(늑대), 우한(물), 모돈(나무)이라는 이름을 가진 사람들에게 절을 했기 때문이다.

잠시 생각을 하다가 며느리는 시아버지에게 말했다.

"아버님, 이해해 주세요. 결혼식 때 절했던 사람들의 이름을 부를 수는 없어요. 우리의 음메 하는 것을 졸졸 흐르는 것 너머에서 우우 울부짖는 것이 뜯어 먹었어요."

이후에 그 며느리는 가장 현명하다고 여겨졌다.

부담슈

부담슈라는 청년이 살았다. 어느 날 부담슈는 부자 신부들과 싸웠다. 한번은 그가 부자의 집 앞 땅에 막대기를 박고 앉아 있었다.

부자가 집에서 나와서 그에게 물었다.

"여기서 뭐 하는 게냐?"

"제 이름은 '실컷 먹여라'입니다. 이 구멍으로 붉은색 여우가 도망쳤습니다. 그래서 이렇게 막고 있답니다. 당신이 여기서 망을 보고 계세요. 저는 당신 집에 잠깐 가서 물을 마시고 올게요. 이 여우는 당신이 가지세요." 부담슈가 대답했다.

부자는 기뻐하면서 여우를 가질 생각으로 청년에게 말했다.

"좋다. 내가 서 있으마."

부담슈는 부자의 집으로 들어가서 그의 아내와 오랫동안 이야기를 나누었다. 부자는 기다리고 기다리다가 그를 불렀다.

"'실컷 먹여라', 이리 와라!"

남편의 목소리를 그의 아내가 듣고는 매우 놀랐다.

"뭐라고 소리치는 거야? 실컷 먹이라고…. 왜 남편이 이 가난뱅이를 먹이라고 말하는 거지?"

또다시 부자가 소리쳤다.

"'실컷 먹여라'!"

부자의 아내는 너무 놀라서 부담슈 앞에 수많은 음식을 차렸다.

그렇게 꾀 많은 부담슈는 실컷 먹었다.

청년 슈트니크

옛날 옛날에 청년 슈트니크[24]가 살았다. 어느 날 이 청년이 걸어가고 있는데 맞은편에서 부자가 오고 있었다. 부자는 슈트니크에게 말했다.

"슈트니크, 재밌는 얘기 좀 해 봐."

슈트니크는 그에게 대답했다.

"재밌는 얘기를 해 드리고 싶은데 집에다 놓고 잊어버리고 왔어요. 말을 주시면 재밌는 얘기를 가져올게요."

부자는 그에게 말을 내주었다. 청년은 부자의 말을 가지고 집으로 향했다. 도중에 한 부자의 집에 들렀다. 부자의 아내가 슈트니크에게 물었다.

"슈트니크, 어디서 오는 길이야?"

청년은 그녀에게 대답했다.

"당신 집에 돈을 가지러 왔어요."

"무슨 돈을 달라는 거야? 나는 너한테 빚진 돈이 없는데." 부자의 아내가 화를 냈다.

"당신의 친척이 당신한테서 돈을 가져오라고 저를 보냈

---

24) 슈트니크는 익살꾼이라는 뜻이다.

어요. 그 사람이 저한테 갔다 오라며 말까지 주었어요. 믿지 못하시겠으면 말이 마당에 서 있으니 보세요." 청년이 대답했다.

그 여자가 창문으로 보니 거기엔 정말로 숙부의 말이 서 있었다.

"이 말을 알아보시겠어요?" 청년이 물었다.

"그래, 이 말은 우리 숙부의 것이야." 그녀가 대답했다.

"숙부의 말을 알아보셨으면 이제 돈을 주셔야죠." 청년이 그녀에게 말했다.

부자의 아내는 청년에게 돈을 한 아름 내주었다. 슈트니크는 돈을 받아 들고 말을 타고 계속 갔다.

청년이 말을 타고 가는데 맞은편에서 장사꾼들이 여러 상품을 실은 수레를 세 대 끌고 오고 있었다. 그들을 보고 슈트니크는 품속에서 돈을 꺼내서 자기 말의 꼬리 밑에 쑤셔 넣었다. 장사꾼들이 다가왔다. 슈트니크는 그들에게 물었다.

"무엇을 파세요?"

"원하는 것은 무엇이든지 있지." 장사꾼들이 대답했다.

"물건을 좀 보여 주세요." 슈트니크가 부탁했다.

상인들은 궤짝과 상자를 열어서 물건을 보여 주었다.

"이 물건은 얼마예요?" 청년이 물었다.

상인들이 대답했다.

슈트니크는 주머니를 뒤적뒤적 더듬거리더니 말했다.

"집에다 돈을 두고 깜빡했네요…. 아, 잠깐만 기다리세요. 내 말이 돈 똥을 눌 거예요."

이렇게 말하고 슈트니크는 자기 말을 채찍으로 때렸다. 말이 펄쩍 뛰었고 그때 그의 꼬리 밑에서 돈이 쏟아졌다. 너무 놀란 한 장사꾼은 돌처럼 굳어졌다. 슈트니크는 이 돈으로 물건을 실컷 샀다. 장사꾼은 이 말을 너무 갖고 싶어 했다.

"네 말을 나한테 주면 물건이 가득 찬 수레 세 대를 주겠다." 상인이 애걸했다.

슈트니크는 말했다.

"세상에나, 불가능한 것을 말씀하시네요. 이 말은 무엇과도 안 바꿀 거예요."

그러나 상인은 무슨 수를 써서라도 어떻게든 말을 바꾸기로 결심하고 슈트니크에게 졸라 대서 결국 얻어 냈다. 그는 집으로 와서 아내에게 말했다. "이제 죽을 때까지 돈 걱정은 안 해도 된다네. 내가 말을 겨우 손에 넣었는데 그 말은 똥 대신에 금과 은을 눈다네."

어느 날 상인은 돈이 너무 필요해서 자기 말을 채찍으로 때리기 시작했다. 얼마의 동전이 쏟아졌다. 상인은 안심하고 아무 걱정도 않은 채 살아갔다.

그러는 사이에 슈트니크는 물건이 가득 찬 수레 세 대를 끌고 집으로 와서 아이들과 아내를 곱게 차려입혔다.

어느 날 들판에 나가면서 슈트니크는 고리 빵 세 개와 구부러진 막대기를 한 개 챙겼다. 구멍을 파서 고리 빵을 넣고 길가에 앉아 있었다. 부자는 밀가루 세 수레를 도시에 팔기 위해 끌고 가고 있었다.

“여기 왜 앉아 있는 거야, 슈트니크?” 부자가 물었다.

“이 구멍에서 잘 익은 고리 빵이 나올 거라서 고리 빵을 가져가려고 하는 거예요.”

“무슨 헛소리를 하는 거야? 바보 같으니라구!” 부자가 말했다.

“믿지 못하시겠으면 지금 내 구부러진 막대기로 고리 빵을 꺼내 볼게요.” 청년이 말했다.

부자의 눈앞에서 슈트니크는 구멍에서 고리 빵을 꺼냈다. 부자는 너무 놀랐다.

“아무라도 고리 빵을 꺼낼 수 있다는 거야?”

“당연하죠.” 슈트니크가 대답했다.

부자가 말했다.

“그럼 내 밀가루 세 수레를 가져가고 네 막대기를 나에게 주렴.”

"내 막대기는 무엇과도 못 바꾸지만 당신이 너무 원하니까 바꾸는 거예요."

슈트니크는 밀가루 세 수레를 집으로 끌고 와서 아무 근심 걱정 없이 살았다.

그러는 사이 말은 더 이상 돈 똥을 누지 않았다. 장사꾼은 슈트니크가 그를 속였다는 것을 눈치채고는 그를 죽이려고 찾아 나섰다. 이를 알고 슈트니크는 검은 양을 죽여서 그 피로 양의 위를 채워서 아내의 겨드랑이 밑에 쑤셔 넣고 아내에게 옷을 입히고 말했다.

"장사꾼이 오면 그를 위해 음식을 요리하시오. 내가 '마누라, 손님을 위해 음식을 준비해'라고 말하면 당신은 나한테 욕을 하면서 이렇게 말하시오. '당신은 온갖 사기꾼을 손님으로 대하시는군요.' 당신이 이렇게 말하자마자 나는 칼을 들고 당신 겨드랑이 밑에 있는 양의 위를 찌르겠소. 당신은 죽은 듯이 바로 쓰러져야 하오. 당신이 쓰러지면 나는 이렇게 말하겠소. '어디 있느냐, 죽은 자를 살리고 가난뱅이를 부자로 만드는 내 채찍아.' 그런 다음 오른쪽 벽에서 채찍을 내려서 당신을 때리겠소. 그러면 당신은 바로 벌떡 일어나야만 하오."

그들이 이렇게 약속하는 동안 속아 넘어갔던 장사꾼이 도착했다. 슈트니크는 말했다.

"에이, 우리 집에 손님이 오셨네! 여기, 여기로 오세요." 그를 식탁에 앉혔다.

"슈트니크, 당신은 나를 속였소." 장사꾼이 말했다.

"무슨 말씀을 하시는 거예요?"

이렇게 말하고는 아내에게 말했다.

"손님이 오셨잖아, 어서 음식을 준비해!"

아내가 말했다.

"당신은 온갖 사기꾼을 손님으로 대하시는군요!"

슈트니크는 '이런 못된 마누라 같으니라구!'라고 말하면서 자기 아내의 겨드랑이 밑을 칼로 찔렀고 피로 가득 찬 양의 위를 쑤셨다.

아내는 나자빠져 쓰러졌고 양의 위에서 피가 거품을 내며 쏟아져 나왔다. 상인은 너무 놀라서 돌처럼 굳었다.

슈트니크는 상인에게 말했다.

"내 아내를 화가 나서 죽여 버렸네요. 죽은 사람을 살리고 가난뱅이를 부자로 만드는 내 채찍아, 어디 있느냐?"

이렇게 말하고 오른쪽 벽에서 채찍을 내려서 아내를 세 번 때렸다. 아내는 바로 벌떡 일어났다. 상인은 너무나 놀랐다.

"슈트니크, 슈트니크, 내 물건들이 무슨 소용이란 말이냐, 이 채찍을 내게 양보해라. 그러면 우리는 계산이 끝나는 거다."

"이 채찍을 주는 것은 당신이 간절히 원했기 때문이에요. 다른 사람 같으면 절대로 안 줄 텐데." 슈트니크는 이렇게 말하면서 건네주었다.

상인은 채찍을 받아서 집으로 향했다. 집에 와서 보니 손님들이 와 있었다. 상인은 아내에게 말했다.

"어서 빨리 음식을 준비하시오!"

"지금은 요리할 것이 아무것도 없어요." 그에게 아내가 말했다.

"이런, 못된 마누라 같으니라구. 게다가 나한테 소리까지 질러!" 상인은 이렇게 소리치면서 아내를 죽여 버렸다.

"죽은 사람을 살리고 가난뱅이를 부자로 만드는 채찍아, 어디 있느냐?" 상인은 이렇게 말하고는 채찍을 들어 아내를 때리기 시작했다.

물론 죽은 아내를 아무리 때려도 그 아내는 일어나지 않았다. 손님들은 상인이 미쳤다고 생각하고 이를 칸과 고관들에게 알렸다. 그들은 상인을 지하 감옥에 가두라고 명령했다. 슈트니크는 상인을 속인 후 자기의 꾀와 슬기로 부자와 고관들을 이겼다. 그래서 지금까지 근심 걱정 없이 행복하게 살고 있다.

내가 바로 후르마스타(성인)다

옛날 어느 옛날에 아주 인색한 한 부자가 살았다. 머슴들과 하인들을 못살게 굴었고 굶기는 일이 허다했다. 마을에서 이에 대해 아무도 모르게 하기 위해 그는 사람들한테서 숨고 싶어 했다. 하지만 아무리 해도 숨을 수가 없었고 그의 모든 악행은 사람들에게 알려지게 되었다.

어느 날 아주 높은 나리가 온다는 소문이 부자에게까지 들렸다. 부자는 일꾼들을 괴롭히고 못살게 했기에 너무 놀라서 고관한테서 숨으려고 했다. 그는 머슴들을 저 멀리 초원으로 보냈고 참을성 있고 겁 많은 하인들에게 좀 더 나은 옷을 입히고 좀 더 잘 먹이기 시작했다. 그의 일꾼들은 아무것도 모르고 매우 기뻐했고 쾌활해지고 말수가 많아졌다.

곧 부자의 마을에 가슴에 빛나는 메달을 단 위엄 있는 고관이 네 바퀴 수레에 묶인 말들이 끄는 트로이카를 타고 세 개의 종소리를 울리며 도착했다. 부자 주인은 큰절을 하며 그를 맞이했고 손님 곁에서 부산을 떨며 비위를 맞추려고 애를 썼다. 마차에서 내리도록 도와주고 승교에 앉혔다. 재빠른 청년 네 명이 고관을 집으로 모셔 갔다. 부자는 뒤에서 걸어가며 물었다.

"편히 앉으셨습니까? 딱딱하진 않으신지요? 흔들리지는 않는지요?"

편안하고 점잖게 앉아 있던 고관은 갑자기 껑충 뛰어오르더니 꽥 소리를 지르며 승교에서 굴러떨어졌다.

"무슨 일이십니까?" 부자가 무서워서 겨우 살아 숨을 쉬며 놀라 물었다.

그는 떨어진 고관의 다리를 붙잡고 키스를 했다.

이렇게 된 일이었다. 부자의 집에서 송아지를 치는 작은 소년이 고관을 승교에 태우고 가던 이 순간에 기어 들어가서 그의 등을 날카로운 막대기로 찌른 것이었다.

약삭빠른 머슴 아이를 붙잡았다.

"악동 놈아! 어디서 튀어나와서 이런 일을 벌였느냐? 네 등가죽을 벗겨 버릴 테다! 악마놈 같으니라고!" 이를 갈면서 부자 주인은 소리를 질렀고 머슴의 머리칼을 잡아당겼다.

"부자 나리! 제 말을 들어 주세요. 그다음에 벌을 주세요!"

"무슨 말을 하고 싶은 게냐? 말해라!" 땅에서 일어나면서 고관이 물었다.

"내가 듣기로 성인을 놀라게 하는 사람은 부자가 된대요. 다행히도 저는 성인을 보았고 너무 기뻐서 몹시 놀랐어요. 나리는 매우 존경스럽고 위대한 성인이잖아요. 용서해 주세요!" 머슴 아이가 이렇게 말하고 서서 능청스럽게 보면서 절을 했다.

빛나는 메달을 단 위엄 있는 고관은 자신을 성인이라고 부르는 소리를 듣고는 바로 화를 가라앉히고 승교에 앉아서 양반다리를 하고는 점잖게 말했다.

"그 말은 맞다. 내가 바로 성인이다!"

거기 서 있던 당황한 부자에게 이렇게 명령했다.

"이 사내애를 벌하면 안 된다. 펠트 천막과, 젖을 내는 암소 두 마리, 또 양, 말 등을 서너 마리 주고 풀어 줘라."

그런 다음 고관은 머슴 아이한테 말했다.

"네게 준 이 모든 것은 성인 텡그리[25]가 준 것이라고 생각해라."

그렇게 부자는 고관의 명령을 이행할 수밖에 없었다.

"땅 틈바구니에서 기어 나온 몹쓸 놈이 해를 끼치는구나." 그는 아내에게 속삭이고는 얼굴 표정을 바꾸고 혀를 끌끌 찼다.

이후에 부자는 그 누구도 고관에게 가까이 가지 못하게 했다.

25) 천신, 하늘, 신 등을 뜻한다.

꾀돌이 발단

옛날 어느 마을에 칸을 선출하기 위해 고관과 마을 사람들이 모두 모였다. 모인 사람들은 대머리 타르할잔을 칸으로 추대하기로 결정했다. 이때 다섯 살쯤 되는 작은 사내애가 계속 뛰어다니며 칸을 시켜 달라고 졸랐다. 사람들은 타르할잔을 선출했다.

어느 날 그 사내애(이름은 발단이었다)가 칸에게 말했다.

"저를 당신 대신에 칸을 시켜 주세요."

"가득 찬 이 파리들을 다스리는 칸으로 임명하마, 됐느냐?" 칸은 비웃으며 말했다.

사내애 발단은 회초리로 말을 만들어서 거리에서 놀고 있었다. 그러다 칸에게 다가가 칸의 대머리에 앉은 커다란 파리를 보았다. 사내애는 칸의 머리를 회초리로 때렸다. 화가 치민 칸이 돌아보니 다섯 살짜리 사내애 발단이 서 있었다.

"무슨 짓이냐? 어서 이리 와 봐!"

"칸이시여, 저는 파리를 벌준 것뿐이에요. 도대체 무엇 때문에 이런 빌어먹을 파리 놈이 칸님의 머리에 앉아 있어야 한단 말이에요? 바로 칸께서 직접 저를 파리들을 다스리는 고관으로 임명하셨잖아요."

칸은 당황해서 아무 대답도 못 하고 입을 다물었다. 그러자 사내애는 회초리를 말처럼 타고서 파리가 보이는 곳으로 파리들을 죽이려고 달려갔다.

그로부터 몇 년이 흘렀다. 한 부자의 첫째 아내가 아들을 낳았다. 젊은 둘째 아내한테서는 아이가 없었다. 부자의 아들이 다섯 살이 되었을 때 아버지가 죽었다. 아내들은 소송을 시작했지만 재산을 나눌 수가 없었다. 다툼은 아들 때문에 더 불타올랐다. 젊은 둘째 아내가 나이 많은 첫째 아내한테서 아들을 빼앗으려고 했기 때문이다.

이 싸움을 끝내기 위해서 아내들은 칸에게 갔다. 며칠 동안 칸은 확고한 답을 찾으려고 고심을 했다. 갑자기 이런 생각이 그에게 떠올랐다. '오래전에 발단이라는 한 사내애가 있었지. 나는 그를 파리를 다스리는 고관으로 삼았지. 그 소년은 이제 아마도 많이 자라서 현명해졌을 거야.'

칸은 그를 만나서 그 청년을 알아보고 이렇게 말했다.

"내게 이렇게 두 여인이 찾아와서 아들 때문에 다투는구나. 그런데 누구의 아들인지 알 수가 없구나. 두 여인 중에 누가 진짜 엄마인지 어떻게 알 수 있으며 어떻게 하면 이 싸움을 해결할 수 있겠느냐? 이리 와서 내 대신에 판단을 좀 해 봐라. 네가 원하는 것을 모두 주마."

"할 수 있어요. 내일 올게요." 청년은 약속했다.

다음 날 발단은 칸을 찾아왔다.

곧 두 여인이 다섯 살짜리 사내애와 함께 도착했다.

"존경하는 칸이시여, 이 아이는 내 아들입니다." 더 젊은 여자가 말했다.

"거짓말이에요! 그 여자는 아이를 낳아 본 적도 없어요." 다른 여자가 말했다.

발단은 하인에게 칼을 가져오라고 명령했다. 하인이 칼을 가져오자 발단은 두 여인을 모두 밖으로 끌어냈다.

"당신들이 둘 다 이 사내애를 낳았다면 나눠 가지세요. 이 칼로 나는 당신들의 아들을 두 동강을 내겠어요. 양쪽에서서 아이의 팔을 당기세요."

그가 칼을 휘두르려고 하자마자 사내애의 왼쪽 팔을 잡고 있던 여인이 얼굴을 감싸면서 쓰러졌다. 다른 여자는 그대로 서서 사내애의 팔을 붙잡고 있었다.

발단은 두 여인을 사내애와 함께 집으로 불렀고 모인 사람들 앞에서 진실을 밝혔다.

"이 두 여인 중에서 저는 사내애의 친모를 알아냈습니다. 친엄마의 마음은 깨끗하고 착한 법이지요! 아들에게 치명적인 위협이 닥치자 어머니는 기절을 했습니다. 그렇다면 거짓말쟁이 여인은 어떻겠습니까? 늑대의 영혼과 돌 같은 심장을 가진 법이라 아무렇지도 않게 가만히 사내애의 죽음을 기다렸지요."

사람들은 발단의 지혜에 너무 놀라워했다.

나이 든 여자의 기쁨과 행복은 헤아릴 수가 없었다. 그녀는 아들을 데리고 집으로 갔다.

가난뱅이의 아들과 잔인한 칸

이 일은 악하고 잔인하고 냉정한 칸의 영지에서 일어난 일이었다.

그 영지에 가난뱅이가 아들과 함께 살고 있었다. 칸은 가난뱅이를 못살게 굴었고 무급으로 일을 하게 만들었다. 가난뱅이는 이런 노예 생활에서 어떻게 하면 벗어날 수 있을지 도저히 좋은 생각이 떠오르지 않았다. 어느 날 가난뱅이는 숲에 갈 채비를 하고는 아들을 데려갔다. 그들은 걸어가면서 대화를 나누었다. 아버지가 말했다.

"이웃들은 내 지혜와 재치를 부러워한단다. 까치가 눈치도 못 채게 까치 둥지에서 알을 꺼낼 수도 있지. 그런데 칸을 어쩌지는 못하겠어…."

아들이 아버지에게 나무를 가리켰는데 그 꼭대기에 까치 둥지가 있었다.

"까치가 눈치채지 못하게 알을 꺼내 보세요."

아버지는 나무에 다가가서 장화를 신은 발로 나무를 껴안고 기어 올라가기 시작했다. 아들은 미소를 짓더니 칼을 꺼내서 재빨리 아버지의 장화에서 신발창을 잘랐다. 아버지는 까치 둥지에서 알을 꺼내서 아래로 내려왔지만 아뿔싸 장화에 신발창이 없는 것이 아닌가!

가난뱅이는 웃으면서 말했다.

"아들아, 어쩌면 네가 칸을 능가하는 꾀를 부릴 수도 있겠구나."

가난뱅이는 아들의 재치를 이웃들에게 이야기했고 가난뱅이의 아들이 매우 똑똑하고 교활하다는 소문이 퍼졌다.

곧 칸이 꾀돌이 청년을 자신의 궁전으로 불렀다.

칸이 우렁찬 목소리로 말했다.

"내가 듣기로, 네가 그렇게 똑똑하고 꾀가 많다더구나. 정말 그러냐?"

"그렇습니다. 칸이시여." 가난뱅이의 아들이 용감하게 대답했다.

"하하하! 하하하! 네놈은 그냥 허풍쟁이일 뿐이구나!" 칸이 껄껄 웃기 시작했다.

너무 크게 박장대소를 해서 칸의 살진 배가 덜덜 흔들렸고 빠른 진동을 했으며 눈은 빨개졌다 파래졌다 했다.

"그럼 내가 너를 시험해 보겠다. 들어 봐라. 내 집 마당에 절구가 있다. 네가 오늘 밤에 아무도 모르게 절구를 옮겨 놓으면 그 절구는 네 것이 될 것이다. 못 한다면 목이 날아갈 줄 알아라. 알겠느냐?"

"알겠습니다. 해 보겠습니다." 가난뱅이의 아들은 태연하게 대답했다.

저녁에 칸은 사나운 개 아흔네 마리를 사슬에서 풀어 놓고는 두 명의 용사에게 밤새 한눈팔지 말고 절구를 지키라고 명령했다. 그런 다음 궁전 형리를 불러서 도끼날을 잘 갈아 놓으라고 명령했다.

"하하하!" 칸은 잠자리에 들면서 웃었다. "누구의 꾀가 더 능한지 두고 보자."

밤에 청년이 칸의 마당으로 들어갔다. 개들과 용사들을 보고는 집으로 돌아왔다. 빈손으로 절구를 얻을 수는 없는 노릇 아닌가!

집에서 소년은 뼈를 자루에 꽉 채우고 고기죽을 커다란 그릇에 담아 다시 칸의 궁전으로 갔다. 아흔네 마리의 개들에게 뼈를 던져 주고는 개들이 뼈를 가지고 서로 싸우는 동안에 계속 들어갔다. 그리고 고기죽이 든 그릇을 절구가 있는 집 대문 앞에 놓고 자신은 숨었다.

그러자 한 용사가 밖으로 나와 쉬고 싶어서 두 번째 용사에게 절구에서 절대로 떨어지지 말라고 당부했다.

"내가 돌아오면 그다음에 네가 쉬어." 용사가 말했다. 용사는 마당으로 나가 마당에서 죽이 든 커다란 그릇을 발견했다.

"아이구, 선하시고 배려가 깊으신 칸 어르신! 우리를 생각해서 먹을 것을 준비해 놓으셨구나." 기쁨에 찬 용사가 말했다.

용사는 고기죽을 그릇까지 핥아먹고는 동료에게 돌아와서 모든 사실을 이야기했다.

"그럼 나한테도 죽을 남겨 놓았겠지?" 남아 있던 용사가 물었다.

"아니, 다 먹어 버렸는데…."

두 번째 용사는 화가 나서 욕을 하기 시작하더니 몸싸움을 벌이려고 덤벼들었다. 용사들은 서로 엉켜서 밖으로 굴러 나왔다. 꾀돌이 청년은 바로 이때다 싶었다. 그는 집으로 들어가서 절구를 움켜쥐고 도망쳤다.

이른 아침 칸이 절구가 제자리에 있는지 보려고 나왔더니 용사들이 아직도 싸우고 있었다.

"멈춰라! 무슨 일이냐?" 칸이 준엄하게 소리쳤다.

한 용사가 다른 용사를 가리키면서 해명하기 시작했다.

"바로 이놈이 칸이 내리신 고기죽을 혼자 다 먹어 치워 버렸습니다…."

"어떤 고기죽 말이냐? 절구는 어딨느냐?" 칸이 야수처럼 사납게 소리쳤다.

절구는 없었다. 어쩔 수가 없어서 칸은 집으로 돌아왔다.

아침에 청년은 절구를 가지고 궁전으로 왔다.

"자, 칸이시여, 여기 우리 절구가 있습니다." 청년은 비웃으며 말했다.

"어디, 두고 보자! 너를 혼내 주고야 말겠다. 들어 봐라. 만약 오늘 밤에 네가 내 마당에서 가장 잘 달리는 말 세 마리를 끌고 갈 수 있다면 네가 가져도 좋다. 그러나 못 끌어간다면 네 머리를 베어 버릴 것이다. 알겠느냐?" 칸이 난폭하게 말했다.

"그러겠습니다." 가난뱅이의 아들은 칸에게 절을 했다. 저녁에 칸은 가장 잘 달리는 말 세 마리를 창고에 가두고 보초를 두 명 세웠다. 형리를 불러서 그에게 도끼의 날을 갈아 놓으라고 명령하고 자신은 자러 갔다.

교활한 청년은 칸의 가운을 입고 밤에 보초들에게 갔다.

"그래 어떠냐? 그 청년은 아직 오지 않았느냐?" 청년은 칸의 쉰 목소리로 보초들에게 물었다.

"아니요. 칸이시여, 아직 오지 않았습니다. 걱정하지 마십시오. 우리를 지나쳐 갈 수는 없을 것입니다." 보초들이 대답했다.

"조심해라. 아주 교활한 놈이다. 말을 잃어버리지 말고…." 청년은 경고했다.

얼마간의 시간이 흐른 뒤 청년은 또다시 보초들에게 우유 보드카가 든 커다란 병을 가져왔다.

"아마도 몸이 얼었을 거야. 오랫동안 서 있었으니. 한 잔씩 마셔서 몸을 데워라."

"황송합니다, 칸이시여. 밖은 아주 춥습니다." 보초들이 머리를 조아리며 말했다.

청년은 그들에게 한 잔씩 따라 주고 병을 창고 벽 옆에 세워 두고는 엄하게 말했다.

"술은 바로 여기에 놓아둘 것이다. 절대로 더 이상 마시지 마라. 취할 테니까."

청년이 물러가자마자 보조들은 또 한 잔씩 따라 마셨다.

곧 칸의 가운을 입은 청년이 다시 창고로 돌아왔다.

"그 교활한 놈이 아직 나타나지 않았느냐?" 청년은 쉰 목소리로 물었다. "이제는 아마도 오지 않을 모양이구나. 무서운 게지. 너희에게 보드카 한 잔씩을 더 허락하마."

"칸이시여, 정말 감사합니다!" 보초들은 신이 나서 이렇게 대답하고는 재빨리 보드카를 한 잔씩 마셨다.

"추우면 한 잔씩은 더 마셔도 되지만 그 이상은 안 된다." 청년은 이렇게 말하고 떠났다.

청년이 어둠 속으로 사라지자마자 보초들은 병으로 달려갔다. 실컷 마시고는 잠에 곯아떨어졌다. 교활한 청년은 그들에게 다가가서 열쇠를 꺼내서 자물쇠를 열고는 말 한 마리에 올라타고 나머지 두 마리의 고삐를 붙잡고 집으로 달려갔다.

아침에 칸은 창고에 왔다가 돌처럼 굳어 버렸다. 창고는 열려 있었고 말은 없어졌으며 취한 보초들은 벽 옆 땅바닥에서 뒹굴고 있었다.

노발대발한 칸은 보초들을 흔들어 깨워서 엄하게 물었다.

"말은 어딨느냐?"

그러나 보초들은 바로 칸 자신이 밤새 그들에게 보드카를 마시게 했다고 변명하기 시작했다. 칸은 그들에게 손사래를 치고는 궁전으로 향했다. 궁전에 도착해서 그 교활한 청년을 당장 데려오라고 명령했다.

"이런 철면피는 참을 수가 없구나!" 칸이 화가 치밀어 청년에게 소리치기 시작했다. "너는 나를 망신 주려고 잔꾀를 부렸겠지? 하지만 그렇게는 안 될 거다…. 자, 너에게 또 하나의 과제를 내겠다. 오늘 밤에 내 아내의 담비 털외투를 가져가 봐라. 성공하면 털외투는 네 것이 될 것이다. 실패하면 네 머리를 베어 버릴 것이고 천막은 불태워 버릴 것이고 네 아비의 하나밖에 없는 양도 빼앗아 버릴 테다."

청년은 말없이 고개를 끄덕이더니 "좋습니다. 그렇게 해 보겠습니다" 하고 말했다.

저녁에 칸은 아내에게 담비 털외투를 입고 있으라고 명

하고 궁전 꼭대기 층에 있는 방으로 자러 갔다.

"이놈이 당신에게서 털외투를 벗겨 가지 못하도록 잘 보라구." 칸은 아내에게 성을 내며 다시 한번 확인시켰다. 그리고 칸 자신은 활과 화살을 가지고 쏠 준비를 하고 침실 창문가에 앉았다.

밤에 청년은 궁전으로 다가가서 모든 것을 유심히 살펴보고 곰곰이 생각하더니 묘지로 향했다. 바로 그날 장사를 지낸 고인의 무덤을 파서 그 시체를 칸의 궁전으로 끌어갔다. 시체를 자기 어깨에 지고 칸의 부인이 자고 있는 침실 벽으로 기어 올라가 마치 산 사람이 침실을 엿보는 것처럼 창문에 기대어 놓았다. 칸은 그것을 보고 기뻐서 소리치며 활시위를 당겨서 쏘았다. 창문 너머에 있는 사람은 손을 흔들더니 밑으로 떨어졌다.

'기어코 내가 그놈에게서 해방되었구나! 무슨 일이 벌어지기 전에 어서 빨리 놈을 파묻어 버려야겠군' 하고 만족한 칸이 생각했다.

칸은 하인들을 깨워서 그들과 함께 죽은 사람을 들어 올려서 그를 더 잘 파묻기 위해 장소를 살피고 있었다.

교활한 청년은 칸이 시체를 처리하는 동안 궁전으로 숨어들어서 칸의 가운을 입고 어둠 속에서 칸의 아내를 깨웠다. 그리고 쉰 목소리로 말했다.

"내가 도둑을 죽였소. 이제야 편안히 잠들 수 있겠소. 당신은 잘 자고 있었소?"

칸의 아내는 몸을 뒤척이고 한숨을 지었다.

"왜 한숨을 쉬는 거요?" 청년은 칸의 아내에게 칸이 묻는 것처럼 똑같이 물었다.

"너무 더워요. 그 교활한 놈이 털외투를 못 가져가게 하려고 털외투를 입고 누워 있었잖아요."

"이젠 벗어도 되오. 더 이상 걱정할 것 없소."

칸의 아내는 털외투를 벗고는 바로 잠들었다. 청년은 털외투를 가지고 문으로 갔다.

그가 떠나자마자 칸이 나타났다. 아내를 깨워서 이렇게 물었다.

"잘 자고 있었소, 여보?"

칸의 아내가 화를 냈다.

"정말 왜 이러시는 거예요? 방금 저를 깨워서 물어보시더니 이제 또 깨워 잠도 못 자게 하시는군요."

"언제 물었다는 거요? 나는 방금 들어왔는데." 칸이 깜짝 놀랐다.

"거짓말 마세요! 당신이 와서 털외투를 벗어도 된다고 했잖아요." 칸의 아내가 소리쳤다.

"털외투는 어딨소?" 칸이 아내에게 주먹을 날리면서 울부짖었다. 하지만 털외투는 이미 사라지고 없었다.

아침 일찍 궁전에 교활한 청년이 나타났다. 그는 화려한 담비 털외투를 입고 있었다. 그는 문턱에 섰다.

"칸이시여, 아침 문안 받으십시오. 칸의 아내시여, 당신께도 문안드립니다. 어떻게 주무셨습니까? 편안한 밤 보내셨습니까?" 청년은 조롱을 섞어서 말했다.

칸은 주먹을 꽉 쥐고 청년에게 달려들었다.

"당장 나가! 머리를 날려 버릴 테다!" 칸이 목쉰 소리로 으르렁거렸다.

교활한 청년은 자취도 없이 사라져 버렸다.

현명한 바드마와 어리석은 라마승

아주 오래된 옛날 그 옛날에 한 노인이 바드마라는 고아 소년을 한 명 키우고 있었다. 바드마한테는 부모가 있었지만 누구도 알지 못했고 노인에게는 그런 사실이 아무 상관이 없었다. 바드마는 그럭저럭 살아갔고 노인을 아저씨라고 불렀다.

어느 날 바드마가 길에서 다른 아이들과 놀고 있었다. 아이들은 도시를 세웠는데 막대기와 돌로 너무나 잘 지어 놓아서 그 도시를 걸어서 지나갈 수도 없고 마차를 타고도 지나갈 수 없었다. 이때 이륜 짐마차가 길을 따라가고 있었고 마차에는 라마승이 타고 있었다. 아이들이 길에다 도시를 세워 길을 막아 놓은 것을 보고 라마승이 화가 나서 소리치기 시작했다.

"에이, 얘들아! 어째서 길에서 노는 거냐? 길을 다 막아 버렸잖아. 당장 치워. 아니면 너희 귀를 잡아 뜯어 버릴 테다!"

아이들은 깜짝 놀라서 도망쳤지만 바드마는 도망치지도 놀라지도 않았다. 그리고 라마승에게 물었다.

"도시가 사람에게 길을 비켜 주는 것 보셨어요? 사람이 도시를 에돌아가는 법이죠."

라마승은 대답할 말을 찾지 못해서 아이들이 만들어 놓은 도시를 비켜서 지나갔다. 비켜 지나가고 나서 계속 가다가 이런 생각이 들었다. '어떻게 그럴 수가 있단 말인가? 나는 현명한 라마승인데 사내애한테 말대답도 못 하다니. 이제 모두가 '우리의 라마승이 어린애보다 더 어리석네!'라고 말하게 될 것이다. 이놈, 두고 보자! 내가 내일 라마승과 어떻게 대화해야 하는지 보여 주고야 말 테니!' 라마승은 너무나 화가 치밀어 올라서 다음 날 아침 바드마가 살고 있는 천막으로 갔다.

천막으로 다가가서 보니 노인과 바드마가 황소를 타고 밭을 갈고 있었다. 라마승은 바드마를 불러서 물었다.

"에이, 얘야! 너는 쟁기로 밭을 몇 바퀴나 돌았느냐?"

바드마가 잠시 생각하더니 대답했다.

"세지는 않았는데요. 하지만 스님의 말이 집에서 나와 여기까지 온 발걸음보다는 더 돌았을 것입니다."

또다시 라마승은 소년에게 대답할 말을 찾지 못했고 이 때문에 더 심하게 화가 치밀었다. 이때 짓궂게도 바드마의 아저씨가 웃는 것을 보고 말았다. 라마승은 완전히 격노해서 노인에게 다가가 말했다.

"오늘 저녁에 황소의 젖을 짜서 내가 마실 산유(酸乳)를 만들어라. 내일 내가 오면 그 산유를 내게 내오너라. 만약 만들지 못하면 황소를 가져가겠다."

노인은 라마승에게 무슨 말을 해야 할지 몰랐고 황소는 젖을 짤 수가 없다는 생각이 났지만 라마승은 이미 떠나 버렸다. 바드마는 아저씨가 슬퍼하는 것을 보고는 다가가서 물었다.

"무슨 일이세요, 아저씨?"

"라마승이 내게 황소 젖을 짜서 그 우유로 산유를 만들어 놓으라는구나. 만들지 못하면 황소를 가져가 버린대. 어떻게 하지?"

"슬퍼하지 마세요, 아저씨! 내일 제가 직접 라마승하고 말해 볼게요." 바드마가 말했다.

아침에 라마승은 노인의 천막으로 왔다. 바드마는 입구 옆에 앉아 있었다. 라마승은 그에게 엄하게 명령했다.

"아저씨를 불러라!"

"현명하신 라마승이여, 지금은 안 돼요!" 바드마가 대답했다.

"어째서 안 된다는 거냐? 내가 명하는데도?"

"황소가 새끼를 낳고 있거든요, 선하신 라마승이여. 그래서 아저씨가 도와주고 있어요."

"멍청한 놈! 황소가 새끼 낳는다는 얘기는 들어 본 적도 없다. 거짓말 마라!"

"신성하신 라마승이여. 하지만 스님 자신이 황소의 젖을 짜서 산유를 만들라고 명하셨잖아요. 그래서 아저씨가 우리를 위해 애쓰고 계시는 거예요. 황소가 새끼만 낳으면 아저씨가 젖을 짜서 산유를 만들 거예요."

또다시 라마승은 바드마에게 무슨 대답을 해야 할지 몰랐고 더 악에 받쳐서 노인이 당장 그 앞에 나타날 것을 명령했다. 노인이 도착했을 때 라마승이 말했다.

"재로 된 끈이 필요하다. 재로 끈을 꼬아서 내게 가져와라. 그러면 양 세 마리를 주겠다. 하지만 끈을 못 꼬아 오면 천막을 가져가겠다."

노인은 재로는 끈을 꼴 수가 없다는 것을 라마승에게 어떻게 말할지를 오랫동안 생각했다. 결국 노인은 그렇게 말하려고 했지만 라마승은 이미 집에서 나가고 없었다.

바드마는 그의 아저씨가 매우 슬퍼하면서 돌아오는 것을 보았고 아저씨에게 물었다.

"무슨 일이세요, 아저씨?"

"라마승이 재로 끈을 꼬아서 가져오라고 명했단다. 양 세 마리를 준다는구나. 가져오지 못하면 천막과 세간살이 모두를 가져간다는구나. 어떻게 하면 좋겠니?"

"아저씨, 주무세요. 내일 라마승에게 재로 만든 끈을 가져다드릴게요." 바드마가 말했다.

노인은 잠자리에 들었고 바드마는 짚을 모아서 긴 새끼줄을 꼬았다.

바드마는 아침에 조금 더 일찍 노인을 깨워서 말했다.

"아저씨, 이 줄을 가져가서 라마승에게 주세요. 천막 옆에 줄을 깔고 양쪽 끝에서부터 태우세요. 짚이 다 타면 라마승에게 줄을 가져가라고 부르세요."

노인은 줄을 가지고 라마승에게 가서 바드마가 시킨 대로 모든 것을 하고 집이 다 타자 라마승을 불러서 말했다.

"현명하신 라마승이여. 저는 당신의 명령을 이행했습니다. 제게 양 세 마리를 주시고 이 줄을 가져가십시오. 만약 재로 만든 끈이 또 필요하시면 그 가격에 또 꼬아 드리지요."

라마승은 얼른 노인에게 양 세 마리를 주고는 그를 쫓아 보냈다. 그리고 자신은 오랫동안 기도를 하고 그렇게 쉽게 끝나게 된 것을 신들께 감사했다.

붉은 손바닥

옛날에 한 사냥꾼이 아내와 함께 살고 있었다. 그들에게는 살진 붉은 황소가 있었다. 어느 날 남편이 말했다.

"붉은 황소를 죽입시다."

"그렇게나 큰 황소를 죽여요? 어떻게 그 고기를 다 먹으려구요?" 아내가 놀라서 말했다.

"우리가 다 못 먹으면 붉은 손바닥이 도와줄 거요." 남편이 웃음으로 대답했다.

"그렇다면 죽여요." 아내가 동의했다.

가까이에 살던 한 청년이 그들의 대화를 엿듣게 되었다.

어느 날 남편은 사냥하러 숲으로 갔다. 그가 나가자마자 대화를 엿들었던 그 청년이 붉은 점토로 손을 칠하고 손을 창문으로 내밀었다. 고기를 삶으려고 하고 있던 여주인은 붉은 손바닥을 보고는 깜짝 놀랐다.

"누구세요?" 여자가 물었다.

"붉은 손바닥이오. 붉은 황소 고기를 주시오."

여주인은 고기 조각을 내주었다. 그러자 청년은 고기를 숨겨 놓고 또다시 붉은 손바닥을 내밀었다. 그렇게 여주인은 고기를 모두 꾀보한테 내주고 말았다.

남편이 사냥에서 돌아와서 말했다.

"붉은 황소 고기 좀 삶아 주시오."

"고기는 이미 없어요."

"그렇게 빨리 다 먹었단 말이오?" 사냥꾼 남편이 깜짝 놀랐다.

"붉은 손바닥이 다 먹어 치웠어요. 당신이 직접 말했잖아요. 고기를 다 못 먹으면 붉은 손바닥이 도와줄 거라고."

사냥꾼 남편은 화를 냈다.

"세상에서 당신보다 더 멍청한 사람을 찾지 못한다면 집에 돌아오지 않겠소." 남편은 이렇게 말하고 어디로 갈지 자신도 알지 못한 채 나가 버렸다.

우리의 사냥꾼이 어느 마을에 도착해서 보니 한 부자가 아들들과 함께 집을 짓고 있었다. 그들은 앉아서 막대기로 통나무를 세게 치고 있었다.

"무엇을 하고 계십니까?" 사냥꾼이 물었다.

"보세요, 이 통나무는 고집이 세서 맞지를 않아요. 너무 길거든요. 그래서 우리가 더 짧아지라고 혼내 주는 중입니다."

사냥꾼은 그들의 어리석음에 놀라서 도끼를 들고 통나무 조각을 찍어 잘랐다. 그때부터 이 사람들은 똑똑해져서 막대기로 통나무를 더 이상 짧게 만들지 않았다고 한다.

사냥꾼은 계속 가다가 또 다른 마을에 도착했다. 거기에 부자로 보이는 한 사람이 있었는데 창문 없는 오두막에서 나오더니 작은 상자를 세워 놓고 그것을 닫더니 오두막으로 다시 들어갔다.

"무엇을 하시는 겁니까?"

"도대체가 오두막에 햇빛을 들일 수가 없다오. 그래서 상자에 햇빛을 넣어 닫았다가 오두막에서 나오게 하는 거요. 그런데 아직도 거기는 깜깜하다오."

사냥꾼은 더 깜짝 놀라서 도끼를 들고 창문을 뚫어서 오두막에 햇빛이 들게 했다.

그때부터 그 마을 사람들은 창문이 달린 오두막을 짓기 시작했다고 한다.

우리의 사냥꾼은 계속해서 가다가 세 번째 마을에 도착했다. 가뭄이 심했고 여윈 가축들이 검은 땅을 핥고 있었다. 한 오두막에 수많은 사람들이 모여 있었고 소뿔을 당기면서 오두막으로 끌고 가려고 하고 있었다.

"무엇을 하시는 겁니까?" 사냥꾼이 물었다.

"소가 오두막에서 자라는 풀을 먹게 하려고 끌고 가는 겁니다. 좀 도와주세요."

또다시 사냥꾼은 놀랐다. 그는 구부러진 철을 찾아내서 그것을 벼려서 오두막의 풀을 벴다. 그때부터 그곳 주민들은 구부러진 철로 된 낫으로 풀을 베기 시작했다고 한다.

사냥꾼은 계속 갔다. 한 부잣집 마당에서 열두 마리 돼지 새끼를 가진 돼지를 보았다. 우리의 사냥꾼은 앉았다. 돼지 새끼들이 예뻐서 감탄하며 쳐다보았다. 여주인이 집에서 나오더니 물었다.

"우리 돼지와 무슨 말씀을 하고 계시는 겁니까?"

사냥꾼은 여주인을 쳐다보았는데 농담을 하고 있는 것이 아니었다.

"돼지와 진심으로 대화를 나누는 중입니다. 돼지는 내게 숙모뻘이 됩니다. 그래서 결혼식에 숙모를 초대하려고 왔습니다." 사냥꾼이 대답했다.

"세상에나, 정말이에요? 그래서 숙모가 당신에게 뭐라고 했어요?"

"숙모는 '당연히 결혼식에 가고 싶지만 옷도 없고 장신구도 없구나. 내 열두 마리 아들들도 다 벌거벗었잖아'라고 말했어요. 숙모는 당신을 고깝게 생각하고 있어요." 사냥꾼이 말했다.

여주인은 자신을 나타낼 기회가 와서 기뻐했다.

"우리 집에 다 있어요. 옷도 있고 장신구도 있고요. 우리는 부자거든요!" 그녀가 말했다. 여주인은 돼지에게 잔치 옷을 입히고 목에 목걸이를 걸어 주었다. 그렇게 열두 마리 돼지 새끼들도 옷을 입히고 세 마리의 말을 여행용 마차에 맸다.

청년은 자신의 '숙모'를 돼지 새끼들과 함께 여행용 마차에 앉히고 떠났다. 그는 길로 나와서 말과 돼지를 길 한편에 있는 숲에 숨기고 돼지 주인이 추적해 오기를 기다리기 시작했다.

돼지 주인이 집에 도착했다. 아내가 그를 맞았다.

"우리 돼지와 새끼들이 잔치에 갔어요!"

"뭐라고?" 주인이 어리둥절해졌다.

"조카 결혼식에 갔어요. 나는 돼지와 열두 마리 돼지 새끼들에게 잔치 옷을 입히고 돼지 목에 목걸이를 걸어 주고 말 세 마리를 맨 여행용 마차에 태워서 배웅해 주었어요."

"이 바보가 무슨 헛소리를 하는 거야!" 부자가 소리를 치며 재빠른 말을 타고 뒤쫓아 갔다. 세 갈래로 나뉘는 길에 이르러서 보니 한 사람이 앉아서 모자로 땅 위에 무엇인가를 덮고서 무슨 소리를 엿듣고 있었다.

"여기서 돼지를 데리고 가는 사람을 보지 못했소? 틀림없이 이 길로 지나갔을 텐데." 부자는 물었다.

"보았지요."

"어디로 갔소이까?"

"이 세 갈래 길의 가운데로 갔어요."

"보시오, 젊은이, 나는 너무 빨리 달려와서 아주 피곤하다오. 이 말을 타고 그 사람을 뒤쫓아 가서 잡아서 나한테 좀 데려오시오." 부자가 말했다.

"시간이 없어요."

"왜지요?"

"보시다시피, 나는 모자로 황금 새를 덮고 있잖아요. 그 새는 낮에는 볼 수가 없고 밤에만 볼 수 있어요. 그렇지 않으면 그 새는 보통 새로 변해 버리거든요."

"이리 오시오! 당신이 올 때까지 내가 지키고 있겠소!"

"그럼, 하는 수 없죠! 착한 사람을 도와줄 수밖에요. 하지만 잘 보세요. 밤이 되기 전에 열면 황금 새는 없어지는 거예요." 사냥꾼은 주인의 말을 타고 내달렸고 돼지와 돼지 새끼들이 탄 여행용 마차를 찾아서 집으로 갔다.

그런데 그 부자는 황금 새를 날려 보내고 황금을 잃어버릴까 봐 무서워서 모자를 조심스럽게 덮고는 계속 앉아 있었다. 그가 보낸 사람은 돌아오지 않았다. 밤이 되었다. 인색한 부자는 '좋아, 돌아오지 말라지 뭐. 대신에 나는 황금 새를 가져가면 되니까. 이 새가 돼지와 여행 마차보다 훨씬 비싸잖아!'라고 생각했다. 하지만 그가 모자 밑에 손을 넣자 거기엔 마른 소 똥 조각만 있었다.

부자는 부끄럽고 화가 나서 죽을 지경이었다.

그러는 사이에 우리의 사냥꾼은 집에 도착해서 아내에게 말했다.

"내가 괜히 당신한테 화를 냈소. 세상에는 당신보다 일곱 배나 더 어리석은 사람들이 많았소."

어리석은 부자

옛날 옛날에 가난한 가족에게 황소 한 마리가 있었다. 한 번은 숲에서 일곱 마리 늑대가 황소를 공격했다. 황소는 방어하면서 뒷걸음치고 뒷걸음치다가 그런 식으로 멀지 않은 곳에 있던 헛간까지 가게 되었다. 이때 황소가 뒷발로 문을 열어서 헛간에 들어가게 되었고 탐욕스러운 늑대들도 황소 뒤를 따라 들어가게 되었다. 일곱 마리 늑대들에 대항해서 황소가 끔찍한 싸움을 벌이는 동안 그들 중 한 마리가 헛간 문을 건드려서 문이 닫혀 버렸다.

다음 날 가난뱅이가 자기 황소를 찾다가 일곱 마리 늑대의 발자국과 함께 황소 발자국을 발견했고 심하게 걱정을 해서 안절부절못했다. 어떻게 하겠는가? 황소의 뼈라도 찾아야겠다고 결심했다. 발자국은 헛간 쪽으로 향해 있었다.

황소는 주인 소리를 듣고는 음메음메 울었다. 가난뱅이가 그의 유일한 황소가 살아 있다는 사실에 기뻐하며 문을 열고 보니, 붉은 눈의 황소가 뿔을 앞으로 내밀고 헛간 구석에 서 있었다. 황소 옆에는 늑대 다섯 마리가 땅바닥에 뒹굴고 있었고 두 마리는 다른 쪽 구석에 서서 상처를 핥고 있었다. 가난뱅이는 맹수들을 죽여 버렸다.

돌아오는 길에 가난뱅이는 같은 마을 사람인 부자를 만났다. 그 부자는 거만하게 물었다.

"가난뱅이 양반, 하나밖에 없는 황소를 데리고 어디서 오는 길인가? 그렇게 많은 늑대 가죽은 어디서 났는가? 그 가죽들을 모피 외투용으로 내게 팔아야겠군!"

가난뱅이는 걸음을 옮기며 대답했다.

"내 황소가 숲에서 일곱 마리 늑대를 뿔로 받아 죽였지 뭐예요. 당신도 황소들을 숲에 풀어놓으면 외투를 만들 수 있는 공짜 늑대 가죽을 얻을 수 있지 않겠어요?"

부자는 황급히 집으로 달려가서 일꾼들에게 뿔에 날카로운 철 씌우개를 씌워서 황소들을 숲으로 내쫓으라고 명령했다. 부자는 '내 황소들이 내게 늑대 가죽을 가져다줄 거야. 나는 더 부자가 되는 거지'라고 생각했다.

그리고 정말로 그의 황소들은 숲에서 늑대 떼를 만나게 되었다. 그러나 욕심 많은 부자는 도가 지나쳤다. 황소들이 울부짖으며 늑대들한테 달려들자 늑대들은 소나무 뒤로 달려갔다. 맹수들을 죽이려고 황소들은 날카로운 철 씌우개를 단 자기 뿔을 나무에 박아 댔다. 이때 늑대들은 황소들한테 달려들었고 차례차례 쓰러뜨려 죽여 버렸다.

사흘 후 부자는 황소 발자국을 따라 숲으로 갔다. 부자는 늑대 가죽을 벗기기 위해 일꾼들을 데려갔다. 숲에 도착했지만, 그들은 소나무에 뿔이 박힌 황소 머리와 땅바닥에 나뒹구는 다리들만 발견했다.

겨울과 여름

'살진 말은 훌륭하게 생각되고, 부자는 현명하게 생각된다'는 말이 있다…. 누가 이런 격언을 만들어 냈는지는 기억 못 한다. 우리 아버지도 기억을 못 한다. 내 아버지의 아버지도 기억을 못 한다. 내 할아버지의 할아버지도 기억을 못 한다고 말한다. 한 가지 분명한 것은 이 격언을 부자나 고관들이 만들어 냈다는 것이다. 말하자면, '보십시오, 우리는 똑똑하게 태어나서 부자이고 가난뱅이나 목동들은 날 때부터 어리석어서 우리, 현명한 고관들을 위해 일하는 것입니다'라는 거죠. 교활한 말이지만 꼭 그렇지만도 않다! 여기 당신들한테 들려줄 길지 않은 이야기가 있다….

어느 날 저녁 부락 청년들이 노인의 천막에 모였을 때 노인은 이렇게 이야기를 시작했다.

…언젠가 칸이 자기 신하들인 고관들과 함께 살고 있었다. 이 고관들은 한 사람은 다른 사람보다 더 뚱뚱했고 또 한 사람은 세 번째 사람보다 비계가 더 많았고, 세 번째 사람은 네 번째 사람보다 뽐내기를 좋아했다. 고관들이 아는 한 가지는 주민들한테서 세금을 거두어서 부드러운 가죽 위에 누워 정신을 잃을 때까지 음식을 먹고 아르히를 마시는 것이

었다. 칸의 고관들 중에 가장 뚱뚱하고 비계 많고, 가장 거만하고 뽐내기 좋아하는 고관이 바그마였다. 그가 무게 있게 민머리를 쓰다듬으면서 칸에게 이렇게 말하지 않는 날이 하루도 없었다.

"전능한 칸이시여! 살진 말은 훌륭하다고 생각되고 부자는 현명하다고 여겨지는 법입니다. 우리에게 모두 맡기십시오…."

이때 머나먼 초원에 한 가난한 목동이 딸과 함께 살고 있었는데 그 딸은 사람들 사이에서 똑똑하고 재치가 있기로 명성이 자자했다. 사람들은 그 딸이 가장 교묘한 수수께끼도 다 알아맞힐 수 있다고들 했고 중요한 것은 칸의 세금을 거둬들이는 고관들과 너무나 대범하고 기지가 넘치게 대화를 해서 고관들은 매번 당황해서는 그녀한테서 아무것도 받지 못하고 돌아간다는 것이다.

목동의 딸에 대해 칸도 소문을 듣게 되었고 화가 났다.

"정말로 염소치기 집안 딸이 내 고관들보다 더 똑똑하단 말이냐?"

칸은 그녀의 현명함과 기지를 시험해 보기로 결심했다. 그래서 가장 현명하다고 여겨지는 고관 바그마, 가장 뚱뚱한 고관한테 그 소녀한테 가라고 명령했다. 바그마는 너무 지나치게 먹여 키워 주인처럼 살진 말을 타고 또 한 번 자랑을 했다.

"전능한 칸이시여! 살진 말은 훌륭하다고 여겨지고 부자는 현명하다고 여겨지는 법입니다. 저를 믿으십시오!"

위풍당당한 고관은 초원을 얼마 동안 가서 가난뱅이 목동의 천막에 도착했지만 말을 묶을 만한 것을 아무것도 찾을 수가 없었다. 천막 주위에 말뚝 하나도 없었다. 노인은 그렇게 가난하게 살고 있었다. 고관은 한 장소에서 발을 구르며 소리쳤다.

"에이, 천막 안에 누구 없느냐! 부유한 고관의 말을 어디에 묶는단 말이냐?"

천막의 문이 활짝 열리더니 재치 있고 빛나는 눈을 가진 검은 머리 소녀가 내다보았다.

"말을 묶고 싶으시면, 여름이나 겨울에 묶어 두세요…."

"뭐라고 말했느냐?" 칸의 신하는 돌처럼 굳어졌다.

"말을 여름이나 겨울에 묶어 두시라고 말했습니다."

바그마 고관은 노발대발했다.

"멍청한 계집애 같으니라구! 정말로 너는 칸의 고관이 너보다 멍청하다고 생각하는 게냐? … 아니면 너는 이런 말도 모르는 게냐? 살진 말은…."

그러나 바그마는 자기가 좋아하는 격언을 다 말하지도 못했다. 재빠른 소녀가 천막 문을 꽝 닫고는 들어가 버렸다.

'바보 멍청이군. 바보야.' 뚱뚱한 고관은 이렇게 생각하고 평범한 사람들 사이에는 똑똑한 사람은 없다는 소식으로 칸을 기쁘게 하려고 재빨리 말을 되돌려 몰기 시작했다. 초원의 날은 더웠다. 태양이 내리쬐었다. 너무 살지고 별로 다닌 적이 없는 바그마의 말은 곧 맥이 빠져서 살진 주인을 더 이상 태우고 가기를 마다하기 시작했다. 한 마디로 모든 살진 말이 훌륭한 것은 아니었다…. 고관은 먼지투성이에 찢어진 장화를 신고 궁전에 걸어서 나타났지만 여전히 자만에 차 있었고 거만했다.

"자, 무슨 재밌는 것을 보았느냐?" 칸이 그에게 물었다.

"재밌는 것은 하나도 없었습니다. 재밌는 것은 하나도 없어요. 전능하신 칸이시여, 그 딸은 바보 천치였습니다." 바그마는 숨을 몰아쉬며 킥킥거렸다.

그리고 고관은 칸에게 목동의 딸과 나눈 대화를 전했다. 칸은 생각에 잠기더니 물었다.

"그들의 천막 옆에서 또 무엇을 보았느냐?"

"빈 수레와 썰매 외에는 아무것도 보지 못했습니다."

"네가 바로 바보구나, 바그마." 칸은 인상을 찌푸렸다.

"여름과 겨울은 수레와 썰매를 말하는 것이다…."

그리고 이때 칸은 어리석은 고관들과 그가 백성을 다스리는 것이 얼마 남지 않았다고 생각했다.

여러분, 옛날에 그런 일이 있었습니다.

벌받은 탐욕

어느 봄날 머슴이 숲에서 장작을 패고 있었다. 갑자기 태양이 떠오르는 쪽에서 뻐꾸기가 날아와서 나무에 앉아 뻐꾹뻐꾹 울었다.

"동쪽에 높은 산이 있는데 그 산 정상에 커다란 황소 머리만 한 금덩어리가 있다네…."

남쪽에서 또 다른 뻐꾸기가 날아와서 그 나무에 자리잡더니 뻐꾹뻐꾹 울었다.

"남쪽에는 한 가난뱅이의 아내가 아프다네. 그 집 밑에 두 살배기 황소만 한 크기의 검은 딱정벌레가 둥지를 틀고는 여인의 피를 빨아먹고 있다네. 이 딱정벌레를 잡아 불태우면 가난뱅이의 아내는 병이 나을 텐데."

서쪽에서는 또 다른 뻐꾸기가 날아와서 노래하기를, 서쪽에서 수원이 말라서 나무들이 시들고 풀들이 타고 있고 사람들과 동물들이 갈증으로 괴로워하는 끔찍한 불행이 닥쳤다고 했다. 들판과 초원의 수분을 흡수하는 수원이 무거운 검은 돌로 막혀 있어서, 만약에 돌을 치우면 그 밑에서 샘물이 솟아나와 사람들이 구원받을 것이라고 노래했다.

뻐꾸기들은 푸드덕거리더니 날아갔다. 머슴은 생각하고

또 생각하다가 도끼를 허리띠에 찔러 넣고 태양이 떠오르는 쪽을 향해 떠났다.

얼마 동안 걸어가다가 마침내 높은 산까지 이르렀고 정상에 올라가서 커다란 황소 머리만 한 금덩어리를 발견했다. 머슴은 금덩어리를 들고 세 갈래 길의 교차점으로 가져가서 땅속에 파묻었다. 그리고 사람들이 갈증으로 고통받고 있다는 서쪽으로 갔다. 머슴은 한 천막으로 들어가서 마실 물을 달라고 부탁했다.

"우리도 갈증 때문에 겨우겨우 목숨 부지하고 있어요. 지금은 물 한 방울보다 귀중한 것은 없어요." 노부부가 그에게 대답했다.

"저한테 수많은 사람들을 모아 주시고 수많은 황소들을 몰아오시고 수많은 삽을 주시면 물을 얻게 해 드릴게요." 머슴이 말했다.

마을 사람들은 그가 말한 대로 모든 것을 했다. 머슴은 그들을 원천으로 데려가서 그들과 함께 무거운 검은 돌을 파내기 시작했다. 누구는 삽으로, 누구는 도끼로, 누구는 손으로 팠다. 황소들을 묶어서 그 자리에서 돌을 치웠다. 그러자 바로 원천이 뽀글뽀글 올라오더니 깨끗하고 차가운 물이 졸졸 흐르기 시작했다. 사람들은 기뻐서 물로 뛰어들어 양동이로, 물통으로, 손으로 물을 길어 내기 시작했다. 그런 다음 가축을 몰고 와서 실컷 물을 마시게 했다. 모두가 기뻐했고 머슴이 그들에게 물을 돌려주고 고통에서 해방해 주었다고 감사했다. 머슴이 남쪽으로 갈 생각이라는 것을 알고 온 마을 사람들이 그를 배웅해 주었다.

머슴은 가고 또 가다가 마침내 남쪽 나라에 도착했다. 머슴은 뻐꾸기가 말했던 병든 여인이 사는 곳을 물었고 자신을 유명한 의사라고 말했다. 병든 여인의 남편은 그에 대해 듣고는 눈물을 흘리며 찾아왔다.

그는 머슴에게 애원했다.

"내 아내를 구해 주세요. 아내를 낫게 해 주세요."

아침에 머슴은 이웃 사람들을 불러서 집에서 두 살배기 황소만 한 크기의 검은 딱정벌레를 몰아내서 태웠다. 그랬더니 기적이 일어났다. 여인이 바로 건강을 되찾은 것이었다.

마을 주민들과 작별 인사를 하고 머슴은 그가 전에 세 갈래의 갈림길에 묻어 놓았던 황금을 찾아서 집으로 왔다. 집에 와서 그는 항상 빚을 졌던 부자에게 빚을 다 갚고 걱정 없이 편안하게 살았다. 곧 그는 부자의 집 옆에 커다란 새 집을 지었다. 탐욕스러운 부자는 참을 수가 없어서 머슴이 어떻게 그렇게 빨리 부자가 되었는지 알고 싶어 했다.

머슴은 이전 주인의 탐욕을 벌주기로 작심하고 그에게

'어느 날 그가 강변에서 뒤집힌 배 밑에서 자고 있는데 물에서 세 사람이 나와서 그에게 어디에 보물이 숨겨져 있는지 말해 주었다'고 했다.

"바로 그렇게 된 일이었군." 부자는 이렇게 말하고 떠났다. 저녁에 강가의 뒤집힌 배 밑으로 들어가 숨어서 황금을 가져다주기를 기다리기 시작했다. 한밤중에 세 명의 강도가 배에 와서 누군가가 높은 산 정상에 숨겨 두었던 그들의 황금을 훔쳐 갔다고 말했다.

한 강도가 말했다.

"누가 우리 황금을 가져갔는지 알아내기만 하면 그를 가만두지 않을…."

이때 배 밑에 있던 욕심 많은 부자는 참지를 못하고 갑자기 재채기를 했다.

강도들이 누군가 옆에 있는 소리를 듣고는 배 밑을 보았더니 부자가 앉아 있었다. 강도들은 부자를 끌어내서 때리기 시작했다. 강도들은 부자가 그들의 황금을 훔쳤다고 생각했다. 때리고 또 때려서 강에 던져 버렸다.

이렇게 부자는 자신의 탐욕에 대해 벌을 받았다.

꾀 많은 부담슈

언제 이런 일이 있었고, 언제 부담슈가 살았는지는 아무도 모른다. 다만 모두가 아는 것은 부담슈에게는 아무것도 없었다는 것이다. 부담슈가 가진 것이라곤 그가 깔고 자는 작은 융단, 입고 다니는 거친 비단으로 만든 겉옷, 한 번이라도 실컷 먹고 싶다는 소원뿐이었다.

부담슈가 마침 거주하고 있던 부락에서 멀지 않은 곳에 부유한 라마교 사원이 있었다. 이 사원에는 지혜로움으로 명성이 자자했던, 모든 라마승 중에서 가장 중요한 보그도[26] 라마승이 살고 있었다. 보그도 라마승은 항상 침묵했다. 보그도 라마승은 기도실에서 움직이지 않고 항상 앉아 있었다. 보그도 라마승은 생각에 잠겨 천신들과 항상 대화를 나누었다. 그렇게도 신성한 사람이었다!

보그도 라마승은 누구 앞에서도 자신의 작은 융단에서 일어나는 법이 결코 없었다. 그 누구한테서 어떤 음식을 받는 일도 결코 없었다. 누구 앞에서 결코 자신의 신성한 구리 모자를 벗는 일도 결코 없었다. 그렇게도 엄격한 사람이었

---

26) 보그도는 승려를 부르는 가장 높은 극존칭이다.

다!

그런데 부담슈는…?

헤! 부담슈는 항상 무엇인가 이야기할 거리를 찾았고 대화하면서도 생각을 했다. 부담슈는 앉아 있을 때도 앉아 있질 않았고, 마치 한꺼번에 벼룩 30마리가 물기라도 해서 앉아 있는 것을 방해라도 한다는 듯이 항상 여기저기 뱅뱅 돌아다녔다. 부담슈는 결코 어디에서도, 심지어 기도실에서도 자신의 생각을 밝히지 않아서 아무도 그가 무슨 생각을 하는지, 무엇을 원하는지 알 수가 없었다. 하지만 부담슈 자신도 단 한 가지는 잘 알고 있었다. 살지 않는 것보다는 사는 것이 낫다는 것이었고, 그는 할 줄 아는 대로 살려고 노력했다.

언젠가 한번은 부담슈가 매우 배가 고팠다. 그는 칸의 신하 노이온[27]들이 살고 있는 천막으로 갔다. 저녁때 그 시간이면 그들은 자기 천막 옆에 앉아서 생각하고, 논의하고 담배를 피웠다.

부담슈는 그들 옆을 지나갔고 마치 혼자 말하듯이 말했다.

"보그도 라마승이 내 앞에서 일어섰으면 좋겠구만! 보그

---

27) 노이온은 고관대작을 말한다.

도 라마승이 내가 주는 우유를 받아 마시면 좋겠구만!"

신하들은 부담슈의 말을 들었고 담배 피우던 것을 멈추고는 비웃기 시작했다.

"하하하! 부담슈가 배가 고파서 정신이 나갔구나! 부담슈가 뭐라 중얼거리는지 들어 보셨소? 보그도 라마승은 고관대작들 앞에서도 일어서는 법이 한 번도 없었소! 보그도 라마승이 누구한테 우유 한 잔이라도 받아 마시는 것을 본 사람 있소?"

부담슈는 신하들 옆에 멈춰 서서는 이렇게 말했다.

"일부러 설명할 필요가 뭐가 있겠어요? 보그도 라마승이 내 앞에서 일어난다니까요!"

"일어나지 않을 거다!" 신하들이 말했다.

"내가 보그도 라마승이 내게서 우유를 받아 마실 거라고 말하잖아요!"

"안 마실 게다!" 신하들이 말했다.

"그럼 내기해요! 만약 내가 지면 나리들을 위해서 10년을 일하겠어요. 만약 내가 이기면 열 달을 먹여 주세요." 부담슈가 이렇게 제안했다.

신하들은 기뻐서 어쩔 줄을 몰랐다. 너무 이로운 조건이지 않은가! 그래서 동의했다.

부담슈는 그가 얹혀살던 목동한테 들러서 융단을 가지고

사원으로 갔다. 뚱뚱한 보그도 라마승이 앉아서 놈[28]을 읽고 있던 기도실로 들어가서는 잠시 서 있다가 이렇게 말했다.

"가장 신성하신 보그도 라마승이여! 그토록 오랫동안 거기 융단에 앉아 계신 걸 보니 그 융단은 아마도 땀 때문에 축축해졌겠죠? 감기라도 걸리실까 걱정돼서요. 재채기라도 하게 된다면 기도를 할 수 없게 되잖아요. 일어서 보세요! 제가 당신 밑에 뽀송뽀송한 융단을 깔아 드릴게요!"

보그도 라마승은 놈을 너무 열중해서 읽고 있어서, 들어오는 사람 앞에서 일어나면 인사를 하고는 그에게서 우유 잔을 받아 들어야만 한다는 관례는 완전히 잊어버리고 있었다. 그때는 놈의 신성한 말들에 대해서만 골몰히 생각하고 있어서 부담슈의 말에 대해서는 전혀 생각지도 않고 일어섰다.

부담슈는 이것만을 기다리고 있었던 것이었다.

"안녕하세요!" 부담슈가 말했고 보그도 라마승의 입술에 우유 잔을 가져다 댔다.

"안녕하세요!" 보그도 라마승은 인사를 하고 잔의 우유를 마실 수밖에 없었다.

---

28) 불교의 경전이나 신성한 책을 일컫는다.

부담슈는 재빨리 그의 밑에 융단을 바꿔 깔고는 나갔다. 신하들은 기도실 문 옆에 서 있었고 모든 것을 보았고 이 모든 것을 들었다.

이렇게 신하들은 부담슈와 한 내기에 졌고 열 달 동안 그를 먹여 살려야만 했다.

부담슈는 신하들의 집에서 끓인 양고기를 마지막으로 먹을 때 이렇게 말했다.

"원하신다면, 보그도 라마승이 자기의 구리 모자를 내게 주게 만들게요!"

이번에는 신하들이 비웃지 않았고 미소 짓더니 이렇게 생각했다. '세상이 존재했던 한, 보그도 라마승이 자기 모자를 누구에게 주었던 적은 한 번도 없었어. 부담슈가 지나치게 뻐기고 있군. 이제는 우리가 이기겠군!' 그리고 이렇게 말했다.

"내기를 하세!"

"그러죠! 내가 지면 20년을 나리들을 위해 일하겠어요. 만약 이기면 스무 달을 먹여 주세요!"

"좋아, 동의하지!" 신하들이 이렇게 대답하고는 쉬려고 누웠다.

부담슈는 사냥을 하러 갔다. 부담슈는 오소리를 잡아서 그 가죽으로 모피 모자를 만들었다. 그리고 모피 모자를 쓰고 사원으로 갔다.

보그도 라마승이 아주 오래된 구리 모자를 쓰고 있었다는 사실을 알아야만 한다. 하마르 다반산이 그 모자보다 더 후에 생겼을 정도로 오래되었다. 그런데 산에는 자주 밟고 다니는 곳을 따라서 오솔길이 나기 마련 아닌가! 그래서 모자도 쓰고 벗으면서 손으로 잡은 곳에는 구멍이 뚫려 있을 정도였다.

부담슈가 기도실로 와서 보그도 라마승 앞에 멈춰 섰다. 그런데 모피 모자를 벗지 않았다. 보그도 라마승은 이번에는 놈을 읽고 있지 않았다. 라마승은 부담슈를 보았고 오랫동안 그의 모피 모자를 쳐다보았다. 그런데 무슨 털로 모피 모자를 만들었는지 도무지 알 수가 없었다. 해리 털은 알고 있었고 해리 털로 만든 모피 모자는 써 봤다. 흑담비 털도 알고 있었고 흑담비 털로 된 모피 모자도 써 봤다. 그런데 이렇게 아름다운 모피는 본 적이 없었다. 본 적이 없었던 것은 그렇게 값비싼 모피 모자를 선물받은 적이 한 번도 없었기 때문이다. 보그도 라마승은 이 모피 모자가 아주 마음에 들었다. 다만 그런 말을 하지 않았고 여전히 침묵하고만 있었다. 부담슈도 침묵하고 있었지만 그의 모자가 스님의 마음에 들었다는 것만은 눈치를 챘다. 그리고 마침내 부담슈가 말을 꺼냈다.

"가장 신성하신 보그도 라마승이여! 지난번에 저는 스님의 신성한 모자에서 커다란 구멍을 보았습니다. 이 구멍을 때워야만 합니다. 그런데 스님은 모자 없이 앉아 계시면 안 되잖아요. 어떻게 할까요?"

"네가 옳구나, 부담슈야! 내 모자는 구멍이 났다. 바람이 불 때면 머리가 시리구나. 생각할 때면 생각이 날아가 버린다. 모자를 고치긴 해야 되지. 너에게 제발 부탁하고 싶구나. 잠깐 내 모자를 가져가서 구멍을 메워 다오. 고치는 동안에는 너의 모자를 쓰고 앉아 있으마."

그리고 보그도 라마승은 부담슈에게 자기 모자를 내주었다.

그러는 동안 신하들은 모든 사람들에게 부담슈와의 내기에서 이겼다고 말했다. 얘기를 막 마치고는 자신들의 천막 옆에 앉자마자 길에서 부담슈가 오는 것이 보였고 머리에는 보그도 라마승의 구리 모자를 쓰고 있는 것이 보였다.

사람들은 기뻐하기 시작했다.

"약삭빠른 부담슈! 꾀 많은 부담슈! … 또 부담슈가 내기에 이겼구나…!"

그리고 신하들은 스무 달 내내 부담슈를 먹여 살려야만 했다.

스무 달의 마지막 날 저녁이 되었을 때 부담슈는 신하들에게 물었다.

"보그도 라마승이 내 앞에서 일어났었죠?"

"일어났었지!" 신하들이 대답했다.

"보그도 라마승이 내가 준 우유를 마셨죠?"

"마셨지!" 신하들이 말했다.

"보그도 라마승이 자기 구리 모자를 내게 주었었죠?"

"주었었지! 그렇지! 그랬다니까!" 신하들이 말했다.

"그렇다면, 보그도 라마승이 개처럼 짖게 하고 싶어요!"

신하들은 자리에서 벌떡 일어설 정도였다.

"네가 정신이 나갔구나! 어떻게 신성한 보그도 라마승이 개처럼 짖게 될 거라고 생각할 수가 있느냐?"

"떠들 이유가 뭐가 있겠어요? 내기를 하는 것이 낫죠. 제가 진다면 나리들을 위해 30년을 일하겠어요. 만약 제가 이기면 서른 달을 먹여 주세요." 부담슈가 말했다.

신하들은 부담슈가 생각이 바뀔까 봐 서둘러 내기에 응했다. 하지만 부담슈는 이렇게 말했다.

"저랑 같이 가요! 기도실 문 옆에서 듣게 될 테니까요!"

신하들은 허겁지겁 겉옷을 입고는 부담슈와 같이 갔다. 기도실에 도착했을 때 부담슈는 문 안으로 들어갔고 신하들은 문 옆에 멈춰 섰다.

부담슈는 잠깐 서 있다가 생각에 잠겨서 다음과 같이 말했다.

"가장 신성하신 보그도 라마승이여! 당신은 너무나 현명해서 모든 것을 아시잖아요. 계곡마다 개들이 다르게 짖는다는 것도 아시겠죠. 그런데 사람들은 저를 믿지 않아요. 누가 옳은가요?"

"부담슈 너는 돌머리구나! 개들이야 어느 계곡이든 다 똑같이 짖겠지!" 현명한 보그도 라마승이 말했다.

"가장 신성한 보그도 라마승이여! 제가 갔던 어느 계곡에서는 개들이 '힝 멍' 이렇게 짖었어요. 그리고 또 제가 갔던 다른 계곡에서는 개들이 '헝 헝' 이렇게 짖었다고요."

"부담슈야, 네 귀는 잡아 뜯으라고 있는 건가 보구나! 아니면 귀가 먼 거냐? 그렇게 짖는 개는 한 마리도 못 봤어!"

"스님 말이 옳습니다. 옳아요." 부담슈가 머리를 끄덕였다.

"가장 신성한 보그도 라마승이여! 제가 정말 귀가 멀었나 봐요! 현명하신 보그도 라마승이여, 스님은 물론 개가 어떻게 짖는지 알고 계시겠죠?"

"나는 물론 다 알지!"

"오, 가장 신성한 보그도 라마승이여! 스님의 현명함을 눈곱만큼이라도 제게 주실 수 있다면요! 어떻게 개가 짖는지 말씀 좀 해 주실 수 있나요? 그러면 제가 알게 될 것이고 말도 안 되는 억측으로 사람들을 동요시키는 일이 없을 텐데요. 다만 제가 잘 들을 수 있게 좀 큰 소리로 짖어 주세요."

"잘 들어라…!" 보그도 라마승은 진지하게 말하고는 할 수 있는 만큼 큰 소리로 짖어 댔다.

"멍멍! 컹컹! 멍멍! 컹컹! 이렇게 짖는다. 멍멍! 컹컹! 들었느냐?"

"고맙습니다. 가장 신성하신 보그도 라마승이여. 잘 들었습니다!" 부담슈는 이렇게 말하고는 기도실을 나갔다.

문 뒤에서는 고개를 떨구고 신하들이 서 있었고, 그들의 얼굴은 침울했다.

"들으셨어요?" 부담슈가 그들에게 물었다.

"들었다. 망할 놈아!" 신하들이 대답으로 씩씩거렸다.

"저야 상관없죠! 나리들이 저를 먹이시는 거지, 제가 나리들을 먹이는 것이 아니니까요! 자, 빨리 양고기를 삶고 아이라크[29]를 준비하기 시작하시죠!" 부담슈가 신나서 말했다.

화가 나서 이를 갈면서도 신하들은 어쩔 수가 없었다! 부담슈는 웃으면서 신하들을 앞장서서 갔다.

이런 일이 있었다!

---

29) 아이라크는 아이란, 우이란, 예란이라고도 불리는데 중앙아시아, 시베리아, 동유럽에 널리 퍼진, 우유를 발효한 시큼한 음료다.

눈치 빠른 타르하스가 무위도식하는 칸을 혼내 준 이야기

옛날 한 옛날에 아무것도 할 일이 없어서 너무 심심했던 실눈의 칸 올조이가 신하들에게 방을 내라고 명했다.

"내가 믿을 수 있는 허튼 이야기를 꾸며낸 사람한테 금 한 사발을 내리겠다!"

소문이 돌자마자 칸의 제빵사 말라아스가이가 실눈의 칸 올조이에게 와서는 이렇게 말했다.

"아버지 칸이시여, 우리 아버지께는 진짜 작대기가 있습니다. 이 작대기로 반죽 그릇 안의 반죽을 이기듯이 하늘의 별을 저으시죠."

"놀라울 것이 전혀 없군." 교활한 칸 올조이가 가늘게 실눈을 떴다. "내 아버지 칸은 궁궐에 앉아서 태양으로 담뱃대를 태우셨다. 담뱃대의 장죽이 그렇게도 길었느니라! 나가 봐라."

궁정의 재봉사 슬레오도이가 칸에게 와서 이렇게 말했다.

"아버지 칸이시여, 들어 보세요. 어제 천둥이 너무나 크게 쳐서 하늘의 솔기가 뜯어져 버렸습니다요. 제가 솔기를 꿰매고 조각을 덧대느라 어두워질 때까지 지체했습니다요."

칸이 웃었다.

"슬레오도이야, 네가 솔기를 봉합한 것은 잘한 일이다만 네가 하늘을 잘 못 기워서 아침에 비가 흩날렸구나…. 하 하 하! 나가 봐라."

칸의 방에 대해서는 가난뱅이 타르하스도 듣게 되었다. 타르하스는 수레를 타고 빈 통 소리를 요란하게 울리며 칸의 궁궐로 왔다. 칸은 창문에 다가와서 놀라서 말했다.

"에이, 타르하스, 무슨 통을 이리 끌고 온 게냐? 왜 통이 비었지?"

"빚을 받으러 왔습니다요." 타르하스가 말했다.

"누가 너한테 빚을 졌단 말이냐?"

"바로 칸이시지 않습니까…."

"내가? 그런 말은 처음 듣는구나. 무슨 빚이란 말이냐? 내가 너한테 빚졌는지 전혀 몰랐는데." 칸은 더욱 놀랐다.

"칸께서 저한테 바로 이 통으로 금 한 통을 빌렸잖습니까. 정말 잊으셨단 말입니까?"

칸은 화를 냈다.

"무슨 헛소리냐!"

"만약 믿지 못하신다면, 약속대로 저한테 금 한 사발을 주시지요."

"아휴, 맞구나." 칸이 아차 싶었다. "아니다. 네가 맞는 말을 하는 거다!"

"제 말이 맞는다면, 금 한 통을 갚으셔야죠."

실눈의 칸 올조이는 노발대발했고 가난뱅이 타르하스에게 약이 올라 어쩔 줄 몰랐지만 금 한 사발을 내주는 수밖에 어쩔 도리가 없었다.

몰론토이 영감

옛날 옛날에 이 세상에 몰론토이라는 노인이 살았다고 한다. 어느 날 노인은 자신의 잿빛 황소에 안장을 얹고 그 위에 앉아 예를렌 칸한테로 길을 떠났다. 길을 가다가 노인은 황금빛 붉은 말에 앉아 내달려 가고 있는 알바샤 하라라는 청년을 만났다.

"안녕하세요, 몰론토이 영감님! 어디 가시는 길이세요?" 청년이 물었다.

"예를렌 칸한테 가는 길이지. 천하가 내 것이라는 소유권을 달라고 하려고." 노인은 눈 하나 깜짝 않고 주저함 없이 대답했다.

이 대답을 듣고 청년도 객기가 발동했고 몰론토이 노인한테 시기심이 나서 이렇게 말했다.

"나도 예를렌 칸한테 가는 길이었는데요. 저도 마침 천하 소유권을 얻으려고요. 늙은 사람은 가치를 잃게 마련이고, 상한 고기는 우려 낼 국물이 없는 것이고, 썩은 장작은 불꽃도 내지 못하고 타는 법이죠. 그러니 영감님, 혼자서는 이 일을 감당할 수가 없다오. 나는 젊고 힘이 세고 민첩하잖소. 나를 조수로 데려가쇼."

"네가 옳은 말을 하는구나!" 노인은 동의하고는 이렇게 말했다. "백지장도 맞들면 낫고 가는 길도 더 즐겁겠지. 우리의 소원을 이루러 서둘러 가세나."

"새끼 양 고기를 삶으려고 솥에 안치기도 전에, 내 준마는 꽃 피는 대지를 세 번 돌고도 남고, 끝없는 초원을 네 번이라도 돌 것이오." 알바샤 하라가 자랑을 늘어놓았다.

"내 황소도 뒤지지는 않을 걸세." 몰론토이 영감이 대답했다.

"어떻게 노인장의 털 빠진 황소와 내 준마를 비교할 수 있단 말이오!" 알바샤 하라가 흥분해서 이렇게 말했다. "그만두시오, 노인장. 황당무계한 소리는 더 이상 입 밖에 내지도 마시오."

"내가 말하지만, 속도에서 전혀 밀리지 않는다니까. 무슨 조건이라도 너와 겨룰 준비가 되어 있어." 몰론토이 영감이 자기 주장을 굽히지 않았다.

"그럼 내 준마를 걸죠!" 알바샤 하라가 열이 올라 말했다.

"나도 내 사랑하는 황소를 걸지!" 몰론토이 영감이 말했다.

둘은 합의를 했다. 청년 알바샤 하라가 자기 준마의 말고삐를 당겼고 하늘과 땅 사이를 마치 독수리처럼, 바람을 앞질러 가르며, 발굽 밑으로 눈에 띄었던 산 정상들로부터 불꽃을 일으키면서 내달렸다.

몰론토이 영감은 자기 황소의 머리를 알바샤 하라가 황금빛 붉은 준마를 타고 떠나갔던 서쪽으로 돌리고서는 자리를 뜨려고 서둘지도 않았다.

청년 알바샤 하라는 꽃 피는 대지와 끝없는 초원을 빙 돌아 되돌아왔지만, 노인 몰론토이는 여전히 그 자리에 서 있었다.

"아니 영감님은 왜 황소를 달리게 하지도 않으셨어요?" 알바샤 하라가 노인에게 덤벼들었다.

"무슨 말을 하는 거냐?" 몰론토이가 격분해서 말했다. "황소 머리를 봐라. 이전에 그 머리는 동쪽을 향하고 있었는데 지금은 서쪽이다. 나는 너보다 먼저 달렸고 내 황소는 이미 한숨 돌리고 있는 거지."

"노인장, 거짓말 마쇼. 도중에 나는 관통상을 입은 커다랗고 밝은 색의 사슴을 보았소. 숨베르산 기슭에서 피를 흘리고 있었소. 누런 바다 옆에서는 상처를 핥고 있는 회색 늑대를 보았소. 초원과 사막의 경계에서는 사자가 사람을 쫓고 있었소. 이 모든 것을 보았단 말이오?" 알바샤 하라는 말했다.

"밝은 색 사슴은 내가 쏘았던 거야. 회색 늑대는 내 황소가 뿔로 들이받았던 거고. 회색 늑대가 쫓고 있던 사람은 초원과 사막의 경계에서 나를 노리고 있던 나의 오래된 적이었어. 생트집 잡을 생각은 하지도 말고, 어서 말이나 내놔!"

청년은 하는 수 없이 말을 내주었다. 몰론토이 영감은 내기에 진 청년이 불쌍해서 자기 황소를 대신 주었다.

"가져가. 그리고 몰론토이 영감의 선행을 기억해라. 다만 황소에겐 나쁜 버릇이 있어. 황소를 타면 처음에는 꿈쩍도 안 하지. 그럴 때 뿔 사이를 철 망치로 때리면 바람처럼 날고 다람쥐처럼 뛰어갈 거야."

이렇게 말하고 몰론토이 영감은 황금빛 붉은 말에 뛰어올라, 마치 쏜 화살처럼, 마치 던져진 돌처럼 쌩하니 떠나 버렸다.

청년 알바샤 하라는 황소 안장 위에 앉아 무거운 망치로 황소의 이마를 내리쳤고 황소는 죽은 듯이 쓰러져 버렸다. 청년은 한숨을 푹 내쉬더니 천하를 가질 다른 길을 찾아 떠났다.

슈렐데헨 아가씨

옛날 옛적에 세상에 슈렐데헨이라는 처녀가 살았다. 쌀과 기장을 파종하고는 이것으로 먹고살았다. 가난한 처녀의 집에서 유일하게 값진 것이라곤 돌아가신 어머니가 물려주신 산호 구슬 목걸이뿐이었다.

어느 날 슈렐데헨에게 다른 쪽 끝 지방의 부락에서 모르는 아가씨가 찾아와서는 이렇게 말했다.

"하르타가이 칸의 초대를 받았는데 내겐 아무런 장식품도 없구나. 슈렐데헨 아가씨, 너의 산호 구슬 목걸이 좀 빌려주겠니."

그래서 슈렐데헨은 알지도 못하는 아가씨한테 산호 구슬 목걸이를 통째로 주었다.

한 달이 지나고 또 한 달이 지났지만, 알지 못하는 아가씨는 여전히 돌려주지 않았다. 그 아가씨를 기다리고 기다렸지만 올 때까지 기다릴 수가 없었고 슈렐데헨의 눈에는 서글픈 눈물이 흘러넘쳤다. 어머니의 선물이 너무 아까워서였다. 이때 이웃집 머슴이 아가씨한테 들렀고 이렇게 물었다.

"왜 그렇게 슬피 울고 있어요?"

슈렐데헨 아가씨는 대답했다.

"어떻게 안 울 수가 있겠어요? 알지도 못하는 처녀한테 어머니의 선물인 산호 구슬 목걸이를 주었는데 그 아가씨는 세 달째 돌려주지를 않아요."

"그럼 그 목걸이를 가져오면, 당신은 내게 무엇을 주겠소? 무엇으로 사례하겠소?" 머슴이 물었다.

"일등품 쌀과 기장을 드리지요." 처녀가 대답했다.

머슴은 다른 쪽 끝 지방 부락의 모르는 아가씨를 찾아 길을 떠났다. 머슴은 사방을 살피고 냄새를 맡으면서 갔다.

그리고 마침 어떻게 한 천막의 틈새를 들여다보다 가죽을 마름하고 있는 새댁을 보게 되었다. 천막의 오른쪽 벽에서 머슴은 기둥에 걸린 슈렐데헨 아가씨의 산호 구슬을 발견했다.

머슴은 문을 잡아당겼지만 잠겨 있었다. 문을 두드렸지만 아무도 열어 주지 않았다. 그래서 머슴은 천막 위로 올라가서 굴뚝 연통에 머리를 들이밀고는 소리쳤다.

"문 좀 열어 주시오, 여주인장!"

"도대체 어디서 나타난 거요? 벌레 같은 불쌍한 머슴 양반아! 내 눈에서 썩 꺼지시오!" 그에게 새댁이 대답했다.

"만약 문을 열어 주지 않는다면 굴뚝 연통을 타고 내려가 노래를 부르겠소!" 머슴이 겁을 주었다.

"노래를 부르는 것보다는 우는 편이 나을 거요." 마치 무

자르듯 뚝 잘라 대답하고는 새댁은 다시 가죽을 마름하기 시작했다.

그러자 머슴은 페치카[30] 연통에 기어 올라가 자리 잡고 앉아서 노래를 부르기 시작했다.

만약 여자가 예쁘고,
마음 착하고 명랑하면,
머리채가 빛난다네.
못된 추녀
새색시의 머리채는
황소 꼬리처럼 걸려 있다네.

색시는 그런 노래에 화가 치밀었고 천막에서 뛰어나와 가죽을 무두질하는 기계로 머슴을 때리려고 지붕으로 올라갔다. 하지만 신이 난 청년은 바로 이것을 기다렸던 것이었다. 그는 연통을 타고 천막으로 내려갔고 기둥에 걸려 있던 산호 구슬을 가지고 사라져 버렸다.

다음 날 머슴은 산호 구슬을 슈렐데헨 처녀에게 가져다

---

30) 페치카(печка). 러시아에서 쓰는 벽난로로, 난방과 요리를 겸해서 할 수 있고 여러 용도로 쓰였다.

주었다. 처녀는 기뻐서 어쩔 줄 몰라 했고 살진 고기와 월귤나무 크바스[31]로 머슴을 극진하게 대접했다. 대접하고 나서 머슴의 데겔 자락에 쌀 한 되와 기장 한 되를 퍼 담아 주면서 신신당부했다.

"집으로 돌아갈 때 떨기나무 덤불이 있는 곳이나 울퉁불퉁한 곳으로 가지 말고 평평한 돌만 딛으면서 가세요."

머슴은 쌀과 기장을 가지고 더 평평한 오솔길을 골라 집으로 출발했다. 가고 또 가다가 오솔길을 잃어버렸고 가시 돋친 느릅나무 덤불숲을 만나게 되었다. 돌아가는 길을 찾아보려고 했지만 찾을 수가 없었다.

머슴은 덤불숲을 곧장 가로질러 가기 시작했다. 그러나 느릅나무 가시들이 겉옷 자락에 걸렸고 황금빛 낟알들이 축축한 땅바닥에 쏟아져 버렸다. 주워 담을 수도 땅바닥을 말릴 수도 없었다.

'부자 하르타가이 칸의 흑염소들에게 가서 도움을 청해 봐야겠다.' 머슴은 생각했다.

머슴이 하르타가이 칸의 흑염소들에게 와서는 이렇게 말했다.

---

31) 크바스(квас). 호밀을 주원료로 하여 만든 발효 음료로 알코올이 함유된 것이다.

"나를 좀 도와주시오. 근처 언덕에 있는 가시 돋친 느릅나무를 실컷 짓밟아서 못 쓰게 좀 해 주시오."

"우리는 이 언덕에 있는 싱싱한 들밀도 다 뜯어 먹지 못하는데 뭐 하러 가시 돋친 느릅나무까지 건드린단 말이오." 흑염소들이 대답했다.

"그렇다면 회색 늑대들한테로 가야겠군. 늑대들한테 너희 모두를 뜯어 먹어 버리라고 하게." 머슴이 위협을 했다.

머슴은 회색 늑대들에게 와서는 이렇게 말했다.

"가서 하르타가이 칸의 흑염소들을 뜯어 먹어 버려라."

"잡기 쉬운 들새들도 지천인데, 뭐 하러 흑염소까지 뜯어 먹는단 말이오?" 회색 늑대들이 대답했다.

"그렇다면, 나는 하르타가이 칸의 파수꾼들한테 가서 너희의 눈을 뽑아 버리라고 할 테다." 머슴은 이렇게 위협했다.

머슴은 파수꾼한테 가서 부탁했다.

"저를 좀 도와주시오. 회색 늑대들의 눈을 좀 뽑아 주시오."

"우리는 부자 칸의 전 재산을 지키기도 바쁜데. 늑대들한테까지 눈을 돌릴 틈이 없소." 파수꾼들이 대답했다.

"그렇다면 하르타가이 칸한테 직접 가서 당신들에 대해 하소연을 해야겠군. 칸한테 당신들을 젖은 회초리로 때려

주라고 해야겠소."

머슴은 하르타가이 칸한테 와서 하소연하기 시작했다.

"아버지 칸이시여. 파수꾼들을 젖은 회초리로 좀 때려 주십시오."

하르타가이 칸이 보료 위에서 뒤척이더니 투덜거렸다.

"너는 내가 뱃살의 비계 무게 때문에 겨우겨우 움직이는 것이 보이지도 않느냐? 젖은 회초리를 휘두르라니 어처구니가 없구나."

머슴은 들쥐들에게로 가서 이렇게 말했다.

"나를 좀 도와다오. 하르타가이 칸한테로 가서 뱃살 비계 좀 갉아 먹어다오."

"산나리 뿌리를 캐낼 시간도 부족한데 당신은 우리한테 뱃살 비계 타령이오." 쥐들이 대답했다.

"그렇다면 칸의 시녀들에게 가서 너희한테서 달콤한 뿌리를 모두 뺏어 버리라고 할 테다." 머슴은 쥐들을 위협했다.

머슴은 칸의 시녀들한테 가서 이렇게 말했다.

"가서 들쥐들한테서 산나리 뿌리들을 뺏어 주시오."

"우리가 무슨 뿌리들을 상관하기 시작하면, 언제 양과 염소 털을 깎아 모아서 꼰단 말이오!" 시녀들이 대답했다.

"그렇다면 나는 검은 바람한테 가야겠군." 머슴이 겁을 주었다.

그는 검은 바람한테 가서 부탁하기 시작했다.

"나를 좀 도와주시오, 검은 바람이여. 시녀들이 모아 놓은 털을 흩어서 풀어 버리시오."

검은 바람은 머슴을 가엾이 여겨서 초원에다 양과 염소 털을 흩어 버렸다. 칸의 시녀들은 그 털을 모으면서 동시에 산나리 뿌리도 뺏어 오기 시작했다. 쥐들은 단 뿌리들을 빼앗기자 자고 있는 하르타가이 칸의 뱃살 비계를 갉아먹기 시작했다.

하르타가이 칸은 벌떡 일어나서 소리쳤다. "너희는 어디를 보고 있는 게냐!" 하면서 젖은 회초리로 파수꾼들을 때리기 시작했다. 파수꾼들은 쥐들 뒤를 쫓아 달리다 회색 늑대들과 마주쳤고 늑대들의 눈을 파내 버렸다. 늑대들은 눈이 안 보여 염소 떼한테로 뛰어들었고 이빨을 이리저리 좌우로 딱딱거리며 마주치기 시작했다. 흑염소들은 질겁해서 가시 돋친 느릅나무 덤불로 들어가 숨어 버렸고 덤불을 완전히 짓밟아서 못 쓰게 만들었다.

그때 머슴이 와서는 쌀과 기장을 담아서 집으로 돌아갔다. 봄이 되자 황금 낟알들을 뿌렸는데, 가을에 풍성한 추수를 했다고들 한다.

행운과 불행

오랜 옛날에 부자가 가난한 사람을 일꾼으로 데리고 있었다. 가난뱅이는 9년을 부자한테 굽실거리며 그 집 일을 했지만 빚에서 헤어나질 못했다. 가난뱅이한테는 가족을 먹일 곡식도 없었고, 마당에서 키울 가축도 없었고, 늑대가 나오는 밤에 컹컹 짖어 줄 개도 없었다.

어느 날 가난뱅이가 달빛 아래서 주인의 곡식을 탈곡하고 있었는데 들에서 작은 사내애 둘을 보았다. 그 사내애들은 떨어진 이삭을 모아서 곡식 단에 찔러 넣고 있었다. 가난뱅이는 너무 놀라서 짚 낟가리에 숨어 있다가 사내애들이 다가오자 손을 덥석 잡아챘다.

"너희는 도대체 누구냐? 왜 밤에 와서는 이삭을 모아 곡식 단에 찔러 넣는 거냐?" 가난뱅이가 물었다.

"우리는 부자의 행운이에요. 우리는 부자가 잃어버렸거나 잃을 수도 있는 것들을 모두 주워 모아요." 사내애들이 대답했다.

"그렇다면 내 행복을 혹시 본 적 있니? 나한테는 너희 같은 조수들이 없는 거니?" 가난뱅이가 물었다.

"당신한테는 그런 조수들이 없어요. 그보다 나쁜 게 있어요. 벌써 9년째 당신 집에는 팔자 사나운 불행이 살고 있어요. 그것으로부터 벗어나지 않는 한은 자기 귀를 볼 수 없듯이 행운도 결코 볼 수 없을 거예요." 사내애들이 대답했다.

"그럼 어떻게 팔자 사나운 불행으로부터 벗어날 수 있는 거야?"

"탈곡을 끝내고 부자한테서 떠나세요." 사내애들이 가난뱅이를 타이르듯 말했다. "떠날 준비를 하면 팔자 사나운 불행이 어깨에서 내려와 데려가 달라고 부탁할 거예요. 서둘러 거절하지 말고 팔자 사나운 불행을 통 속에 가두고 통을 틀어막아서 황야에 묻어 버려요. 그런 다음 아내와 아이들을 데리고 도시로 떠나세요. 거기 가면 당신은 유명한 고관대작의 우물을 팔 기회가 생길 거예요. 잘 보셔야 돼요. 우물 바닥에서 값진 보석을 발견하게 될 테니까요. 그 돌이 당신 집에 행운도 가져다줄 거예요."

가난뱅이는 주인 집 곡식을 탈곡하고 도시로 떠날 채비를 하기 시작했다. 착한 사람한테서 말과 수레를 빌렸고 수레에 아내와 네 아이들을 태웠다. 그러고는 문을 잠그려 했는데 갑자기 불 꺼진 차가운 페치카에서 울음소리가 들렸다.

가난뱅이가 되돌아와서 보니 페치카 위에 아이 같은데 아이도 아니고, 노인인데 노인도 아닌, 팔꿈치만 한 남정네가 앉아서 슬피 울고 있었다.

"나를 데려가는 것을 잊어버리셨죠." 이렇게 말했다.

"내가 만약 너를 수레에 태워서 모든 사람이 보는 데서 도시로 데려가면, 사람들은 나를 비웃을 것이다. 가난뱅이가 팔자 사나운 불행과 헤어지지를 못하고 어디나 끌고 다닌다네 하면서 말이다. 너는 통에 들어가거라. 거기 있으면 아무도 너를 못 볼 테니."

불행은 동의하고는 통 속으로 쑥 들어갔고, 가난뱅이는 통을 꼭꼭 틀어막고는 큰 산 밑 황야에 파묻었다.

이렇게 하고 가난뱅이는 도시로 갔다. 시장에 나가자마자, 부유한 고관대작을 만났고 그의 우물을 파는 일을 맡아 하기로 했다.

가난뱅이가 일주일을 땅을 파고 또 일주일을 팠지만 물은 여전히 나오지 않았다.

"귀신이 곡할 노릇이야!" 가난뱅이가 아내에게 말했다. "얼마 있으면 땅 끝까지 뚫을 지경인데 물은 냄새도 안 나니 말이야. 이렇게 일하면 고관대작이 나한테 한 푼도 안 줄 텐데. 그럼 무슨 수로 아이들을 먹여 살리지?"

다음 날 날카로운 삽이 무엇인가 단단한 것에 부딪혔다. 눈이 멀 정도로 불꽃이 번쩍하더니 사그라지지를 않았다. 가난뱅이가 쳐다보니 값진 보석이 온통 무지갯빛을 뿜어내고 있었다.

가난뱅이는 발견한 보석을 넝마에 싸서 도시에서 가장 학식이 있는 사람한테 가져갔다. 박식한 사람은 손에서 보석을 이리저리 돌려 보고 가난뱅이를 도시의 통치자에게 데려갔다. 가난뱅이는 칸의 궁궐 문턱을 넘자 겁이 덜컥 났다. 그러나 통치자는 희귀한 보석의 발견에 대해 듣고는 우물 자리에 귀금속 채광장을 건설하라고 명령했고 가난뱅이에게는 고관 칭호를 수여하고 채광장을 감독하라고 시켰다.

행운과 살고 있던 부자는 이 소식을 듣게 되었고 적지 않게 놀랐다. 부자는 도시로 갔고 자신의 예전 일꾼을 물어물어 찾아가서 이것저것 캐묻기 시작했다.

"한 가지만 물어보세. 어떻게 그렇게 순식간에 부자가 될 수 있었나?"

"내가 나리의 곡식을 탈곡하고 있었는데요." 예전의 가난뱅이가 이야기를 시작했다. "작은 사내애 둘을 보았습니다요. 그 사내애들은 떨어진 이삭을 모아서 곡식 단에 찔러 넣고 있었습니다요. 내가 사내애들을 붙잡았고, 그 애들이 불행으로부터 어떻게 벗어나는지를 알려 주었습니다요. 나는 내 팔자 사나운 불행을 빈 통에 넣어서 꼭꼭 틀어막고는 높은 산 밑의 황야에 파묻었습죠. 내 행운에 대해서는 전혀 다른 문제죠. 각자에겐 자신의 행운이 있어요. 나리가 다 찾아

다닐 수는 없죠."

"어쩌면, 내 것이 좋을 수도 있지만 네 행운이 더 좋을 수도 있잖아." 부자는 부러워하면서 집으로 돌아왔다. 부자는 큰 산 밑의 황야를 발견했고 묻어 둔 통을 파내서 불행을 풀어 주었다.

"네 주인한테 돌아가라." 부자는 이렇게 말했다.

"가지 않을래요." 불행이 고집을 피웠다. "또다시 나를 통에 넣어서 땅에 파묻을 거예요. 차라리 당신과 있는 게 더 좋겠어요."

팔자 사나운 불행은 이 말을 하고는 부자의 수레에 착 달라붙어서 부자와 함께 그의 저택으로 갔다. 부자가 집으로 들어가자 불행도 그 뒤를 따라 들어갔다.

그때부터 행운이 아무리 재산을 더 많이 가져다주어도 팔자 사나운 불행이 바람에 모두 날려 버렸다.

구르발다이의 세 현자

사람들은 구르발다이의 세 현자가 세 종족에서 왔다고들 한다. 한 명은 이키나트족 출신이고, 또 다른 한 명은 바라이족 출신이고 세 번째 현자는 보롤도이족 출신이라는 것이다. 세 현자가 따로 살았을 때 세 사람은 이미 풍문으로 서로서로에 대해 알고 있었다.

바라이족 현자가 보롤도이족 현자에게 왔고 그들은 이야기를 시작했다.

"형제여, 당신은 어디서 오셨소이까?" 보롤도이족 현자가 물었다.

"차가운 강 옆 마을에서 왔지요." 바라이족 현자가 대답했다.

"당신은 계곡에서 흘러나오는 개울을 차가운 강이라고 부르는 건가요?"

"이 개울이 계곡에서 흘러나오긴 하지만 커다란 새 투라크도 그 개울을 날아 건널 수가 없답니다."

"당신은 얼마 전에 알을 깨고 나온 통통한 새끼 종달새를 커다란 새 투라크라고 부르는 겁니까?"

"그 새가 비록 새끼 종달새이긴 하지만 칸의 황금 궁궐에 앉을 때면 두 날개가 땅에 닿곤 합니다."

"당신은 농군의 초막을 칸의 황금 궁궐이라고 부르는 겁니까?"

"비록 농군의 초막이지만 문 양쪽에 앉아 있는 개 두 마리가 서로 짖는 소리를 듣지 못할 정도입니다."

"갓 태어나 축축한 강아지 두 마리를 당신은 개라고 부르는 겁니까?"

"비록 갓 태어나 축축한 강아지지만 40푸트의 납을 신겔투이 고개에 실어 날랐답니다."

"당신은 버려진 쓰레기 더미를 신겔투이 고개라고 부르는 겁니까?"

"비록 버려진 쓰레기 더미지만 우리 고장을 북풍과 혹한으로부터 지켜 준답니다."

"아침저녁으로 내리는 서리를 혹한이라고 하는 겁니까?"

"서리이긴 하지만 이야기에 너무 열중했던 두 현자는 혀가 동상을 입었을 정도입니다."

"당신은 말더듬이 멍청이 둘을 현자라고 칭한 것입니까?"

"그들이 말더듬이이긴 하지만 말에는 막힘이 없답니다."

"이제야 내가 보니, 형제여, 당신은 현자이구려. 이키나트족의 현자를 찾으러 갑시다." 보롤도이족의 현자가 말했다.

그들은 오카강의 계곡으로 갔다. 이키나트족 중에서 가장 나이 들고 가장 현명한 사람을 찾아냈다. 그 사람의 집에 들어가서 인사를 했다.

"여러분, 어떤 강에서 오시는 길이시오? 어떤 계곡에서 찾아오신 것이오? 무슨 소문을 듣고 이렇게 멀리까지 행차를 하시었소?" 주인이 물었다.

손님들은 가장 현명한 사람들 중에 제일 현명한 사람을 찾아왔고 마침내 이렇게 찾았다고 그에게 말했다. 그들 사이에 오랜 시간 대화가 흐르기 시작했다.

이 대화 도중에 바라이족 현자가 말했다.

"나는 소년이었을 때 초원에서 양을 방목했소. 어느 날 내게 젊은이 넷이 다가오더니 이렇게 말했소. '아버지에게는 우리 넷이오. 돌아가신 후에 아버지는 우리에게 절름발이 누런 암말을 남겨 주었소. 우리는 암말을 나누기 시작했소. 장남에게는 머리가 돌아갔고 둘째에게는 몸통이, 셋째에게는 튼튼한 다리 셋이, 막둥이에겐 저는 다리가 몫으로 돌아갔소. 그리고 어처구니없는 불행이 닥쳤소. 우리 암말이 말뚝을 넘어뜨리고는 부자 이웃의 밭으로 뛰어들어서는 밀을 온통 못 쓰게 만들어 버렸지 뭐요. 재판관이 이 일을 심의하기 시작했고 이웃에게 40푸트의 곡식을 지불하라고 판결했소. 현명하고 현명하신 분이시여, 당신 생각에 우리 각자가 얼마큼씩 내놓아야 하는지 말해 주시오."

현자들 중에서 나이 많은 분이 한동안 생각하더니 이렇게 말했다.

"장남은 다른 형제들보다 두 배를 더 내야 하오. 왜냐하면 머리가 모두에게 명령을 내리기 때문이오. 중간의 두 형제는 10푸트씩 내야 하오. 왜냐하면 튼튼한 다리가 당신들의 암말을 남의 밭으로 이끌었고 다름 아닌 바로 자기 몸을 살찌웠기 때문이오. 막둥이는 이 일과는 전혀 상관이 없소. 왜냐하면 저는 다리는 말이 말뚝을 넘어뜨리는 일에 방해가 되었을 뿐이기 때문이오."

나머지 두 현자는 머리를 끄덕였지만 나이 든 사람은 보롤도이족 현자에게 자기 식대로 이렇게 물었다.

"오카와 이르쿠트의 산들은 메르겐[32] 데게의 영지에 있지요. 한번은 이 장소들을 지나가다 메르겐 데게가 얼룩 사슴 한 마리를 보았답니다. 메르겐은 활도 화살도 가지고 있지 않았어요. 활과 화살을 가지러 집에 뛰어갔다 와야만 했어요. 이때 바라 비스트리라는 이름의 투메르시의 아들이 사냥감을 쏘아 맞혔고 구워 먹으려고 했습니다. 메르겐 데

---

32) 백발백중 명사수를 말한다.

게가 활과 화살을 가지고 돌아오자마자 사냥물이 자기 것이라고 요구했어요. 형제여, 당신은 이 사냥꾼들을 어떻게 판결하시겠습니까?"

현자들 중 가운데 사람이 미소 짓더니 이렇게 말했다.

"사슴을 화살이 날아가는 거리에 세워 놓고 메르겐 데게가 쏘게 해야 합니다. 명중하면 메르겐 데게는 사냥물의 주인이 되는 것이죠."

다른 두 현자가 맞는다는 듯이 고개를 끄덕였다.

그때부터 그 세 현자는 친하게 지냈고 함께 살기 시작했다. 숨겨진 것을 간파하고 분산된 것에서 전체를 이끌어 내는 구르발다이 현자들의 커다란 지혜와 통찰력에 대한 명성은 날로 날로 더해졌다.

어느 날 세 현자가 집에 있을 때 두 여인이 찾아와서는 이렇게 말했다.

"우리는 형제에게 시집을 가서 동서지간이 되었습니다. 1년도 가기 전에 아들 한 명씩을 낳았지요. 두 아들은 쌍둥이처럼 닮았어요. 어느 날 우리는 아들들을 침대에 데리고 가서 껴안은 채 잠이 들었어요. 아침에 보니 아들 중 한 명이 죽어 있었어요. 그래서 우리는 누구의 아들이 살아 있는지를 두고 싸우고 있답니다. 구르발다이의 세 현자여, 우리의 논쟁을 해결해 주시길 제발 부탁드립니다."

세 현자는 아이를 데려오라고 명했다. 현자들 중 나이 든 사람이 장도를 집어 들었고 아이의 머리 위에 쳐들면서 이렇게 말했다.

"아이를 반으로 갈라서 공평하게 반씩 당신들께 나누어 주겠소!"

"제발, 아이를 제 동서에게 주세요!" 여인들 중 한 명이 현자의 팔을 덥석 붙잡으면서 애원하기 시작했다.

"걱정 마시오. 당신의 아들은 건드리지 않을 테니." 현자들 중 나이 든 사람이 여인에게 아이를 넘겨주면서 말했다. 그리고 다른 여인에게 썩 물러가라고 내쫓았다.

"귀로 들은 것은 거짓이지만 본 것은 진실된 법이다." 두 현자는 맞는다는 듯이 고개를 끄덕였다.

태양꽃

풍요로운 계곡 변방, 급류가 흐르는 강변, 얼음산 허리에 작은 부락이 있었다. 이 부락에는 나란 게렐테라는 부유하지 않은 사람이 살고 있었다. 그에게는 태양꽃이라는 뜻을 가진 나란 세세크라는 이름의 어여쁜 딸이 있었다.

한 티벳 라마승이 버릇처럼 그 집을 드나들기 시작했다. 그는 미녀 나란 세세크가 너무 마음에 들어 그녀를 부모의 집에서 데리고 나오기로 결심했다. 라마승은 교활하게 속여도 보았다가 수많은 황금을 주겠다고 약속했다가 불쌍한 처녀를 위협했다가 별수를 다 썼지만 아무 소용이 없었다. 그러자 마지막 수단을 쓰기로 결심했다. 그는 적당한 때를 기다렸다가 처녀에게 일곱 가지 풀을 달인 물을 먹였는데 그 중 한 풀은 독풀이었다.

하루도 지나지 않아서 나란 세세크는 병들어 앓기 시작했다. 그녀의 빛나는 눈빛은 사그라 들었고 양귀비꽃 같은 뺨은 창백해졌으며 침상에서 일어나지도 못하고 누워 있었다. 불행한 아버지는 안절부절못하며 무엇을 해야 할지 몰랐다. 그는 바로 그 라마승에게 달려가서 그를 집으로 데려와서 말했다.

"신을 두고 당신께 간절히 바라건대 내 외동딸이 병이 난 원인을 찾아서 제발 좀 낫게 해 주십시오!"

라마승은 심각한 표정을 지으면서 노란색 운명책을 펼쳐 잠시 보며 잘난 척을 하더니 말했다.

"쵸르니 루사드 칸이 당신 딸을 원합니다. 이 물귀신만이 나란 세세크를 고칠 수 있습니다. 만약 멋대로 병든 딸을 루사드 칸한테 보내지 않는다면 당신 딸은 일주일도 살지 못할 것이오. 하지만 서둘러 보낸다면 딸이 건강하게 살아서 곧 돌아오는 것을 보게 될 거요."

아버지는 그런 요구에 매우 슬퍼했다.

"하지만 우리는 루사드 칸한테 어떻게 가는지도 모르는데요." 아버지가 말했다.

"그건 걱정하지 마시오. 내가 책임지고 다 알아서 할 테니." 라마승은 이렇게 보증하더니 망설이지 않고 바로 일에 착수했다. 라마승은 목수들에게 나란 세세크가 들어갈 수 있는, 물이 스며들지 않는 소나무 상자를 만들라고 지시했다. 상자 밑에는 장식품과 함께 가장 좋은 옷과 일주일분의 식량을 넣었다.

상자에 들어가기 바로 직전에 나란 세세크는 아버지한테 마지막 당부의 말을 했다.

"붉은 털 강아지 구리크를 저와 함께 보내 주세요. 더 이상은 아무것도 필요 없어요."

그렇게 했다. 소나무 상자에 처녀와 함께 붉은 털 강아지 구리크를 앉혔고 뚜껑을 닫고 못으로 단단히 박았다.

"이제 강을 따라 위로 올라가서 강물에서 가장 물살이 사나운 곳에 상자를 띄우시오."

라마승은 이렇게 말했다. 그리고 자신은 말을 타고 강변의 하류로 달려갔다. 집으로 돌아와서 일곱 명의 행자승들에게 이렇게 말했다.

"얼마 안 있으면 소나무 상자가 이리로 떠내려올 것이다. 상자를 건져서 조심스럽게 강변으로 끌어내서 집으로 가져와 불당 앞에 놓아 두거라. 잘 보고 있되 뚜껑을 열면 절대 안 된다. 그러면 큰 죄를 받게 될 게다!"

행자승들은 명령을 수행하러 달려갔다.

그러는 사이에 청년 목동이 회색 황소를 타고 강변을 가고 있었다. 가다가 보니 강의 급류를 타고 나무 상자가 물살에 흔들리며 떠내려오고 있었다.

'이게 도대체 뭘까?' 청년이 생각했다.

청년은 순식간에 옷을 벗어 던지고 상자를 향해 물살을 가로질러 헤엄쳐 갔다. 청년이 겨우 상자를 강변으로 밀어내서 뚜껑을 뜯어냈더니 상자에서 믿을 수 없이 아름다운 처녀가 나왔다.

“상자 바닥에서 발견한 모든 것을 꺼내세요. 다만 붉은 털 강아지 구리크는 내놓지 마세요.” 나란 세세크는 자신의 구원자에게 말했다.

청년은 붉은 털 강아지 구리크를 상자 속에 남겨 두고 다시 뚜껑을 박고는 물에 띄웠다. 그리고 자신은 회색 황소를 타고 뒤에는 미녀 나란 세세크를 앉혀서 서둘지 않고 천천히 자기의 오두막으로 출발했다.

“누구세요? 무슨 일을 하며 사세요?” 나란 세세크는 도중에 목동에게 물었다.

“저는 가난한 목동이에요. 칸의 식탁에서 남은 것을 먹기도 하고 초원에서 메밀 낟알을 줍기도 하고 달콤한 칡뿌리를 캐기도 해서 먹고 산다오.”

나란 세세크도 자신에 대해 이야기했고, 목동의 가난한 오두막에 들어가서 총각이 어질러 놓은 것들과 무릎까지 빠지는 더러운 먼지를 보고는 옷소매를 걷어 올리고 일을 하기 시작했다. 청소해야 되는 것은 청소를 했고 매끄럽게 해야 되는 것은 매끄럽게 해서 오두막은 아주 깨끗해졌다.

일곱 명의 행자승들은 강변에 앉아서 상자가 나타나기를 기다리고 있었다.

“떠내려온다, 떠내려와!” 마침내 가장 눈이 밝은 행자승이 소리쳤다.

행자승들은 쇠갈고리를 붙들고 상자를 강변으로 끌어냈다. 사이좋게 어깨에 지고 스승의 집으로 가져와서 불당 앞에 놓았다.

"내가 말한 대로 했느냐? 도중에 상자를 떨어뜨리지는 않았겠지? 뚜껑을 열어 보지는 않았지?" 라마승이 그들에게 물었다.

"우리가 어떻게 스승님 말씀을 거역하겠어요, 스승님." 일곱 명의 행자승이 대답했다.

라마승이 그들에게 말했다.

"그렇다면 또 하나의 내 지시를 따르거라. 일곱 고개 너머로 가서 거기 사람들이 어떻게 사는지 보고 오너라. 급히 서두를 필요는 없으니 내일 저녁 전까지 돌아오면 된다."

행자승들은 일곱 고개 너머로 떠났다. 그리고 라마승은 소중한 상자를 열려고 달려갔다. 미녀 나란 세세크와의 만남에 대한 기대 때문에 라마승은 기도문을 두 연인에 대한 노래와 헷갈릴 정도였다. 라마승은 콧노래를 흥얼거렸다. "참아라. 태양 같은 얼굴의 미녀야! 참아라. 밝은 눈의 아가씨야! 지금 내가 너를 꺼내 주겠으니!" 이 말과 함께 마지막 못을 뿌드득 뽑아내고 상자를 열었더니 거기서 나온 것은 태양 같은 얼굴의 나란 세세크가 아니라 붉은 털의 커다란 개였다. 개는 라마승이 보는 앞에서 털을 곤두세워 달려들어 조각조각 갈가리 찢어 버렸으며 남은 유해는 불같이 붉은 꼬리로 계곡으로 쓸어 던져 버렸다.

다음 날 저녁에 돌아온 행자승들은 오랫동안 자신들의 스승을 소리쳐 불렀지만 아무런 응답이 없었다.

목동 청년은 미녀 아내한테서 한 발짝도 떨어지지 않고 밤낮으로 황홀해서 쳐다보았지만 아무리 봐도 질리지가 않았다. 그가 집에서 유일한 벌이꾼이라는 사실을 완전히 잊어버렸다.

예비 양식이 떨어지기 시작했다. 나란 세세크는 남편에게 말했다.

"당신이 메밀 낟알이라도 주워 오고 칡뿌리라도 캐 오면 좋겠어요."

이에 대한 대답으로 남편은 더 아내에게 집착했고 한시도 눈을 뗄 수가 없었다.

그러자 나란 세세크는 자작나무 껍질에 자신의 초상화를 그려서 남편에게 주면서 이렇게 말했다.

"이제 저는 당신과 항상 함께예요."

목동은 자기의 회색 황소를 타고 뭐라도 먹을 것을 찾으러 초원으로 향했다. 조금 가다가 품속에서 자작나무 껍질을 꺼내서 아내의 초상을 보고 또 계속 갔다. 한 고개에서 청년이 또다시 자작나무 껍질을 꺼내서 보는데 불어온 회오리

바람이 그의 손에서 자작나무 껍질을 빼앗아서 어디론지 모를 곳으로 가져가 버렸다.

청년은 눈물범벅이 되어 집으로 돌아와서 일어난 일을 아내에게 말했다.

"어떤 쪽으로 자작나무 껍질이 사라졌나요?" 아내가 물었다.

"남쪽으로." 청년이 눈물을 흘리며 대답했다.

"그것 참 안 좋은 일이군요." 나란 세세크는 슬프게 말했다. "남쪽 영지의 칸은 오래전부터 저를 찾고 있거든요. 만약 그의 손에 내 초상화가 흘러 들어가게 된다면 당신의 생생한 발자취와 옛 흔적을 따라서 우리 오두막을 찾게 될 거예요. 그러면 어떻게 할까요? 어떻게 이 불행을 물리칠 수 있을까요? 당신에게는 쇠삽 하나밖에 없고, 내게는 가는 바늘 외에 다른 무기는 하나도 없는데요?"

그들은 완전히 수심에 잠겼다. 그들은 서로를 껴안고 앉아 있었다. 위로 눈을 들고는 어이가 없이 웃더니 눈을 내리깔고는 슬프게 흐느껴 울기 시작했다.

"만약 나를 납치해 가더라도 저를 잊지는 말아 주세요." 나란 세세크가 남편에게 말했다. "계속해서 저를 찾고 노련한 사람들에게 저에 대해 물어보세요. 여기 금반지가 있어요. 내가 갇힌 곳을 알게 되면 이 반지로 제게 알려 주세요."

검은 회오리바람처럼 다음 날 낯선 사람들이 오두막에 쳐들어와서 나란 세세크를 납치해 갔다.

청년은 온종일을 슬퍼했고 다음 날도 슬퍼하다가 그다음에 회색 황소에 안장을 얹고 아내를 찾으러 나섰다. 1년을 그는 초원과 타이가의 길을 배회하고 다녔다. 마침내 청년은 칸의 말 떼를 방목하는 노인을 만났다.

노인이 말했다.

"안녕하신가, 청년. 자네 말의 발굽이 이렇게 심하게 닳은 것을 보니 어렵지 않게 짐작이 가는군. 자네의 여행길이 멀고도 험했겠군. 어디로 가는 길인지 말해 보게나."

"제게는 나란 세세크라는 이름의 미녀 아내가 있었어요. 우리는 행복하게 살고 있었죠. 그런데 어느 날 남쪽 영지 칸의 사람들이 쳐들어와서 아내를 훔쳐 갔어요. 그때부터 저는 사방으로 아내를 찾아다니고 있어요." 긴 한숨을 쉬면서 청년은 자기 이야기를 마쳤다.

"그렇다면 청년, 자네는 목적지에서 멀지 않았네." 노인이 결론을 내리면서 말했다. "왜냐하면 내가 바로 남쪽 영지 칸의 말들을 방목하고 있기 때문이네. 보지는 못했지만 듣기는 들었네. 칸의 궁궐에 전대미문의 미녀가 1년 전에 나타났다는 사실을 말일세. 젊은 목동이나 늙은 목동들이 말하기를, 그녀는 자주 그들을 찾아가서 자네가 내게 한 바로 그

이야기를 하곤 한다는군. 그렇다면 자네는 아내를 찾은 것이 아닌가. 오늘 내가 칸의 저택에 말 떼 중에서 가장 좋은 종마를 끌고 간다네. 어쩌면 내가 나란 세세크를 만나서 얘기를 나눠 볼 수 있을지도 모르겠군."

"그렇다면 그녀에게 이 반지를 전해 주세요." 청년은 손에서 금반지를 빼서 부탁했다.

말 치는 노인은 길들지 않은 종마를 칸의 저택으로 끌고 가서 사방을 둘러보았다. 주위를 보니 창살이 있는 창문 옆에 밝은 눈의 미녀가 앉아 있었다. 단번에 노인은 이 여인이 나란 세세크라는 것을 알아보았다. 그는 오른손 손바닥에 금반지를 올려놓고 새벽 빛에 비춰서 반짝이게 했다. 그리고 다시 왼손 손바닥에 올려놓고 아침 섬광에 빛나게 했다. 나란 세세크가 그것을 보고는 물었다.

"할아버지, 이 반지는 어디서 나셨어요?"

"잘생긴 청년이 자기 황소를 방목하고 있는 곳에서 났지요." 노인이 대답했다.

"그 청년보고 내일 거지 차림으로 궁전 대문으로 오라고 해 주세요."

나란 세세크는 이렇게 부탁하고 노인에게 금화를 후하게 선사했다.

청년 목동은 말 치는 노인에게서 좋은 소식을 듣고 기뻐서 안절부절못하며 잠도 못 잤다. 겨우 아침을 기다렸다가 남루하게 옷을 입고 회색 황소를 타고 궁전으로 향했다. 대문으로 다가가자마자 문지기들이 달려들어 그를 쫓아내기 시작했다. 나란 세세크는 창문에서 보다가 이렇게 말했다.

"우리 창문 밑으로는 이미 아무도 지나갈 수가 없어요."

그녀 뒤에서 칸이 보고는 투덜거리며 말했다.

"아주 더럽고 가난한 녀석이군! 내가 개한테 그를 물어뜯어 죽여 버리라고 명령해야겠어."

"신께 맹세코 그렇게 하시면 안 돼요." 나란 세세크가 애원했다. "오래된 선한 관습에 따라서 가난한 사람은 반갑게 맞아서 잘 대접하고 몸을 따뜻하게 데울 수 있게 해 주어야만 해요. 빵 한 조각과 차 한 모금이 그렇게도 아까우세요?" 미녀가 아주 화를 냈다.

'만약에 그녀가 저렇게도 남루한 거지한테 이렇게 착하다면 어쩌면 나한테도 더 다정하게 굴게 되지 않을까'라고 칸은 생각하면서 궁전으로 거지 차림의 청년을 들이라고 명했다.

청년은 자신의 회색 황소를 은말뚝에 묶고 칸의 저택 문턱을 넘어서 문 옆에 앉았다.

나란 세세크는 거지 앞에 금도금한 은제 식탁을 놓았다. 그리고 귀한 손님처럼 방랑자를 대접하기 시작했다. 그리고 너무나도 다정하게 그와 얘기를 하고 너무나 유하게 대해서 칸은 화가 나서 얼굴이 꺼멓게 되어 열 개의 커튼 너머로 나가 버렸다.

나란 세세크는 사랑하는 사람을 극진하게 대접하고 아주 존경스럽게 그를 대문 너머로 배웅했다.

이때 칸은 화가 나서 말했다.

"당신은 1년 동안 이 거지에게 말한 것처럼 그렇게 부드러운 말을 한 적이 없었소. 어쩌면 나도 거지가 된다면 그때는 나도 당신의 사랑을 기대할 수 있겠소?"

"그게 가장 현명한 결정이군요." 나란 세세크는 부드럽게 미소 지었다.

이 미소 때문에 칸은 완전히 제정신을 잃을 지경이었다.

"거지를 돌아오게 해라!" 이렇게 소리쳤다.

나란 세세크는 사랑하는 남편을 돌아오게 했다.

칸이 명령했다.

"너의 넝마 조각을 벗어라! 그리고 내 옷을 입어라. 그 옷을 입으면 그렇게 사랑을 받고 대접을 받지는 못할 것이다."

칸은 거지 옷을 입었다. 그러자 나란 세세크가 그에게 말했다.

"회색 황소를 타고 먼 길을 떠나세요. 사흘 후에 당신을 궁궐 대문 앞에서 기다릴게요. 어떤 모습으로 돌아오는지 보겠어요."

칸은 아무도 모르게 하기 위해서 얼굴을 손으로 가린 채 넝마 조각을 입고 나갔다. 나란 세세크는 하인들에게 "만약 남동쪽에서 손으로 눈을 가린 거지가 나타나면 그 사람은 악한이니 그를 즉결재판에 처하시오"라고 엄하게 명령했다.

무서운 용사 두 명이 15미터나 되는 구멍을 팠고 가장 저명한 고관들이 황소만 한 돌을 가져왔다. 셋째 날에 칸이 나타났다. 은밀히 손으로 얼굴을 가리고 자기 궁궐로 숨어들었다. 그러나 이때 용사들이 덤벼들어 15미터 구멍에 그를 던졌고 위에 황소만 한 돌을 덮었다.

"우리가 교활한 적을 이겼다! 교활한 여우의 꾀를 넘겨짚었다!" 고관들은 집으로 가면서 기뻐했다.

청년 목동은 아내 나란 세세크와 함께 고향으로 돌아와서 행복하게 살았다.

동물담

개가 친구 같은 주인을 찾은 이야기

개는 이렇게 생각했다. '혼자 사는 것은 안 좋아. 가장 용감하고 힘센 누군가를 찾아야겠어…. 나는 그의 충실한 친구가 될 수 있을 텐데….' 그리고 개는 친구를 찾으러 숲으로 갔다. 개가 토끼한테서 세상에서 가장 용감하고 힘센 동물은 늑대라는 얘기를 듣자 바로 그때 늑대가 이빨을 떡떡 마주치며 맞은편에서 걸어오고 있었다. 개는 늑대한테 말했다.

"늑대야, 친구로 지내자."

"그러자. 혼자는 안 좋잖아." 늑대가 그러자고 했다.

저녁에 그들은 나무 밑 부드러운 이끼 위에 자려고 누웠다. 밤에 개는 갑자기 바스락거리는 소리를 들었고 크게 짖기 시작했다. 늑대는 깜짝 놀라서 꼬리를 움츠리고 개를 말리기 시작했다.

"조용히… 조용히 해…. 입을 다물어. 짖지 말라구. 곰이 듣겠어. 곰은 너도 나도 갈기갈기 찢어 버릴 거야."

"너는 왜 이렇게 겁쟁이냐. 나는 너보다 작은데 무서워하지 않잖아. 곰을 보여 줘 봐. 어떤 짐승인지 좀 보게. 재밌는 걸…." 개가 말했다.

그들은 타이가로 갔다. 넘어진 고목에 털이 덥수룩한 커다란 갈색 곰이 누워 있는 것이 보였다….

"바로 저놈이야." 멀리서 늑대가 보여 주고는 개를 혼자 남겨 두고 도망쳤다.

개는 곰한테 가서 친구가 되고 싶다고 말했다. 곰은 개를 보더니 으르렁거렸다.

"그래 좋아."

그리고 그들은 함께 살기 시작했다.

저녁에 자려고 누웠는데 개가 또 바스락거리는 소리를 들었고 짖기 시작했다. 곰은 겁을 먹고 말했다.

"떠들지 마, 개야. 호랑이가 듣겠어…. 호랑이가 공격해서 우리를 찢어 놓을 거야."

개가 생각했다. '아니야, 곰은 내게 친구로 적당하지 않아. 무슨 호랑인가를 무서워하잖아….'

"호랑이를 내게 보여 줘." 개가 부탁했다.

아침에 곰이 조용히 말했다.

"저기 호랑이가 온다…." 이렇게 말하고 재빨리 도망쳤다.

'커다란 짐승이군, 힘이 세겠어. 아마도 그 누구도 두려워하지 않을 거야. 호랑이와 친구 해야겠군.' 개는 이렇게 결심했다.

개가 호랑이에게 친하게 지내고 싶다고 말하자 호랑이는 생각하고 생각하다가 동의했다.

그들이 잠든 밤에 개는 짖었다. 호랑이는 벌떡 일어나서 개한테 소리쳤다.

"조용히 해. 사자가 듣겠어! 사자가 오면 우리 둘 다 먹어 치워 버릴 거야…."

호랑이는 너무나 겁을 먹어서 개한테 어디에 사자들이 사는지 보여 주지도 않았다. 무서워했던 것이다. 개는 혼자 갔다. 저녁때까지 찾고 또 찾았지만 사자를 발견할 수는 없었다. 밤에 끔찍한 포효에 잠이 깼더니 땅이 흔들리고 숲이 술렁거렸다. 이것이 사자였다…. 개는 용감하게 사자한테 다가갔다. 사자는 으르렁거렸고 갈기가 꼿꼿하게 서 있었다.

"너는 무슨 짐승이냐?" 사자가 매섭게 물었다. "너는 왜 나를 무서워하지 않는 거냐? 내가 너를 깔아뭉개 버리겠다."

개는 친구가 되고 싶었다고 말했다.

"그래, 그럼 나와 함께 가자." 사자가 으르렁대며 말했다.

온종일 그들은 숲과 초원을 싸돌아 다녔고 모든 짐승들이 그들을 피해 숨었다. 저녁이 되어 그들은 풀숲에 잠자려고 누웠다.

밤에 개는 잠이 깨서 크게 짖어 대기 시작했다. 사자는 화를 냈다.

"조용히, 조용히 해! 사람이 들으면 우리를 죽여 버릴 거야. 사람한테는 커다란 목소리를 가진, 불을 뿜는 철 막대기가 있단 말이야."

개는 사람이 도대체 무엇인지 알고 싶었다…. 개는 사자와 함께 사람을 찾으러 떠났다.

곧 그들은 작은 사내애를 만나게 되었다.

"어쩌면 이게 사람이야?" 개가 물었다.

"이게 맞는데… 근데 아직 덜 자랐어." 그리고 그들은 계속 갔다. 그런 다음 노인을 보게 되었다. 노인은 막대기에 의지한 채 천천히 걸어가고 있었다.

"이거야?" 개가 물었다.

"이게 맞는데… 너무 늙었어. 보다시피 세 다리로 걷잖아…."

얼마가 지나가 그들은 말을 타고 가고 있는 건장한 청년을 만났다.

"바로 이 사람이야!" 사자가 소리치고는 뒤로 도망쳤다.

개는 사람한테 다가가서 꼬리를 흔들면서 가장 용감하고 강한 친구를 찾는 중이라고 말했다.

"이봐, 사람, 친구로 지내자."

"그러지 뭐." 사람은 친절하게 대답하며 이렇게 말했다.

"다만 나는 겁쟁이는 싫어한다는 것만 알아 둬."

저녁에 그들은 자려고 누웠다. 밤에 개가 짖기 시작했는데 어떤 바스락거리는 소리를 들었기 때문이었다. 사람은 벌떡 일어났고 총, 즉 사자가 말했던, 커다란 목소리를 가진 불을 뿜는 철 막대기를 들고 개와 함께 근처에서 누가 바스락대는 것인지 찾으러 갔다.

"너와 함께라면 우리는 어떤 적도 두렵지 않다." 사람은 개에게 말했다.

개는 마침내 용맹한 용사의 심장을 가진 친구를 찾았다는 것을 알게 되었다. 그때부터 개는 사람에게 충실하게 봉사하고 있다.

머저리 늑대

어느 날 배고픈 늑대가 먹을 것을 찾아서 길을 헤매다가 초원에서 풀을 뜯고 있는 말을 발견하고 말에게 말했다.

"말아, 내가 너를 잡아먹겠다."

말이 말했다.

"어쩌겠어. 먹어. 근데 먼저 내 발굽에 무엇이 쓰여 있는지 읽어 봐."

늑대는 말발굽에 무엇이 쓰여 있는지 보기 시작했다. 그러자 말이 그의 머리를 발굽으로 차 버렸고 우리의 늑대는 풀밭에 나뒹굴었다.

말은 그러는 사이에 도망쳐 숨어 버렸다.

늑대는 제정신이 돌아와서 계속 배회하며 '아이구' 하며 소리쳤다.

"나는 한 번도 유식쟁이가 된 적이 없구나. 어떤 악마 놈이 발굽에 쓰인 것을 읽어 보라고 부추겼느냐?"

늑대가 이렇게 가다가 사냥꾼의 개를 만났다.

"개야, 내가 너를 잡아먹어야겠다."

개는 대답했다.

"좋아요. 드세요. 근데 먼저 내가 떨기나무 숲에서 잡은 사냥물을 꺼내는 것을 도와주세요. 나는 늙어서 눈이 잘 안 보여서요."

"좋다." 늑대가 동의했다.

개는 사냥꾼 주인이 덫을 쳐 놓고 그 옆에 오래된 쇠고기 조각을 미끼로 던져 놓았던 떨기나무숲으로 늑대를 데려갔다.

"바로 여기예요. 떨기나무 숲에서 찾아봐요." 개가 말했다.

늑대는 미련하게 고기를 가지러 기어 들어갔다가 발이 덫에 걸렸다. 그러자 개는 사냥꾼 주인을 데려오기 위해 걸음아 날 살려라 하며 집으로 달려갔다.

이때서야 늑대는 어떤 불행을 당하였는지 알아차렸다. 발을 깨물어 끊고 세 다리로 가까스로 자신의 굴로 도망치면서 자신을 질책했다.

"머저리, 나는 머저리다. 왜 개 말을 들었단 말이냐?"

이렇게 얼마간의 시간이 흘렀다. 늑대는 또다시 배가 고파졌고 먹이를 찾으러 나갔다. 그는 마을 주변을 돌아다니다가 곳간 울타리에서 돼지들이 땅을 파헤치고 있는 것을 보았다. 늑대가 돼지들에게 다가가서 말했다.

"돼지들아, 내가 너희를 잡아먹겠다."

"원한다면 드세요. 다만 먼저 우리가 어떻게 노래를 부르는지 들어 보세요.”

“그래, 좋아, 불러 봐, 나는 들을 테니.” 늑대가 동의했다.

돼지들이 울타리 주위를 에워싸고 귀청이 터져라고 꽥꽥 돼지 멱따는 소리를 지르자 사람들이 막대기를 들고 와 늑대를 보고는 때리기 시작했다.

가까스로 늑대는 도망쳐서 겨우 다리를 끌고 갔다.

도망치면서 늑대는 또다시 자신의 실수를 욕하기 시작했다.

늑대가 말했다.

“회색 멍청이인 내게 마땅하다. 이제 다시는 어떤 말도 안 듣고 처음 만나는 놈을 산 채로 먹어 버릴 테다.”

늑대의 맞은편에서 사람이 숲에서 나무를 해서 오고 있었다.

“자, 이제 너를 잡아먹을 테다!” 늑대가 말했다. 그리고 사람에게 바로 덤벼들려고 했다.

사람이 말했다.

“그래, 좋다. 먹어라. 나는 준비되었다. 근데 땅 위에서 나를 먹기가 불편할 거다. 내 개들이 듣고는 달려와서 너에게 달려들 테니까. 그러지 않겠냐?”

“그러겠지.” 늑대가 대답했다.

“그렇다니까. 그래서 아무도 너를 방해하지 않게 둘이서 나무에 기어오르자. 거기서 나를 먹으면 되잖아."

"좋아." 늑대가 동의했다.

사람은 재빨리 나무 위로 기어올라서 늑대에게 소리쳤다.

"너도 기어 올라와!"

"기어 올라갈 수가 없어. 발톱이 되지를 않아." 늑대가 대답했다.

사람은 당연히 알고 있었다. 사람이 대답했다.

"그럼 좋아, 내가 너한테 밧줄을 던져 줄 테니 거기에 머리를 집어넣으면 내가 너를 위로 끌어당겨 줄게."

사람은 밧줄 끝에 올가미를 만들어서 늑대에게 던졌다. 늑대는 신이 나서 머리를 올가미에 집어넣고는 사람한테 소리쳤다.

"끌어당겨!"

사람은 나무에서 뛰어내렸고 밧줄 끝을 잡고는 늑대를 위로 당겼다. 올가미가 팽팽하게 늑대의 목을 당겼고 그렇게 늑대는 죽었다.

뽐내기 잘하는 강아지

햇볕이 내리쬐는 한낮에 땀에 흠뻑 절어서 늙은 말이 무거운 짐을 끌고 가고 있었고 작은 강아지는 옆에서 뛰어가면서 수레 그늘에 숨어서 크게 멍멍 짖어 댔다.

저녁 무렵에 말은 겨우겨우 주인의 집에 도착했다. 주인은 말을 풀어서 기둥에 묶었다. 강아지가 옆에 누워서 불평을 했다.

"에이, 피곤하다! 에이, 다리도 아프고 허리도 부스러지는 것 같구나! 힘겨운 생에 에이구 죽겠네."

"뭘 했는데? 뭐가 피곤해?" 말이 물었다.

"양심도 없느니라구, 뭘 물어봐! 내가 너를 짖어서 몰아줬잖아. 너는 맥 빠진 늙다리라서 지금도 길에서 헤매고 있었을걸."

강아지는 꼬리를 추켜올리며 거만하고 점잖게 걸어다녔다.

말이 성이 나서 발굽으로 땅바닥을 쾅쾅 구르자 뽐내기 잘하는 강아지는 꼬리를 내리고 도망쳤다.

눈과 토끼

눈이 토끼에게 말했다.

"어쩐지 좀 몸이 안 좋아."

"아마도, 너는 녹고 있는 거야, 그래서 몸이 안 좋은 거야." 토끼가 대답했다. 토끼는 그루터기에 앉아서 슬프고도 슬프게 울기 시작했다. "눈아, 나는 네가 너무 불쌍해. 나는 계속 눈 위를 뛰어다니면서 동그란 구멍을 만들었단다. 여우, 늑대, 사냥꾼을 피해서 눈 속에 파묻혀서 숨었지. 네가 없으면 어떻게 살지? 어떤 까마귀라도 어떤 부엉이라도 나를 발견할 거고 쪼아 먹어 버릴 거야. 숲의 주인한테 가서 나를 위해 눈, 너를 남겨 달라고 부탁해야겠어."

토끼는 울면서 숲의 주인에게 부탁하기 시작했다.

그런데 태양은 이미 높이 떠올라서 뜨겁게 내리쬐고 있었고 눈은 녹아서 개울이 되어 산에서 흘러내리고 있었다. 토끼는 애가 닳아서 더 크게 울기 시작했다. 숲의 주인이 토끼의 울음소리를 들었다. 그의 간청을 듣고는 말했다.

"태양과 싸우지도 않을 것이고 눈을 남겨 둘 수도 없어. 너의 하얀색 털외투를 은색으로 바꿔 줄게. 그러면 여름에 너는 마른 잎이나, 떨기나무 숲이나 풀 사이에 쉽게 몸을 숨길 수가 있을 거야. 아무도 너를 눈치채지 못할 거야."

토끼는 기뻐서 깡총깡총 뛰었다. 그때부터 토끼는 항상 겨울 외투를 여름용으로 바꾸게 되었다.

말과 사슴

오래전에 사슴에게 눈이 네 개 있었다. 사슴은 눈이 네 개라는 것을 아주 자랑스러워했고 자신이 네 발 동물들 중에서 가장 빠르다고 여겼다. 어느 날 사슴은 말을 마주치게 되었고 말에게 말했다.

"아주 잘 달리는구나, 하지만 그렇게 빠른 것도 아니야. 어쨌든 결코 나를 따라잡을 수는 없을 거니까."

말이 말했다. "아니야, 따라잡을 수 있어!"

"어떻게 그럴 수가 있어?" 사슴이 물었다.

"사람을 태우고서 사람한테 나를 채찍으로 몰라고 말해서 따라잡지!"

사슴이 웃음을 터뜨리면서 말했다.

"무슨 수를 써도 너는 나를 따라잡지 못해! 더구나 사람까지 태우고서는!"

"따라잡는다니까!" 말이 대답했다.

둘은 내기를 걸고는 뛰기 시작할 시간을 정했다.

사슴은 풀을 뜯으러 가서 힘을 비축했고 말은 사람에게 가서 이렇게 말했다.

"나를 타고 채찍으로 몰아 주세요! 사슴과 앞을 다투어 뛰어 봅시다!"

"좋다!" 사람이 말했다.

정해진 날에 말과 사슴은 탁 트인 장소에 모여서 뛰기 시작했다.

처음에는 사슴이 앞서 뛰었지만 사람은 말을 몰아 대기 시작했고 말이 곧 사슴을 따라잡아서 사슴을 앞질렀다.

부끄럽고 분해서 사슴이 슬프게 울기 시작했다. 사슴은 너무나 심하게 오랫동안 울어서 네 개의 눈 중에서 두 개가 퉁퉁 붓게 되었다. 그때부터 모든 사슴의 눈 밑에는 표시가 보이는데 이것은 부어오른 눈의 자국이다.

말은 그때부터 사람에게 남아서 지금까지도 충실하게 봉사하고 있다.

곰

옛날에 찬장 만드는 가난한 공인이 있었다. 아침부터 밤까지 그는 목제 집기를 만들었고 이 일로 먹고살았다. 그런데 어느 날 그가 바구니의 테 용으로 부드럽고 잘 휘어지는 나뭇가지를 베러 해변으로 나갔다가 붉은 자작나무를 발견해서 도끼를 나무 위로 쳐들었는데 갑자기 자작나무가 사람의 목소리로 말했다.

"저를 죽이지 마세요. 선하신 분이시여! 내 붉은 가지들을 베지 마세요. 원하는 것을 말씀해 보세요. 무슨 소원이든 들어드릴게요."

찬장 공인은 이렇게 말했다.

"네 뜻대로 하겠다. 다만 나를 장사꾼을 만들어 다오."

하루도 지나지 않아서 어제의 가난뱅이가 부자가 되고 장사꾼이 되었다. 그의 저택에는 일꾼들이 셀 수도 없었고 창고에는 다양한 물건이 끝도 없이 쌓여 있었고 불룩한 돈주머니에는 돈이 꽉 차 있었다. 예전의 찬장 공인은 마당을 거닐면서 하인들에게 가끔씩 고함을 지르고 물건들을 둘러보고 두둑한 돈주머니를 짤랑거려 보았다. 그러나 이내 그는 이런 생활에 싫증이 났다. 예전의 찬장 공인은 다시 붉은 자작나무에게 갔다. 그리고 이렇게 말했다.

"왕이 되고 싶구나!"

돌아볼 사이도 없이 그의 주위에는 아름다운 궁전이 생겨났다. 이 궁전에서는 하인들도 해리털 모자를 쓰고 다녔고 부자들이 왕에게 깊숙이 절을 했다. 그리고 아무도 그가 과거에 가난한 찬장 공인이었다는 사실을 기억하지 못했다. '자작나무 한 그루만이 내가 찬장 공인이었다는 것을 알고 있군'이라고 새로 왕이 된 공인은 생각했다. 그래서 그는 붉은 자작나무를 베어 버리기로 결심했다.

말한 대로 되었다. 왕은 군대를 대동하고 해변으로 출발했다. 붉은 자작나무를 발견한 하인들은 날카로운 도끼를 들고 왕의 명령을 수행하려고 달려갔다. 하지만 자작나무는 가지 전체를 흔들면서 사람의 목소리로 말하기 시작했다.

"왕을 돌아보시오."

하인들이 돌아보니 왕이 곰으로 변해서 울창한 숲으로 뛰어가고 있었다. 하지만 자기 자신으로부터 도망칠 수가 있겠는가.

그래서 부랴트인들은 곰은 예전에 왕이었다고 말하며 곰과 단둘이서 마주치면 반드시 '왕이시여, 길을 양보해 주시오!'라고 말해야 한다고 한다. 그러면 곰은 방향을 돌려 돌아선다. 이렇게 타이가의 민족은 이야기하고 있다.

까치와 그 새끼들

어느 날 까치가 자기 새끼들에게 이렇게 말했다.

"내 새끼들아, 너희는 이미 자랐으니 스스로 먹이를 잡고 자기 삶을 살아갈 때가 왔단다."

까치는 이렇게 말하고 둥지를 남겨 두고는 새끼들과 함께 이웃 숲으로 날아갔다. 새끼들에게 어떻게 등에와 모기와 딱정벌레를 잡는지, 어떻게 타이가의 호수에서 물을 마시는지를 보여 주었다. 그러나 새끼들은 스스로 아무것도 하고 싶지 않았다.

새끼들이 우는소리를 했다.

"둥지로 도로 날아가요. 엄마가 우리에게 온갖 벌레들을 잡아다가 입에 넣어 주었을 때가 얼마나 좋았다구요. 아무 걱정도 없고 아무 노력도 필요 없잖아요."

까치가 새끼들에게 다시 말했다.

"내 새끼들아, 너희는 이미 다 컸잖니. 엄마의 엄마는 엄마가 아주 어렸을 때 둥지에서 던졌단다…."

"만약에 활로 우리를 쏘면 어떻게 해요?" 새끼들이 물었다.

"무서워하지 마라. 쏘기 전에 사람들은 오랫동안 조준을 한단다. 그래서 날쌘 새들은 항상 도망쳐 날아갈 수 있단다."

새끼들이 왁자지껄 떠들기 시작했다.

"그렇다고 해도, 만약 사람이 우리한테 돌을 던지면 어떻게 해요? 사내애들은 조준도 하지 않고 마구 돌을 던질 수도 있잖아요."

"돌을 집으려면 사람은 몸을 구부리게 마련이란다." 까치가 대답했다.

"만약 사람이 품속에 돌을 가지고 있었다면요?" 새끼들이 물었다.

"자기의 지혜로 품속에 숨겨진 돌까지 생각해 낼 줄 아는 애라면 죽음으로부터도 자신을 구해 낼 수 있을 거란다." 까치는 이렇게 말하고 멀리 날아갔다.

교활한 고양이

세상에 무서운 사자가 살고 있었다. 사자는 커다란 숲에서 동물들의 왕이었다. 그러나 사자는 늙어 갔고 발도 꼬리도 흔들 수가 없어졌다. 그러자 생쥐들이 사자를 괴롭히기 시작했다. 잠도 못 자고 평안도 없었으며 도대체 감당할 수가 없었다.

사자는 힘을 모아서 '쥐를 모두 소탕하라!'는 명령서를 발표했다.

동물들은 훌륭한 고양이를 찾아서 사자를 지키게 했다. 이 고양이는 매우 교활했다. 맡은 일에 열심을 내지 않고 위협하기 위해 생쥐 한 마리만 잡았더니 나머지 생쥐들은 굴에서 코빼기도 내비치지 않았다. 하지만 고양이가 자리를 비우기만 하면 생쥐들은 다시 용기를 내서 늙은 사자를 괴롭혔다. 그런 경우가 발생하지 않게 하기 위해 사자는 고양이를 곁에 가까이 두었고 고양이와 모든 일을 상의하기 시작했고 밤낮으로 자기 옆에 머물게 했다.

그러나 어느 날 고양이가 병이 나서 자기 아들을 사자 옆에 있게 했다. 새끼 고양이는 사자의 평안을 지키기 시작했다. 생쥐를 보자마자 바로 잡아 버렸다. 하룻밤에 모든 생쥐를 잡아 죽였다. 다음 날 늙은 고양이가 와서 죽인 생쥐들을 보더니 매우 화를 냈고 거기다 슬퍼하기까지 했다.

고양이는 아들에게 말했다.

"멍청이 같으니라구! 많은 세월 나는 동물의 왕을 보필하기 위해서 불필요하게 단 한 마리의 생쥐도 죽이지 않았는데 너는 하룻밤 사이에 생쥐들을 다 처치해 버렸구나. 충실한 봉사 때문에 사자는 나를 자신 가까이에 두었는데, 친아들인 네가 내 천직을 빼앗아 가 버렸구나."

조금 후에 왕의 귀에까지 '다행스럽게도 우리 숲에는 쥐가 한 마리도 남지 않게 되었다!'라는 소문이 흘러 들어가게 되었다.

사자가 말했다.

"만일 그렇다면 암고양이든 수고양이든 한 마리도 남아 있을 필요가 없겠군."

두 마리 양과 여우

어느 날 두 마리 양이 말다툼을 하다가 뿔로 받기 시작했다. 옆에서 뛰어가던 여우가 양들을 보고 멈췄다.

'이 양 두 마리가 진정하지 않으면 서로서로를 죽이게 될 거야. 그러면 내게는 점심으로 먹을 고기가 생기겠군.' 여우는 이렇게 생각하고 길가에 앉았다. 앉아서 기다렸다. 오랫동안 기다리다가 마침내 참지를 못하게 되었다.

'가서 양들이 무엇 때문에 싸우는지 봐야겠군.' 여우가 이렇게 생각했다. 여우가 가까이 가서 보니 상처 난 양 뿔에서 피가 땅바닥에 떨어져 있었다.

"이제 지금이라도 맛있는 것을 먹을 수가 있겠는데!" 여우가 기뻐했다. 그리고 그때 양들은 전속력으로 달려서 서로를 뿔로 받기 위해 몇 걸음 떨어졌고 여우는 다가가서 풀에 묻은 신선한 피를 핥아 먹었다. 여우는 한 번 날래게 핥아 먹고 또 한 번 잽싸게 핥아 먹었다. 그러나 세 번째에는 다른 쪽으로 재빨리 달아나지를 못했고 달려오던 양들의 뿔에 받혀서 뼈가 산산조각이 나 부서지고 말았다. 이렇게 여우는 수치스럽게 자기 생을 다하고 말았다.

여자와 여우

한 부자 여인이 남편 몰래 초원에서 정부와의 만남을 약속했다. 여자가 약속 장소로 가는 동안 도둑들이 강도질을 해서 그녀를 벌거벗은 채로 남겨 놓았다. 여자는 그런 모습으로 집으로 돌아갈 수가 없어서 어두워지기를 기다리기로 결심했다. 버드나무 가지로 몸을 뒤덮고 커다란 호숫가 나무 옆에 앉아 있었다. 그리고 주위를 보니 여우가 달려가는데 고깃덩어리를 물고 있었고 여우 위에서는 까마귀가 맴돌고 있었다. 갑자기 바람이 불어 호수 물이 세차게 일렁이더니 커다란 파도가 호숫가에 큰 물고기 한 마리를 내던졌다. 파도는 도로 물러났고 물고기는 호숫가에서 펄떡펄떡 몸부림치기 시작했다. 이것을 보더니 여우가 고깃덩어리를 내버리고 물고기를 잡으려고 달려왔다. 그러는 사이에 파도가 또 밀려와 물고기를 덮쳐서 다시 호수로 떠밀어 갔다. 그래서 여우는 물고기를 잡을 수가 없었다. 그런데 여우 위에서 맴돌던 까마귀는 꾸물거리지 않고 바로 고깃덩어리를 덥석 물고는 사라졌다. 이렇게 여우는 앉아서 꼬리를 흔들면서 호수 쪽을 봤다가 날아가 버린 까마귀 뒤를 보았다가 하고 있었다.

나무 밑에 앉아서 나뭇잎으로 몸을 가린 여자는 이 모든 것을 보고 여우에게 말했다.

"그런 법이야. 고깃덩어리를 물고 있으면서도 물고기가 먹고 싶었겠지. 고깃덩어리는 하늘로 올라가 버렸고 물고기는 호수 깊은 곳으로 사라져 버렸잖아. 이것저것 다 먹으려다 아무것도 얻지 못하고 빈손이네."

여우가 말했다. "내가 당신을 보니 실수한 것은 당신이네요. 남편이 있었지만 정부를 만나려고 했잖아요. 만나러 가다가 도둑들한테 강도를 당했구요. 이렇게 나뭇잎으로 가리고서 여기 앉아서 그런 모습으로 정부한테도 갈 수가 없고 집으로 돌아갈 수도 없잖아요."

모든 사람한테는 결함이 있는 법이고 결함이 없는 사람은 없다. 그러므로 자기 잘못은 잊어버리고 남의 결점과 잘못을 비웃는 데 서두를 필요가 없다고 현명한 사람들은 말한다.

늑대가 우는 까닭

아주 오래전의 일이다. 청년이 장인한테 다니러 갔다. 세 번째 고개를 넘는데 일곱 명의 노인을 만나게 되었다. 노인들은 모닥불 옆에 단정하게 앉아서 긴 담뱃대로 담배를 피우면서 고기가 익기를 기다리고 있었다. 청년이 모닥불로 다가가서 말없이 말에서 내려 묵묵히 담뱃대에 불을 붙이고는 등자에 발을 올려놓고 계속 갈 채비를 했다. 그때 노인들 중 한 명이 그에게 말했다.

"노인들에게 인사도 하지 않고 우리 불로 담뱃대에 불을 붙이고 '익은 음식은 먹어야 하고 노인들의 말은 들어야 한다'는 격언도 잊어버린 채 서둘러 길을 가려는 청년은 염치가 없는 것이지."

청년은 겸손하게 노인의 말을 끝까지 듣고 말했다.

"어르신 말씀이 맞네요. 제가 큰 실수를 범했습니다. 하지만 제가 거만하거나 자만해서가 아니라 경험이 없고 소홀해서 그런 것이니 용서해 주시길 바랍니다."

청년은 모닥불 쪽에 앉아서 익은 고기를 맛보고 노인들의 충고를 듣고 계속해서 갔다.

그러다 마음이 편해져서 노래를 부르고 싶어졌다. 하지

만 멀리 울려 퍼지는 노래를 부르기 시작하자마자 갑자기 눈과 귀, 콧구멍이 곡조를 따라 부르는 것이 아닌가!

청년은 너무 놀라서 입을 다물고는 길을 다 가도록 입을 열지 않았다.

장인의 천막에 다다랐을 때 청년은 묵묵히 문턱을 넘었고 말없이 차를 마셨고 장인이 몹시 놀라게도 말도 없이 장인 집에서 나와 버렸다.

집에서 젊은 아내가 그를 맞이하러 나왔다. 하지만 청년은 아내에게 한 마디도 하지 않고 말을 바꿔 타고 말 떼를 방목하러 초원으로 달려갔다.

하루를 말 떼를 방목하고 이틀을 방목하고 일주일을 방목하면서 집에는 얼씬도 하지 않았다. 아내는 슬픔에 잠겼다. '이것은 무슨 뜻일까? 내 남편은 말이 없는 사람이 전혀 아니었는데 다른 집에 방문을 다녀오더니 인사도 안 하고 말 떼를 방목하러 떠나 버렸어. 작별 인사를 나누지도 않았는데 집으로 돌아올 생각이 없는 것 같아.' 아내는 이렇게 생각했다.

아내는 말에 안장을 채우라고 말하고는 남편을 찾아서 떠났다. 남편을 찾자 하소연을 하기 시작했다.

"진정한 남편이 그렇게 행동하나요? 다른 집에 갔다 돌아와서는 친절한 말 한 마디도 하지 않고 말 떼를 방목하러 가서는 소식도 없구요!"

청년도 더 이상 참을 힘이 없었다. 입을 열자마자 바로 혀만 말을 하는 것이 아니라, 콧구멍도, 눈도, 귀도 말을 하기 시작했다.

무슨 일인지 알고 나서 아내는 솔직히 털어놓지 않은 것을 나무라면서 말했다.

"내일 새벽녘에 우리 목동이 몸을 구부려 숯을 불어 불을 피우려고 할 때 그를 타고 넘으세요."

청년은 그렇게 했다. 목동에게 덤벼들려고 재빨리 달려갔다. 목동은 질겁을 하고 밖으로 달려 나갔고 검은 양을 뛰어 넘어갔다. 양은 자기 목소리가 아닌 소리로 울기 시작했다. 일곱 마리의 늑대가 그 소리를 듣고 달려와서는 먹어 치웠는데 가죽도 남기지 않았다. 청년은 일곱 마리의 늑대를 공격하려고 덤벼들었다. 그때부터 늑대들은 일곱 개의 목소리로 울게 되었다.

처녀 혼히누르

까마득한 옛날 울퉁불퉁 작은 구멍들이 파인 깊은 계곡, 황금 호숫가에 처녀 혼히누르가 살고 있었다. 그녀에게는 사랑하는 방울 스물일곱 개가 있었다. 어느 날 처녀에게 교활한 여우가 찾아와서 이렇게 말했다.

"하르타간 칸의 결혼식에 초대받았는데 내게는 불행하게도 방울 하나도 없지 뭐예요. 스물일곱 개의 방울을 주지 않으시겠어요? 착한 아가씨 혼히누르님!"

"그럼 나는 아무것도 안 남잖아!" 혼히누르가 놀라서 여우에게 방울을 주지 않았다.

여우는 화가 나서 말했다.

"지금은 나가지만 사흘 후에 돌아오겠어요. 만약 그때도 내게 방울을 주지 않는다면 당신의 황금 호수를 삼켜 버리고 울퉁불퉁한 땅도 짓밟아 버리겠어요!"

여우는 이렇게 위협을 하고 나갔다.

혼히누르 아가씨는 앉아서 슬프게 울고 있었다. 백조 두 마리가 날아와서 처녀의 울음소리를 듣고는 물었다.

"아가씨, 왜 그렇게 우세요?"

혼히누르가 하소연을 했다.

"어떻게 슬프지 않고 어떻게 눈물이 흐르지 않겠어? 여우가 내게 와서는 스물일곱 개의 방울을 달라고 했는데 내가 주지 않았어. 그랬더니 사흘 후에 다시 와서는 방울을 가져가겠다는 거야. 만약 방울을 주지 않으면 나의 황금 호수를 다 마셔 버리고 내 울퉁불퉁한 땅을 짓밟아 버리겠대."

두 마리의 백조는 혼히누르 처녀에게 말했다.

"슬퍼하지 말고 울지 마세요! 여우가 와서 스물일곱 개의 방울을 달라고 하면 한 개도 주지 마세요. 호수를 삼켜 버리고 땅을 짓밟아 버리겠다고 위협을 하면 이렇게 물어보세요. '네가 언제 호수를 삼키려고 해 본 적이 있니? 네 입이 그렇게 클까? 네가 언제 울퉁불퉁한 땅을 짓밟아 본 적이 있었니? 너한테는 그런 발굽이 없잖아'라고요."

백조들은 날아올라 이웃 숲으로 날아갔다. 사흘 후에 여우가 나타나서 혼히누르 처녀에게 말했다.

"아가씨의 스물일곱 개 방울을 주세요. 그러지 않으면 황금 호수를 삼켜 버리고 울퉁불퉁한 땅을 짓밟아 버리겠어요!"

"스물일곱 개의 방울을 줄 수 없어! 너는 호수를 언제 삼켜 본 적이 있니? 너한테는 그렇게 큰 입이 없으니 그렇게 못 할 거야! 네가 울퉁불퉁한 땅을 짓밟아 본 적이 있니? 너한테는 발굽도 없어서 다 쓸데없는 말이야." 혼히누르가 말했다.

여우가 깜짝 놀랐다.

"그런 말을 누가 가르쳐 주었지요?" 여우가 물었다.

"내 스스로 생각한 거지." 혼히누르 처녀가 대답했다.

"아가씨가 생각하는 동안 그 누구도 옆에 지나가지 않았고, 그 누구도 옆으로 날아가지 않았나요?" 여우가 흥분을 삭이며 물었다.

"백조 두 마리가 날아갔지." 혼히누르 처녀가 말해 버렸다.

여우는 백조들을 찾아 떠났다. 숲을 온통 돌아다녔고 모든 나무의 냄새를 맡고 다녔다. 마침내 소나무 구멍에서 백조들을 찾았다. 여우는 백조들을 잡아서 이렇게 말하면서 쥐어뜯기 시작했다.

"왜 혼히누르 아가씨한테 지혜를 가르쳐 주었어? 왜 내가 스물일곱 개의 방울을 가지지 못하게 했어?"

"우리를 때리지 마세요, 여우님! 원하는 것을 말하시면 다 들어드릴게요." 백조들이 애원했다.

"나를 바다 건너로 데려다줘!" 여우가 말했다.

여우는 주둥이로 전나무 막대기를 가져다가 꽉 물었고 백조들은 빨간 부리로 이 막대기의 양끝을 물고는 여우를 바다 건너로 데려갔다. 이렇게 해서 다른 쪽 해변으로 날아가게 되었다. 사람들은 막대기에 여우를 매달고 가는 두 마리의 백조를 보고 깜짝 놀라서 이렇게 추측하기 시작했다.

"여우가 저쪽 해변에서는 무엇이 부족했을까?" 사람들은 서로서로에게 물었다.

"스물일곱 개의 방울이다!" 여우는 입을 벌리고 소리쳤다가 물로 빠져 버렸다.

여우는 겨우겨우 여울가 모래톱으로 기어 올라왔다. 여우는 몸을 흔들어 물을 털었고 날아가는 백조들을 시선으로 배웅하면서 그때서야 더 이상은 다른 쪽 해변으로 되돌아갈 수 없다는 것과 스물일곱 개의 방울도 더 이상 볼 수 없다는 사실을 깨달았다.

사자가 시베리아에서 사라진 이유

옛날 옛적에 시베리아에 사자들이 살고 있었다. 사자들은 길게 자란 털이 덥수룩해서 추위를 무서워하지 않았다.

어느 날 사자가 늑대를 만났다.

"미친 사람처럼 어디를 그렇게 달려가는 거야?"

"죽음으로부터 도망치는 거야!"

"누가 그렇게 너를 무섭게 했는데?"

"크게 재채기하는 놈. 그놈이 한 번 재채기를 하니까 내 동생이 죽었고, 두 번째로 하니까 누이가 죽었어. 세 번째로 했을 때 내 다리가 부러졌어. 내가 다리 저는 거 보이잖아."

사자가 으르렁거리자 산들이 덜덜 떨고 하늘이 울기 시작했다.

"그 크게 재채기하는 놈은 어딨는 거야? 내가 갈가리 찢어 놓겠다! 머리는 먼 산에 던져 버리고 다리는 사방으로 날려 버리겠어!"

"뭐라는 거야! 그놈이 너도 용서하지 않을 거야. 빨리 도망쳐!"

사자는 늑대의 목을 움켜잡았다.

"나한테 크게 재채기하는 놈을 보여 줘. 안 그러면 목을 졸라 죽여 버릴 테니까!"

그들은 길을 가기 시작했다. 목동을 만났다.

"이놈이야?" 사자가 악에 받쳐 물었다.

"아니야. 이놈은 아직 덜 자랐어."

그들은 초원으로 갔다. 언덕에 늙어 빠진 노인이 서서 가축 떼를 방목하고 있었다.

"이놈이야?" 사자가 이빨을 뿌드득거렸다.

"아니야. 이놈은 너무 늙어 버렸어."

그들은 계속해서 갔다. 그들 맞은편에서 빠른 말을 타고 사냥꾼이 달려오고 있었고 그의 어깨에는 총이 있었다. 사자가 늑대에게 물을 틈도 없이 사냥꾼이 총을 재빨리 들고서 발사했다.

사자의 긴 털이 타기 시작했다. 사자는 도망치기 시작했고 그 뒤를 늑대가 달려갔다.

어두운 골짜기에서 멈췄다. 사자가 땅 위에서 비틀거리면서 미친 듯이 울부짖었다.

늑대가 사자에게 물었다.

"정말 크게 재채기하지?"

"시끄러워! 보다시피 이제 나는 벌거숭이가 되어 갈기와 꼬리 끝에 약간의 숱만 남았어. 춥고 덜덜 떨리는구나."

"이 크게 재채기하는 놈으로부터 어디로 도망쳐야 할

까?"

"숲으로 도망쳐."

늑대는 먼 숲에 숨었고 사자는 더운 나라, 사람이 없는 광야로 도망쳤다.

그렇게 시베리아에서 사자들이 사라지게 되었다.

황금 보석 반지

옛날에 한 가난한 여인이 어린 아들과 함께 살고 있었다. 그들에게는 동전 60개밖에는 아무것도 없었다. 언젠가 한번은 어머니가 이웃 부락에서 빵을 판다는 사실을 알게 되었다. 어머니는 동전을 스무 개 세서 아들에게 주면서 빵을 사오라고 시켰다.

소년은 뛰어서 언덕으로 올라가 장난꾸러기 두 명이 강아지를 죽이려고 하는 것을 보게 되었다. 소년은 강아지가 불쌍해서 장난꾸러기들에게 스무 개의 동전을 주고 강아지를 자기 집 천막으로 데려왔다.

"빵은 어딨니?" 어머니가 물었다.

아들은 어머니에게 모든 것을 이야기하고 강아지를 보여주었다. 어머니는 아무 말도 하지 않았다.

집에는 동전이 40개밖에 남지 않았다. 며칠이 지나서 어머니는 다시 빵을 사 오라고 아들을 보냈다. 소년은 언덕을 올라가자마자 그 장난꾸러기들이 고양이를 괴롭히는 것을 보게 되었다. 소년은 고양이가 불쌍해서 장난꾸러기들에게 돈을 주고 고양이를 집으로 데려왔다.

"빵은 어딨고 돈은 어쨌니?" 어머니가 물었다.

아들은 모든 것을 이야기했고 구해 온 고양이를 보여 주었다.

어머니는 울기 시작했고 아들에게 마지막 남은 스무 개의 동전을 주면서 빵을 사 오라고 했다. 이번에는 언덕에 그 장난꾸러기들은 없었지만 어른 두 명이 사자 새끼를 죽이려고 하고 있었다. 소년은 마지막 남은 돈을 어른들에게 주고 그것으로 사자 새끼를 죽음으로부터 구했다.

어머니는 사자 새끼를 보고 아들이 마지막 남은 돈을 어디에 썼는지를 깨닫고는 더 슬프게 울기 시작했다. 그리고 아들에게 사자 새끼를 숲속에 던져 버리라고 말했다.

소년은 어머니의 말을 거역할 수가 없어서 타이가로 사자 새끼를 가져갔다. 조금 가자 사자 새끼가 사람의 목소리로 말했다.

"저를 버리지 마세요…. 우리 어머니한테 데려가 주면 어머니가 당신이 원하는 것을 해 주고 원하는 것을 줄 거예요. 그러면 당신은 아무것도 받지 말고 어머니한테 앞발의 가운뎃발가락에 끼워진 황금 보석 반지를 달라고 하세요."

그들은 걷고 또 걸어서 마침내 암사자를 만났는데 사자가 너무나 커서 소년은 무서워졌다. 암사자는 자기 새끼를 보고 너무 기뻐서 새끼를 쓰다듬었고 그다음에 소년에게 무엇을 줄지, 소년이 아들을 구해 준 것을 무엇으로 보답하면 되는지 물었다.

소년은 떨리는 목소리로 가운뎃발가락에 있는 황금 보석 반지를 빼 달라고 부탁했다. 암사자는 반지를 주었고 소년은 작별 인사를 하고 집으로 향했다. 길을 가다가 지치고 배도 고프고 잠도 자고 싶었다. 소년은 나무 아래 앉아서 잠이 들어 버렸다. 잠에서 깨자 그의 옆에는 나무 접시에 잘 익은 신선한 고기가 많이 놓여 있었고 한쪽에는 안장을 얹은 말이 풀을 뜯고 있었다. 소년은 암사자가 준 것이 그냥 반지가 아니라 마법의 반지라는 것을 깨달았다. 그는 실컷 먹고 남은 음식을 자루에 넣고는 말을 타고 집으로 달렸다. 어머니는 말을 탄 아들을 보고 기뻐했다.

그들은 집을 짓고 이날부터 이전의 곤궁함을 잊고 배부르게 먹으면서 살게 되었다.

몇 년이 흘렀다. 소년은 자라서 결혼을 했다. 이때 불행이 닥쳤다. 어느 날 아침 그가 눈을 떠 보니 옆에 젊은 아내도 없고 베개 밑에 놓여 있던 암사자가 준 반지도 없었다. 그리고 그는 새 집이 아니라 예전의 낡은 천막에, 해리털 이불이 아니라 낡은 양털 이불을 덮고 누워 있었다…. 마룻바닥에는 쥐가 앉아서 말라 빠진 빵 조각을 씹고 있었다.

청년은 손으로 쥐를 잡고는 말했다.

"내 모든 것이 사라졌구나…. 아무도 나를 불쌍하게 여기지 않고 아무도 없구나. 쥐 새끼라도 죽여야겠다."

쥐는 사람의 목소리로 대답했다.

"저를 죽이지 마세요. 제가 좋은 일을 해 드릴게요. 반지 찾는 것을 도울게요. 당신의 아내가 반지를 훔쳤어요. 그녀는 지금 바다 너머에 살고 있어요…."

청년은 전에 구해 주었던 개와 고양이를 데리고 쥐를 잡아서 모두 함께 마법의 반지를 찾으러 떠났다. 그들이 바다에 도착해서 보니 맞은편 해변에 집이 있었고 굴뚝에서는 연기가 모락모락 피어오르고 있었다.

청년은 개를 타고 개 꼬리에 고양이를 태우고 고양이 꼬리에 쥐를 태우고서 이렇게 바다를 건너갔다…. 청년은 해변에 남았고, 개, 고양이, 쥐는 그 집으로 갔다. 고양이가 지붕으로 기어 올라갔고 쥐는 문 밑으로 기어 들어가서 침대 밑에 숨었고 개는 곧바로 집으로 들어갔다. 청년의 아내는 개를 보고는 입에서 황금 보석 반지를 꺼내고서 말했다.

"에이, 이 개는 우리 개하고 너무 비슷하네…."

이때 고양이가 도둑의 머리 위로 뛰어올랐고 너무 놀란 그 여자는 반지를 떨어뜨렸다. 쥐가 반지를 움켜쥐었고 셋은 집에서 멀리 도망쳐서 자기 주인에게로 달려갔다.

집으로 돌아온 그들은 어머니와 청년, 개, 고양이, 쥐 이렇게 모두 오랫동안 행복하게 함께 살았다.

전설

용사 바이칼

옛날에 힘센 바이칼이 있었는데 쾌활하고 착했다. 그는 외동딸 안가라를 너무나 사랑했다.

그녀보다 아름다운 여인은 세상에 없었다.

낮에 그녀는 환했는데 하늘보다도 환했고 밤에는 어두웠는데 먹구름보다 어두웠다. 그래서 안가라 옆을 누가 지나가더라도 모두가 그녀에게 반했고 모두가 그녀를 칭찬했다. 심지어 철새들인 거위, 백조, 학 들도 낮게 내려와서 물 위에 잘 앉지를 않았다. 새들은 이렇게 말했다.

"정말로 환한 것을 검게 할 수가 있을까?"

노인 바이칼은 딸을 자신의 심장보다도 더 소중히 했다.

어느 날 바이칼이 잠들었을 때 안가라가 청년 예니세이한테 도망치기 시작했다.

아버지는 잠이 깨서 분노하며 파도를 철썩거렸다. 난폭한 폭풍이 일어났고 산들이 흐느껴 울기 시작했고 나무들이 쓰러졌고 하늘이 슬퍼서 검어졌으며 짐승들은 공포 속에서 온 세상으로 흩어져 도망쳤고 물고기들은 가장 밑바닥까지 잠수했으며 새들은 태양 쪽으로 날아갔다. 바람만이 울부짖고 바다만이 미쳐 날뛰었다.

힘센 바이칼은 희끗희끗한 백발 산을 쳐서 바위를 부서뜨려 도망치는 딸의 뒤로 던졌다.

바위는 바로 미녀의 목구멍에 떨어졌다. 파란 눈의 안가라는 애원하기 시작했고 숨이 막혀서 울면서 빌기 시작했다.

"아버지, 갈증 때문에 죽겠어요. 저를 용서하시고 물 한 방울이라도 좀 주세요…."

바이칼은 격노하며 소리쳤다.

"내 눈물밖에는 줄 수가 없구나…!"

수백 년을 안가라는 예니세이한테로 눈물의 물로 흐르고 있고 백발의 고독한 바이칼은 침울하고 무서워졌다. 바이칼이 딸의 뒤로 던졌던 바위를 사람들은 샤먼의 돌이라고 불렀다. 거기에 바이칼한테 귀중한 제물을 바쳤다. 사람들은 '바이칼이 화가 나서 샤먼의 돌을 집어 들면 물이 솟구쳐서 온 세상이 잠기게 된다'라고 말한다. 이것은 오래전의 일이었고 이제 용감한 사람들은 바이칼을 무서워하지 않는다….

처녀와 달

한 고아 처녀가 살았는데 나쁜 계모가 계속해서 그 처녀를 욕하고 꾸짖으며 쉴 틈을 주지 않았다. 고아 처녀가 듣는 말이라고는 "저리 가! 이것 해!"뿐이었다.

이렇게 아침 일찍부터 저녁 늦게까지 계속되었다.

어느 날 계모는 물을 길어 오라고 불쌍한 고아 처녀를 강에 보냈다.

처녀가 강에 가서 물동이에 물을 가득 채워 되돌아가기 시작했다. 처녀는 힘이 없어서 한 발짝 가다가 땅에 무거운 물동이를 놓고 서 있었다. 오랫동안 그렇게 걸어갔다.

계모는 천막을 왔다 갔다 뛰어다니며 화를 냈다.

"도대체 어디로 간 거야? 왜 이렇게 오랫동안 돌아오지 않는 거지…?"

마침내 계모는 천막에서 뛰어나왔는데 멀리서 고아 처녀를 발견하고는 소리치며 욕하기 시작했다.

"태양과 달이 잡아서 데려가 버려라!"

계모가 이 말을 하자마자 하늘에서 태양과 달이 내려오기 시작했다. 처녀가 태양과 달을 보고 깜짝 놀라서 손으로 버들가지를 붙잡았다.

이때 처녀 옆에 태양과 달이 내려왔다.

태양은 처녀를 자기한테 데려가고 싶었지만 달이 태양에게 말했다.

"너는 낮에 다니지만 나는 밤에 다니니까 혼자서 외롭고 심심해. 처녀를 나한테 주렴!"

태양이 말했다.

"네 말이 옳구나! 너와 싸우면 안 되니까 처녀를 가져가렴!"

달이 기뻐했고 고아 처녀를 멜대와 물동이, 버들가지와 함께 붙잡아서 높이높이 올라갔다.

달을 쳐다보면 거기서 물동이와 멜대를 맨 처녀를 볼 수가 있다. 처녀는 손에 버들가지를 쥐고 서 있다.

해 설

부랴트인 설화

이 책에는 부랴트인 마법담과 영웅담 열일곱 편, 일상담 스물다섯 편, 동물담 열네 편, 전설 두 편이 소개되었다. 마법담은 열한 편으로 내용을 소개하면 다음과 같다. <용사와 백조 아내>는 한국의 '선녀와 나무꾼', '그림의 아내를 찾아서' 같은 설화와 아주 유사하다. 가난뱅이 청년이 호수에서 일곱 마리 백조를 발견하는데, 깃털 옷 하나를 숨겨서 그 옷의 주인 처녀와 결혼하게 되었다. 청년은 아내의 초상화를 잃어버리고, 아바하이칸이 그 초상화를 보고 사랑에 빠져서, 청년에게 여러 가지 과제를 내지만 선녀였던 아내의 도움으로 하늘에서 금지팡이를 얻어 와서 칸을 죽이고 아내와 행복하게 살게 된다는 내용이다. <아가씨와 비로드처럼 검고 말을 할 줄 아는 말>은 한국의 의견(義犬) 설화나 의호(義虎) 설화와 유사한 내용으로 주인을 위해 온몸을 희생하며 은혜를 갚는 말 이야기다. 한 부부에게 외동딸이 있었는데 숄모스의 계략으로 딸은 비로드처럼 검은 말과 산에서 살게 된다. 여러 시험을 거친 후 외동딸은 칸의 며느리가 되어 아들을 낳는다. 그러나 솔모스의 간계로 칸의 아들은 아내와 아들을 묻어 버린다. 말이 죽음으로써 아들과 함께 구출된 여인은 그녀를 다시 찾아온 칸과 아들을 만나 행복하게 살게 된다. <아르자 보르지 칸과 선녀 우힌>은 한국의 '신선 설화'와 비슷한 점이 많다. 두 명의 아들이 서로 진짜 아들이라고 우겼는데 아르자 보르지 칸이 잘못 판결한 것을 선녀 우힌 텐게리가 나타나 도와주었다. 선녀를 찾으러 간 아르자 보르지 칸은 황금 왕좌에 앉으려고 64개의 이야기를 하다가 마지막에 이야기를 못 해 파수꾼들에 의해 죽고 만다. <두 자루>는 '세 개의 병' 설화와 유사한 내용으로 가난뱅이가 추위 때문에 두 번이나 농사를 망치게 되자 추위를 찾아가 담판을 짓고 마법의 자루를 얻어 온다. 이를 시기한 부자가 자루를 빼앗지만 가난뱅이는 다시 추위를 찾아가 구슬로 된 마법의 자루를 또 얻어 와 부자를 혼내 준다. <총명한 냐냐>는 치부 설화의 일종이다. 가난한 고아가 백발노인을 숲에서 만나 마법의 주술 '냐냐'와 '소오보르'를 알게 된다. 양치기는 이후 '냐냐'와 '소오보르' 주술로 주인댁 부부, 무당, 라마승, 고관, 마녀를 혼내 주고 백발노인의 도움으로 주인의 양과 말을 얻어 행복하게 살아간다는 이야기다. <후르 연주자>는 말자 성공 설화로서 마음 착한 막둥이가 결국 결혼도 하고 재물도 얻게 된다는 이야기다. 막둥이는 말과 후르를 유산으로 받았는데 사냥에 나갔다가 다리를 다쳐서 숲에 남게 되었고, 후르 연주 소리에 반한 레에헤이의 딸들 덕분에 결국 막둥이는 몸도 낫고 재산도 얻어서 집으로 돌아오게 된다. <가난뱅이 도르지>는 여러 민족 설화에서 만날 수 있는 '새의 말을 알아듣는 사람'과 같은 종류의 설화로 볼 수 있다. 남의 집에서 머슴살이를 하던 가난뱅이 도르지는 어느 날 신세 한탄을 하고 있다가 새들이 여러 사건을 얘기하는 것을 듣게 된다. 이웃 마을 가뭄을 해결할 물이 나오는 곳과 이유 없이 병든 처녀의 병을 낫게 하는 해결책, 보석이 있는 곳 등에 대해 얘기하는 것을 듣고 그 마을로 가서 가뭄을 해결하고 또 처녀의 병도 낫게 해 준다. 가난뱅이 도르지는 그 처녀와 결혼하고 보석을 찾아 고향 마을로 돌아와 궁전을 지어 행복하게 살게 된다. <노인 타랴아샤의 아들, 용사 구운 세예제>는 한국의 '대감의 딸'이나 '재주 있는 처녀'와 유사한 내용으로 용감하고 효심 깊은 청년이 지혜로운 처녀를 아내로 맞는 내용이다. 타랴아샤의 아들 구운 세예제는 아버지의 유언을 따라 바다 건너 달라이 바얀 칸에게 갔다. 구운 세예제는 달라이 바얀 칸이 내준 과제들을 처녀 단기르 샤라의 도움으로 모두 해결하고 그녀와 결혼해서 풍성한 지참금을 가지고 고향으로 돌아와 어머니를 모시고 수많은 아이들을 낳고 잘 살게 된다. <가자르 포올린, 제예델레이의 아들>은 환생 설화의 일종으로 부랴트인의 세계관을 엿볼 수 있는 설화다. 한 부모가 아들 사가안다르가 사냥해 와서 자신들을 귀찮게 하는 것이 싫어서 아들을 죽여 바다에 띄우지만 노고온다르가 온갖 노력을 해서 다시 살려 내고 자신도 죽어 다시 환생하여, 아들을 죽여 노비가 된 부모를 되찾아 행복하게 산다는 내용이다. <힐겐데이 메르겐>은 일종의 응보 설화로 마법담이자 영웅 설화로도 분류할 수 있다. 힐겐데이 메르겐의 목동 바바갈다이는 만가트하이를 만나자 자신의 주인을 먹으라고 한다. 힐겐데이 메르겐은 말의 도움으로 도망치지만 임신한 아내를 만가트하이에게 빼앗긴다. 힐겐데이 메르겐은 10년이 지난 후 청년이 된 아들을 만나게 되고 만가트하이를 찾아가 아들의 도움으로 그를 죽이고 아내와 고향으로 돌아와 행복하게 산다. <물귀신 할멈>은 지하국 대적 설화와 유사하다. 한 사람이 물귀신 할멈을 만났는데 그 할멈이 자신을 먹으려고 하자 다음 날 동이 틀 때 아들을 보낼 테니 아들을 먹으라고 한다. 열여덟 살 아들은 노파를 만나지만 충실한 말과 황소의 도움으로 노파를 물리치고 새 유목지에서 두 어머니와 함께 행복하게 살게 된다.

영웅담으로 분류할 수 있는 설화는 여섯 편으로, <구지

르 칸>, <메르겐 조릭토>, <명중한 화살>, <노인 호레도이>, <청년 티스헤 비스헤>, <무 몬토>다. <구지르 칸>은 한국의 '주몽 설화'와 유사한 점이 많다. 황제 보그도르와 황후 우르마 고혼의 아들 구지르 칸은 청혼 길을 떠난다. 굴리 칸은 구지르 칸에게 수많은 과제를 주지만, 그는 모든 과제를 해결해 결혼에 성공하고 굴리 칸의 모든 재산과 가축을 가지고 고향으로 돌아온다. <메르겐 조릭토>는 한국의 말자 성공 설화나 구복 여행 설화의 일종이다. 부자 사라이와 아내 돌고르는 아들 셋을 낳았는데 그중 막둥이 메르겐 조릭토가 부르한을 찾아 떠났다. 결국 부르한을 만나 어려운 사람들의 고통을 덜어 주고 용왕의 도움으로 부를 얻고 말 못 했던 처녀와 결혼해서 고향으로 돌아와서 행복하게 산다. <명중한 화살>은 한국의 강감찬 설화와 유사한 한 장군의 이야기다. 용사 메옐은 예옐렌이 대군을 이끌고 쳐들어오자 척후병 한 명만을 데리고 대적하러 간다. 척후병에게 예옐렌의 천막의 위치와 구조를 파악하도록 한 다음 그 등 뒤에서 부싯돌 불꽃을 일으키라고 명한다. 용사 메옐은 불꽃이 이는 쪽으로 화살을 당겨 단 한 번에 용사 예옐렌을 죽였고 군사들은 물러간다. <노인 호레도이>는 독특하게 노인이 주인공으로 등장하는 설화다. 그 내용을 살펴보면, 호레도이라는 노인이 살았는데 까마귀들이 그의 하얀 양 새끼의 두 눈을 파먹자, 까마귀의 눈을 파서 새끼 양에게 박아 주었다. 까마귀들은 천신 에세게 말란에게 하소연했고, 에세게 말란은 늑대들과 숲무스들을 보냈지만 소용이 없자, 결국 직접 호레도이를 찾아온다. 노인이 에세게 말란을 잘 대접하자 에세게 말란은 하늘로 올라간다. 한국의 녹두영감 설화와 유사한 내용도 포함하고 있다. <청년 티스헤 비스헤>는 한국의 지하국 대적 퇴치 설화와 같은 유형의 설화다. 티스헤 비스헤는 땅속에서 만가트하이를 무찌르고 칸 가루디 새의 새끼들을 구해 준다. 그 새의 도움으로 고향으로 돌아오는 길에 세 친구 장사를 만나 그들을 무찌르고 세 부인과 함께 행복하게 살게 된다. <무 몬토>는 말자 성공 설화의 일종이다. 곤돌 황제의 바보 아들 무 몬토는 불회오리 속에서 고통받던 모고 칸 황제를 구해 주어 그의 딸과 결혼하고 훌륭한 왕국도 영지로 받게 된다. 아버지 곤돌 황제는 아들을 시기해 여러 과제를 내다 천벌받아 죽고 무 몬토는 어머니와 아내와 행복하게 산다.

일상담 중에서 <갈단과 바이르 형제>는 구복 여행 설화의 일종으로 여행을 통해서 복을 얻고 진리를 깨닫는 내용이다. 갈단과 바이르 형제가 진리를 찾기 위해 떠났는데 갈단은 계속 길을 가고 바이르는 체스 두는 곳에서 체스를 배우며 3년을 보냈다. 심심풀이로 체스 내기를 해서 자신에게 지는 사람은 목을 베는 잔혹한 칸이 있었는데 바이르가 칸을 이겨 사람들에게 존경받으며 살게 된다. <꾀 많은 청년이 칸이 된 이야기>는 구복 여행 설화의 일종이다. 꾀 많은 청년이 도둑질로 부자 된 사람을 속여 금화 천 개를 얻어 내고, 부자 로도이에게 금화를 또 얻어 내었다. 청년은 칸의 신임을 얻어 칸의 총애를 받으며 노모와 함께 살게 되고 칸이 죽자 그의 뒤를 이어 칸이 된다. <바보 천치>는 한국의 바보 사위와 같은 유의 설화다. 샤바르 테네크라는 바보 천치 아들이 있었는데 가난한 집안의 똑똑한 딸을 며느리로 맞았다. 현명한 아내는 남편을 가르치려 했지만 부질없었고 하루는 친정에 다녀오라고 남편을 혼자 보냈다. 바보 남편은 장인 댁에 가서 우연히 양 도둑을 잡게 되고 선량한 마음을 인정받아 현명한 아내와 행복하게 살았다. <현명한 아내>는 현명한 아내의 내조를 다룬 이야기다. 한 청년이 장터에서 세 가지 충고를 듣고 부자가 되지만 고향으로 돌아오면서 모든 것을 잃게 되는데, 세 가지 충고를 주었던 상인을 다시 만나 아내의 현명함을 두고 내기를 하고 그 내기에서 이겨 재물과 행운을 얻어 행복하게 살아간다. <장사와 꾀돌이>는 '봉이 김선달 설화'와 유사하다. 장사 후슈테이는 모든 일을 힘으로 해결하려고 했고 꾀돌이 바슈타이는 기지를 발휘해서 항상 후슈테이를 이긴다. 후슈테이는 바슈타이를 시기해서 그의 썰매를 불태우고 그의 아내를 죽이지만, 바슈타이는 죽은 아내 대신에 칸의 딸과 결혼하고 후슈테이를 죽인 후 칸의 딸과 행복하게 살아간다. <가난뱅이와 악마>는 한국의 '색시 궤짝, 범 궤짝' 설화와 아주 흡사하다. 가난뱅이에게 어여쁜 아내가 있었는데 한 라마승이 그녀에게 반해서 계속 치근덕거리자 꾀를 내어 벌거벗은 라마승을 역청 바른 궤짝에 들어가게 만든다. 부자가 악마가 들어 있다는 궤짝을 호기심에 사서 열어 보자 역청 범벅이 된 라마승이 뛰쳐나와 도망치고, 가난뱅이는 라마승을 혼내 주고 어여쁜 아내와 행복하게 살아간다. <일흔 개의 거짓 이야기>는 아지(兒智) 설화의 일종이다. 잔인한 칸이 백성들을 괴롭히려고 일흔 개의 거짓 이야기를 쉬지 않고 하는 사람에게 한 낙타에 실을 만큼 황금을 내리고 만약 말이 막히거나 계속 이야기를 하지 못하면 목을 베겠다고 했다. 한 가난한 목동의 아들이 칸을 찾아와 쉬지 않고 일흔 개의 거짓 이야기를 꾸며내서 칸을 혼내 주고 황금을 받았으며 칸은 이틀 후에 죽어 버렸다. <현명한 며느리>는 지혜로운 며느리 이야기다. 시아버지가 며느리에게 암염소를 찾아오라고 하자 늑대가 물어 죽인 암염소 이야기를 전하면서 피해야 할 단어를 다르게 표현해서 현명한 며느리라고 칭송받게 된다. <부담슈>는 내용이 아주 익살스럽다. 꾀 많은 부담슈가 신부를 놀려 주려고 자신의 이름을 '실컷 먹여라'라고 소개하고는 신부에게 여우가 있다고 속여 굴을 지키게 했다. 그동안 부담슈는 신부 집으로 가서 신부의 아내와 농을 하다가 신부가 와서 '실컷 먹여라'라고 부르자 신부의 아내에게 극진히 대접을 받는다. <청년 슈트니크>도 <부담슈>와 유사한 내용으로 구복 여행 설화의 일종이다. 청년 슈트니크는 부자를 속여서 온갖 상품이 든 수레를 얻는다. 그 후 앙갚음하려고 온 부자를 다시 속여 그에게 '사람을 살리는 채찍'을 판다. 그 후 부자는 아내를 죽여 채찍으로 살리려 하지만 아무 소용이 없고 청년 슈트니크는 잘 살게 된다는 내용이다. <내가 바로 후르마스타(성인)다>, <꾀돌이 발단>, <가난뱅이의 아들과 잔인한 칸>, <현명한 바드마와 어리석은 라마승>, <어리석은 부자>, <겨울과 여름>, <꾀 많은 부담슈>, <눈치 빠른 타르하스가 무위도식하는 칸을 혼내 준 이야기> 등은 모두 아지(兒智) 설화의 일종이거나 '봉이 김선달' 설화의 일종으로 아이의 지혜나 꾀 많은 사람의 임기응변으로 못된 라마승이나 고관, 칸 등이 혼나고 아이나 꾀 많은 사람이 행운을 잡는다는 내용이다. <붉은 손바닥>은 어리석은 아내를 용서하고 받아들이는 이야기다. 사냥꾼이 어리석은 아내 때문에 화가 나서 집을 나갔다. 그러나 세상을 돌아다녀 보니 도끼도 쓸 줄 모르고, 집에 창문도 낼 줄 모르고 낫도 쓸 줄 모르는 수많은 어리석은 사람들이 있었다. 사냥꾼은 집으로 돌아오는 길에, 멍청한 부자 부부를 만나 꾀를 내서 골려 주고 집으로 와서 아내와 행복하게 산다. <벌받은 탐욕>은 한국의 '새의 말을 알아듣는 사람' 이야기와 유사하다. 머슴이 뻐꾸기 세 마리가 하는 말을 알아듣고 금덩어리를 발견하고, 가뭄을 해갈해 주고, 가난뱅이의 병든 아내를 고쳐 준다. 그 후 금덩어리를 가지고 집으로 와서 부자에게 빚을 갚고 큰 집을 지어 살고, 욕심을 부린 부자는 강도들에게 도둑으로 오해를 받아 매를 맞고 물에 던져진다. <몰론토이 영감>은 노인의 지혜를 다룬 설화로 한국의 '무수옹 설화'와 유사하다. 몰론토이 노인이 자신의 잿빛 황소를 타고 예를렌 칸한테로 길을 떠났는데, 도중에 황금빛 붉은 말에 앉아 달려가고 있는 알바샤 하라라는 청년을 만났다. 노인은 꾀로써 내기에서 이겨 청년의 준마를 얻는다. <슈렐데헨 아가씨>는 한국의 '개와 고양이의 구슬 다툼' 이야기와 유사한 점이 많다. 슈렐데헨 아가씨의 산호 구슬 목걸이를 나쁜 새댁으로부터 찾아 준 이웃집 머슴이 답례로 받은 기장과 쌀 한 되씩을 가져오다가 쏟아 버리지만 여러 동물들의 도움으로 주워 담아 와서 풍성한 수확을 거둔다. <행운과 불행>은 '화수분' 설화와 유사하다. 가난뱅이는 자신의 불행을 떨쳐 버리고 도시로 가서 유명한 고관대작의 우물을 파고 우물 바닥에서 값진 보석을 발견해 부자가 되지만 가난뱅이를 시기한 옛날 부자는 그 불행을 도로 파내 가난뱅이에게 주려다 그 불행이 오히려 자신에게 붙어 버려 불행해졌다. <구르발다이의 세 현자>는 문자 재담 설화의 일종으로 지혜의 깊이를 다룬다. 구르발다이의 세 현자는 이키나트족, 바라이족, 보롤도이족 출신이었다. 셋은 사람들의 어려운 문제를 해결해 주었고 아들이 서로 자기 아들이라고 우기는 동서 간의 싸움도 솔로몬 왕처럼 해결했다. <태양꽃>은 한국의 '색시 궤짝, 범 궤짝' 설화와 유사하다. '태양꽃'이란 뜻의 이름을 가진 처녀 나란 세세크가 라마승의 계략으로 소나무 상자에 넣어져 물귀신 루사드 칸에게 바쳐진다. 가난한 목동이 나란 세세크를 구해 주고 둘은 결혼한다. 나란 세세크의 초상화를 보고 반한 영지의 칸이 그녀를 납치해 가지만 나란 세세크는 지혜를 발휘해 칸을 죽이고, 둘은 고향으로 돌아와 행복하게 산다.

동물담 열네 편 중에서 <개가 친구 같은 주인을 찾은 이야기>는 의견(義犬) 설화의 일종이다. 용감한 친구를 찾아 나선 개가 늑대, 곰, 호랑이, 사자의 겁에 실망하고 아무 두려움 없이 용감한 사람과 친구가 되어 평생을 함께한다. <머저리 늑대>와 <뽐내기 잘하는 강아지>, <두 마리

양과 여우> 등은 동물의 어리석음을 꼬집는 내용으로 한국의 '어리석은 호랑이'와 유사하다. <눈과 토끼>는 동물 유래담이다. 눈이 녹자 토끼가 다른 동물이나 사냥꾼이 자신을 금방 발견해서 잡아먹을 것이라고 걱정을 하며 운다. 숲의 주인이 토끼를 불쌍히 여겨서 토끼는 겨울용 하얀 외투를 여름에는 은색으로 갈아입게 되었다. <말과 사슴>도 역시 동물 유래담에 속한다. 사슴에게 눈이 네 개였는데 말과 경주를 했다. 말은 사람에게 자신에게 채찍을 가해 빨리 달리게 해 달라고 해서 사슴을 이긴다. 사슴은 너무 울어서 눈 두 개가 빠졌고 눈 밑에 그 자국이 남았고, 말은 사람에게 남아 평생을 봉사하게 되었다. <곰>도 곰에 관한 부랴트인의 재밌는 세계관을 담은 동물 유래담이다. 찬장 공인이 붉은 자작나무를 발견해 베려 하자 나무가 소원을 들어주겠다며 살려 달라고 한다. 공인은 나무에게 부자 상인이 되게 해 달라고 하였다가, 왕이 되게 해 달라고 했다. 왕이 된 찬장 공인은 자신의 정체를 알고 있는 자작나무를 베려고 했다가 곰으로 변해 버린다. 그래서 부랴트인들은 곰을 만나면 "왕이시여, 길을 양보해 주시오"라고 말하게 되었다. <까치와 그 새끼들>은 자녀들의 자립 교육을 일깨우는 내용이다. 어미 까치가 자신이 미처 생각지 못한 부분까지 질문하는 새끼 까치를 보고 충분히 자립할 수 있음을 파악해 떠나보낸다. <교활한 고양이>는 지략 설화의 일종이다. 생쥐들이 자꾸 괴롭히자 사자 왕이 고양이를 가까이에 두는데, 고양이는 꼭 한 마리의 생쥐만을 죽여 다른 생쥐들을 위협했다. 고양이가 병이 나 아들보고 대신 일을 시켰더니 그 밤에 생쥐들을 모두 죽인다. 생쥐가 없어지자 사자는 고양이도 이제 필요 없다고 말한다. <여자와 여우>는 탐욕에 대한 경계와 자아 성찰을 다룬 내용이다. 한 여자가 정부를 만나러 가다가 강도를 만나 벌거벗은 채로 숨어 있다 여우를 본다. 고기를 물고 가던 여우는 물고기를 잡으려다 물고기도 놓치고 고기도 까마귀에게 잃는다. 여자가 욕심을 부리다 그렇게 되었다고 비난하자 여우는 여자한테 마찬가지 처지라고 말한다. <늑대가 우는 까닭>은 동물 유래담의 일종이다. 한 청년이 일곱 명의 노인을 만나게 되는데 그 노인들의 말을 듣고 고기를 먹고 난 뒤부터 입뿐만 아니라 눈, 귀, 콧구멍에서 말이 나오기 시작했다. 집으로 온 남자는 아내의 도움으로 늑대에게 그 목소리를 넘긴다. 그 후부터 늑대들은 일곱 개의 목소리로 울게 되었다. <처녀 혼히누르>는 '어리석은 호랑이'와 유사하다. 처녀 혼히누르의 스물일곱 개의 방울을 탐낸 여우가 방울을 뺏으려다 어리석게 굴어 물속에 빠진다. <사자가 시베리아에서 사라진 이유>는 동물 유래담의 일종이다. 옛날에 사자는 털이 아주 많아

추운 시베리아에 살았지만 총에 맞아 털이 불타고 갈기만 남는다. 결국 사자는 추워서 시베리아에 살지 못하게 되어 광야로 간다. <황금 보석 반지>는 '개와 고양이의 구슬 다툼'과 유사한 내용의 설화다. 어린 아들과 살던 가난한 여인이 옆 마을에 빵을 사 오라고 아들을 보냈다. 아들은 동정심 때문에 차례로 강아지, 고양이, 사자 새끼를 사 온다. 보답으로 소년은 암사자한테서 마법의 황금 보석 반지를 얻어서 부자가 된다. 소년은 청년이 되어 결혼을 하는데 그의 아내가 마법 반지를 훔쳐 달아나자 동물들이 마법 반지를 찾아 준다.

전설 중에서 <용사 바이칼>은 바이칼 호수에 관한 이야기로 한국인 사이에서 많이 알려진 내용이다. 용사 바이칼한테는 아름다운 외동딸 안가라가 있었는데 바이칼이 자는 사이 안가라가 청년 예니세이와 도망을 친다. 용사 바이칼은 둘을 쫓아가며 안가라의 뒤로 바위를 던졌는데 사람들은 이 돌을 샤먼의 돌이라고 부르며 바이칼한테 귀중한 제물을 바쳤다. <처녀와 달>은 일월설화의 일종이다. 계모가 물을 길으러 오는 고아 소녀에게 행동이 느리다고 '태양과 달이 데려갔으면 좋겠다'고 말한다. 결국 달이 소녀를 데려가 달을 쳐다보면 물동이와 멜대를 메고 버들가지 풀을 붙든 소녀를 볼 수 있게 되었다.

부랴트인의 기원과 언어

부랴트인은 '늑대의 민족'이라 불렸으며 세계에서 가장 호전적인 민족 중 하나이고 아직도 유목 생활을 하는 사람들이다. 부랴트인은 러시아, 몽골, 중국이 접하는 지역에 주로 거주한다. 러시아의 역사학자 V. A. 랴자놉스키가 ≪몽골법≫(Монгольское право, 1931)에서 지적하는 바에 따르면, "바이칼 지역에 사는 부랴트 종족들이 칭기즈칸에 복속되었다"는 12세기 말 연대기의 기록이 역사상 부랴트인에 대한 최초의 언급이다.

'부랴트'라는 말의 어원에 대해서는 몇 가지 이설이 있다. 그중에서 터키어의 '부리'(늑대) 또는 '부리-아타'(늑대-아버지)에서 나왔다는 설이 가장 많이 알려져 있다. 부랴트인은 알타이어족(語族) 몽골어군(語群)의 부랴트어를 사용한다. 방언은 열다섯 개 정도다. 지역별, 부족별로 크게 에히리트-불라가트, 알라르-툰카, 호리, 총골-사르툴 등으로 나누어진다. 부랴트인은 처음에 위구르 문자를, 이후 라틴어 문자(1931)와 러시아어 알파벳(1939)을 차용했다. 현대 부랴트 표준어는 호리 방언을 기반으로 제정되었다. 부랴트인이 가장 많이 거주하는 부랴트 공화국은 13세기에는 몽골에 속했다가 19세기에 러시아로 편입되었다. 몽골 · 부랴트자치주(1921), 몽골 · 부랴트자치공화국(1923), 부랴트자치공화국(1958)을 거쳐 1991년 3월 27일 지금의 부랴트 공화국이 형성되었다.

부랴트인을 말할 때 '바이칼 호수'를 빼놓을 수 없는데, 바이칼 호수는 세계에서 가장 오래되고, 가장 크고, 가장 깊고 차가운 담수호로 1996년 유네스코 세계자연유산으로 지정된 곳이다. 바이칼 호수와 그 주변에는 약 2600여 종의 동 · 식물이 있다. 이 중 80퍼센트가 다른 지역에는 없는 세계 희귀 동 · 식물들이고, 그 토종의 비율 또한 세계 생태계 중에서 가장 높아 생태학적으로 중요한 의미를 지니고 있다. 어류의 경우 52종 중 27종이 오물(omul, 바이칼 호수에서만 서식하는 연어과의 어류)과 같은 고유종이다.

바이칼에는 스물두 개의 섬이 있다. 그중에서 가장 큰 섬이 '바이칼의 심장'이라 불리는 올혼섬이다. 올혼섬은 전체의 윤곽이 바이칼 호수와 같으며 상징도 흰 독수리로 동일하기에 바이칼 호수의 작은 복사본으로 여겨진다. 올혼섬의 '샤먼 바위'('돌 사원', '부르한 봉', '동굴 봉' 등으로 불리기도 한다)는 아시아의 9대 성소(聖所) 중 하나다. 대리석으로 이루어진 이 바위에는 신비한 동굴이 있어서 그 안에서 샤먼

의식을 거행했는데, 불교가 유래된 이후에는 '부처상'이 놓여 있다.

바이칼에서 안가라강이 흘러나가는 지점에 있는 '샤먼의 돌'을 둘러싸고 바이칼 호수와 안가라강에 대한 전설이 전해 내려온다. 아버지 바이칼은 335개의 아들 강과 외동딸 안가라를 두었는데 그들은 모두 아버지에게로 흘러들어갔다. 그래서 아버지 바이칼은 물이 풍부하다. 그런데 외동딸 안가라가 예니세이강을 사랑하여 아버지의 물을 연인에게 퍼다 주기 시작했다. 이에 화가 난 아버지 바이칼은 외동딸 안가라에게 커다란 바윗돌을 던져 저주했다. 그것이 바로 '샤먼의 돌'이라 불리는 두 개의 커다란 돌이다. 안가라의 수원(水原)에 위치하여 그 시작으로 간주되는 곳이다.

이 전설에는 또 다른 이설도 존재한다. 바이칼에게는 외동딸 안가라가 있었는데 안가라는 예니세이와 사랑에 빠져 그와 도망치기로 결심했다. 바이칼이 그 사실을 알고 안가라의 수원에 돌을 던져 그 길을 막으려고 했다. 그렇지만 안가라는 고집을 피웠고, 아버지 바이칼은 딸을 뒤쫓으라고 조카 이르쿠트를 보냈지만 그는 안가라를 불쌍히 여겨서 길을 돌렸다. 그래서 안가라는 예니세이와 만나서 계속 흘러가게 되었다는 내용이다. 수많은 강이 바이칼호로 물길을 대고 있다. 하지만 물이 빠져나가는 곳은 오직 안가라강뿐이다. 안가라강은 시베리아의 예니세이강과 만나 북극해로 흘러간다. 그래서 이런 전설이 생겨난 듯하다.

부랴트인의 구비 전승과 신화

부랴트인은 신화, 대서사시, 샤먼의 이야기, 전설, 민담, 격언, 속담, 수수께끼 등 여러 장르를 빌려 폭넓은 구비전승을 이어 오고 있다. 특히 대서사시 ≪울리게르≫를 필두로 수많은 서사시가 눈에 띈다. '게세르' 영웅 서사시는 몽골, 중국, 티베트 등에서 광범위하게 확인된다. 게세르는 영웅 서사시의 제목이면서 동시에 서사시 등장인물의 이름이다. ≪바이칼의 게세르 신화≫에 따르면 게세르가 주인공으로 나오는 이야기는 바이칼 호수 인근에서 채록된 판본만 백여 개에 달하며 티베트와 몽골 고원에서 전해지는 이야기까지 합하면 그 수를 헤아리기 어렵다고 한다.

게세르 모티프를 가진 이야기들은 발견되는 지역의 특성에 따라 상이한 내용을 담고 있는데, 바이칼 호수 주변에 사는 부랴트인들은 순수한 샤머니즘 신화의 얼개를 가진 '게세르 신화' 혹은 '아바이 게세르 신화'를 구비 전승해 오고 있다. 게세르 신화는 우리의 '단군 신화'와 많은 부분이 닮아 있어서 육당 최남선은 '불함문화론'에서 단군 신화의 해명을 위해 동아시아 고대 신화와 서사시를 비교 연구해야 할 필요성을 제기하기도 했다. 부랴트인의 설화 중에는 우리의 '나무꾼과 선녀'와 유사한 '용사와 백조 아내' 설화가 한국인들 사이에서도 잘 알려져 있다.

종교와 신앙

부랴트인의 신앙을 단 한 마디로 압축해 표현하면, '복합적'이다. 2011년 조사에 따르면, 부랴트 공화국의 종교 분포는 라마교 70퍼센트, 샤머니즘 18퍼센트, 러시아정교 1.4퍼센트, 개신교 0.2퍼센트다. 샤머니즘과 텐그리(하늘) 숭배 등의 정통적인 샤머니즘 신앙을 바탕으로 순차적으로 티베트 불교를 받아들이고 러시아정교가 유입되면서 부랴트인들의 신앙 체계는 복합적 성격을 띤다. 여기에 최근 개신교가 활발히 선교 활동을 벌이고 있다.

부랴트인들 사이에서는 16세기 말부터 원시 불교의 성격이 짙은 티베트 불교가 폭넓게 지지를 받았다. 1741년 불교는 러시아로부터 공식적으로 인정되었으며, '구시노오죠르스크 사원'이 세워진 것을 계기로 라마교의 세는 더욱 확산

된다. 1914년 조사에 따르면, 부랴트 공화국 내에는 48개의 사원과 16,000명의 라마승이 있었다고 한다. 1930년대 말 무렵에 이르러 부랴트 불교사원은 사라졌다가 1980년대 후반부터 부랴트 공화국에서 불교가 부활되기 시작했다. 부랴트 정신과 민족성을 회복하고자 하는 움직임이 샤머니즘 및 불교의 부흥과 맞물리고 있다.

부랴트인의 주거 형태 – 유르트

부랴트어로 펠트 유르트는 '헤에이 게르', 목재 유르트는 '모돈 게르'라고 한다. 유르트는 가벼울 뿐만 아니라 조립이 간편하다. 무겁지 않아서 말이나 소로 실어 나를 수 있다는 장점도 있어 유목 생활에 적합하다. 벽은 접이식 목재 격자로 되어 있어 줄이거나 늘릴 수 있고 이동할 때 접었다 펴기도 용이하다. 벽은 경첩 구조를 하고 있어서 지진에도 끄떡없다. 지붕은 유연한 재질인 자작나무를 이용하여 원형으로 만든다. 원형 테두리에는 구멍이 보통 60개 정도 뚫려 있고 여기에 장대를 꽂아 벽에 고정한다. 지붕의 원형 테두리를 통해서 안으로 빛이 들어왔고 밧줄을 사용하여 열었다 닫았다 할 수 있어서 신선한 공기를 마실 수 있었다. 그것은 굴뚝의 기능도 겸했다.

3미터 정도 되는 펠트 천으로 유르트의 외부를 씌웠다. 썩는 것을 방지하기 위해 미리 연초와 소금을 넣은 삭힌 우유에 천을 담갔다가 잘 건조해서 사용했다. 유르트 내부는 누가 어느 자리에 앉을지, 침대는 어디에 놓을지, 어떤 물건을 어디에 놓을지 확실히 정해져 있다. 북서쪽은 신이 머무는 장소로 집 안의 제단이 위치했다. 전통적으로 서쪽, 즉 입구에서 왼쪽은 남성의 자리이고 반대편은 여성의 자리로 여겨진다.

유르트 안에서 볼 때 오른쪽은 상석이다. 그래서 남자 손님을 맞이하는 공간이다. 며느리는 절대 오른쪽으로 다닐 수 없다(딸은 무방하다). 며느리는 다른 종족의 상징인 왼쪽과 연관되기 때문이었다. 또 왼쪽은 전통적으로 저세상을 의미했다. 누군가에게, 특히 연장자에게 왼손으로 차를 건네는 것은 그 사람이 죽기를 바란다는 뜻으로 해석되어 최고의 모욕이다.

오른쪽에는 마구, 사냥 도구 등 남성들이 사용하는 물건을 보관했다. 북쪽이 상석으로 간주된 반면 문과 접한 남쪽 공간은 가장 '낮은' 부분이었다. 손님을 맞을 때도 나이와 신분에 따라 엄격하게 자리를 구분해서 더 나이 많고 신분이 높은 사람은 상석에, 젊거나 신분이 낮은 사람은 문가의 '낮은' 자리에 앉았다.

부랴트 전통 의상

부랴트인은 여성뿐만 아니라 남성도 옷을 만들어 입었다. 전통 남성 의상은 겨울용 상의인 '데겔'과 여름용 상의인 '테를리크'로 나뉜다. 겨울 의상에는 주로 양가죽을, 일상적 데겔에는 목면을, 의례용으로는 비단이나 비로드를 사용했다.

남성들은 가슴에 장식을 단 푸른색 옷을 즐겨 입었다. 남성의 허리띠는 모양도 다양하고 크기도 제각각이다. 데겔은 길이가 길어서 걸어 다닐 때나 말을 탈 때도 다리가 추위에 드러나는 것을 막아 주었다. 품도 깊어서 잔을 넣을 수 있었다. 그래서 어디를 가더라도 바로 자기 잔을 꺼내 차나 뜨거운 수프를 마실 수 있었다. 이런 의상은 말을 타고 다니는 생활에 편리할 뿐만 아니라 비상용 모포로도 사용될 수 있었다. 깔고 덮기에 충분했기 때문이다.

여성의 의상은 긴 옷과 조끼로 이루어지는데, 나이에 따라 그리고 사회와 가정에서의 위치 변화에 따라 다르게 입는다. 처녀는 테를리크나 데겔을 입고 가죽 허리띠를 매서 가는 허리를 강조했다. 예복으로는 비단실로 만든 허리띠를 맸다. 특히 눈여겨볼 것은 처녀들은 조끼를 입지 않는다는 것이다. 반면, 중년 여인은 모양과 장식이 단순한 옷을 입는다. 일상복은 값이 저렴하고 색이 짙다. 기혼 여성은 반드시 '우우자'(уужа)라 불리는 조끼를 입는다.

부랴트인의 전통 음식

유목 생활은 엄청난 에너지 소비를 요구한다. 그래서 부랴트인의 전통 음식은 높은 열량을 자랑한다. 예부터 가축을 길렀으므로 고기와 유제품으로 주식을 만들었다. 부랴트인은 고기 국수로 수프를 대신하고, 플로프(고기와 채소, 쌀 등을 버터에 요리한 음식), 부랴트식 만두 포자(또는 '부우자'라고 불린다) 등을 주식으로 삼았다.

'좋은 말은 망아지 때부터 알 수 있고 훌륭한 사람은 어렸을 때부터 알아볼 수 있다'는 속담이 있을 정도로 말은 부랴트인의 삶에서 뗄 수 없는 가축이다. 그래서인지 부랴트인은 말고기를 음식에 즐겨 사용했다. 완자 · 만두 · 다진 고기 요리 등에 말고기를 사용한다.

부랴트식 플로프는 잔칫상의 대표 음식이다. 고기는 최

대한 부드럽게, 쌀은 약간 바삭하게 알알이 씹힐 정도로, 고기, 쌀, 마늘과 양파, 버터 등의 재료가 서로 섞이지 않고 층층이 깔리는 것이 맛의 비결이다. 향신료를 넣어서 감칠맛과 매운맛을 더한다.

우유는 고기 다음으로 부랴트인의 주된 식재료다. 우유, 버터, 스메타나(사워크림) 등은 항상 식탁에 놓여 있다. 전통 치즈인 '후루우트'(Хурууд), 우유 음료인 '쿠미스'와 '쿠룬가', 응유 등 유제품도 다양하다.

인터넷 신문 ≪러시아포커스≫에 따르면, 오물은 러시아에서 먹어 봐야 할 10대 음식 중 하나다. 오물은 생물을 구워 먹거나 소금에 절여 건조해서 먹거나 훈제해서 먹는 것이 일반적이다.

부랴트인은 주로 녹차를 즐겨 마신다. 부랴트인에게 차를 마시는 것은 신성한 행위다. 그래서 부랴트인만의 '다도(茶道)'가 있을 정도다. 녹차에는 우유를 넣어 마셨는데, 먼저 녹차 잎을 팔팔 끓여 쓴맛이 빠지면 우유를 넣어서 다시 끓였다. 차에 소금을 약간 넣어 마시기도 한다. 차와 함께 보통 '샨가'를 먹는다. 샨가는 주로 양 기름에 밀가루와 효모를 넣어 스메타나에 구워 만든다. 우유를 한 번 정제한 술이 타라순, 여러 번 걸러 내면 독한 아르히가 된다. 특히 결혼식에 빠지지 않는 술이 타라순이다.

부랴트인의 전통 문화

부랴트인들은 전통적으로 족외혼을 고수했다. 같은 씨족 내에서는 결혼을 할 수 없었다. 자녀들이 어렸을 때 정혼하는 관습이 있었고, 어떤 씨족에는 신부 납치 풍속도 있었다. 남자들이 허리띠를 바꿔 차면 사돈을 맺는다는 의미였다. 부랴트의 전통 결혼 절차는 사전 합의, 중매 예식 '하다크 타빌가(хадак табилга)', 칼림(신부의 몸값) 지불하기, '바사가나이 나단'(처녀 파티), 신부의 머리 땋기, 결혼 여행, 시댁 가기, 결혼식, 새 유르트를 정화하는 의식 등으로 이루어진다. 라마교가 들어온 이후에는 라마승이 결혼식 날짜, 신부를 데려오는 시간, 말의 색깔, 신부를 데려올 사람 등을 정해 준다.

중매 예식은 신랑측 친척들로 구성된 중매인들이 신부 집에 가서 신부 친척들에게 신랑을 소개하는 형식으로 진행된다. 중매인들은 보통 홀수(3/5/7명)로 구성되며 여자는 중매인이 될 수 없었다. 약혼녀 집 맞은편에는 말을 매지 않는다(요즘에도 자동차를 거기에 세우지 않는다). 죽은 사람을 내갈 때 사용하는 말을 그곳에 매 놓기 때문이다. 신부 측에서는 이들의 방문을 전혀 몰랐던 척하는 것이 관례라 아무도 손님들을 마중하지 않는다. 중매인들은 태양이 움직이는 방향을 따라 약혼녀의 집으로 들어간다. 중매자들은 집 안의 제단에 정중히 인사하고 예물을 바친 후에 약혼녀 집 안사람들과 대화를 시작하고 결혼 예식을 합의한다.

먼저 신부 머리 땋기 의식을 한 후 신부를 데리고 신랑측 마을로 결혼 여행을 가는 것이 결혼식의 시작이다. 신랑 어머니는 으레 집 문턱에서 신혼부부를 맞이한다. 신랑 신부는 미래의 행복을 빌며 태양을 따라 집을 세 번 돈다. 그러고는 어머니가 준비한 빵을 먹고 잔에 든 음료를 마신다. 손님들은 정해진 순서에 따라 축사를 하고 축배를 든다. 그리고 금이나 곡물 등을 선물로 내놓는다. 물론 가장 비싸고 귀한 선물은 양이나 말이다.

17~18세기 중반부터 가부장적 씨족 체계의 성격이 부랴트인의 가정과 사회 풍습에서 강하게 드러나기 시작했다. 씨족 구분이 엄격히 유지되었는데 18세기 후반에는 부랴트인 씨족의 수가 80개에 달했다. 전통적으로 부랴트인은 다른 부랴트인을 만났을 때 먼저 어느 씨족인지를 묻는다. 보통 부랴트인은 부계 쪽으로 7~10대까지의 선조를 열거할 줄 알아야 했다. 가정과 결혼 풍습에서는 모계 사회의 흔적이 남아 있다. 모계 쪽으로는 '나가사'(외삼촌)가 중요한 역

할을 한다. 특히 누이의 자녀들에 대해서는 의무와 권리를 가졌다.

부랴트인들의 매장 형식과 장례 풍습은 부족마다 달랐다. 고대에는 고인의 가까운 친척들이나 남성들만이 고인의 장례를 치렀다. 여성들이나 다른 부족의 대표자들은 장례에 참여하지 못했다. 부랴트인들은 고인의 나이, 죽음의 원인, 사회적 위치 등에 따라 저지대나 언덕 등에 묘지를 쓰기도 하고, 고인을 숲 어딘가에 놓거나, 때로는 나무나 가지, 돌 등으로 덮어 놓기도 했다. 이런 풍습은 몇몇 지역에서 현대까지도 이어지고 있다.

S. G. 잠발로바(Жамбалова)는 "올혼섬과 그 주변에 사는 현대 부랴트인들에게는 고인의 나이에 따라 몇 가지의 장례 방법이 존재한다"고 지적했다. 고인이 젊으면(20~50대) 시신을 땅에 묻는다. 신생아가 죽으면, 시신은 대지 위에 놓아둔다. 50세 이상 장수했을 경우에는 화장을 한다. 잠발로바에 따르면 이 지역의 부랴트인들은 화장을 가장 선호한다고 한다. 땅에 묻힌 사람은 흙이 무겁고 태양빛이 들어오지 않기 때문에 괴로움을 겪는 반면 화장은 그렇지 않다는 것이다. 몇몇 부랴트 종족들은 관과 무덤에 곡식 알갱이를 흩뿌렸다. 곡식 알갱이는 정화와 환생을 의미한다.

그러나 라마교와 러시아정교가 들어오면서 장례 의식도

많은 변화를 겪었다. K. M. 게라시모바(Герасимова)에 따르면, 부랴트인의 장례 풍속은 '라마교'와 '샤머니즘'적 성격이 맞물려 있다. 장례 의식의 라마교적 특징은 고인의 육체와 영혼을 속세의 부정(不淨)으로부터 벗어나 최종 목표로서의 열반에 이를 수 있게 하는 상징 행위들을 말한다. 샤머니즘적 측면은 고인을 산 사람들로부터 분리시켜 저세상으로 보내 고인의 영혼이 이 세상으로 되돌아와 사람들에게 해를 끼치지 않도록 하려는 의례 행위들로 나타난다.

라마교가 보급되면서 바이칼 지역 부랴트인들의 장례식은 라마승이 경전에 의거하여 고인의 매장 날짜, 시간, 방법을 결정하는 식으로 바뀌었다. 고인의 생년월일시와 죽은 날짜와 시간, 사회적 지위와 죽음의 성격 등을 고려하여 매장 날짜와 방법을 정했다. 죽은 사람의 몸을 천으로 감싸고 얼굴은 하다크(의례용 수건)로 덮었다. 마치 잠이 든 것 같은 모습을 띠도록 무릎을 굽히고 오른손을 귀 쪽에 갖다 대었다. 고인의 머리는 떠오르는 태양빛이 눈을 비추게 서쪽에 놓았다. 묘는 관이 들어갈 정도로만 파서 매장했으며 49재를 지냈다. 이 기간 동안에는 기도서를 읽거나 불을 밝혀두는 등 경건하게 생활했으며 가난한 사람을 돕는 등 여러 가지 선행을 하며 보냈다.

부랴트인들은 러시아와 접촉하면서 러시아 문화의 영향

을 받아 고인을 땅속 깊이 매장하고, 3일, 9일, 40일에 추도식을 하기도 한다.

부랴트인은 한국인과 유사한 점이 많다. 부랴트 어린아이의 엉덩이에는 푸르스름한 몽고반점이 자리한다. 외모도 한국인과 가장 비슷하다. 한국과 마찬가지로 샅바를 하고 씨름을 즐긴다. 부랴트인은 이렇듯 한국과는 신체적 특징, 사회문화적 관습, 그리고 놀이문화뿐만 아니라 정신문화도 유사하다. 수많은 설화의 상호 비교연구를 통해 확인되고 있는 이야기 구조와 주제 의식의 일치는 이에 대한 좋은 증거다. 부랴트인 설화가 한국에서 출판되는 것을 계기로 한국 독자들에게 부랴트인의 삶과 문화가 더 가까이 느껴지는 계기가 되길 바란다.

옮긴이에 대해

김은희는 한국외국어대학교 노어과와 동 대학원을 졸업하고 모스크바 국립대학교에서 알렉산드르 솔제니친에 대한 연구로 러시아 문학박사 학위를 취득했다. 현재 청주대학교 학술연구교수로 재직 중이며, 러시아 문화와 문학에 대한 글들을 발표하고 있다.

저서로 ≪그림으로 읽는 러시아≫(2014), ≪러시아 명화 속 문학을 말하다≫(2010), 공저로 ≪나는 현대 러시아 작가다≫(2012), ≪내가 사랑한 세상의 모든 음식≫(2010) 등이 있으며, 역서로는 ≪에스키모인 이야기≫(2018), ≪야쿠트인 이야기≫(2017), ≪유카기르인 이야기≫(2017), ≪현대 러시아문학과 포스트모더니즘≫ 제1권, 제2권(2014), ≪겨울 떡갈나무≫(2013), ≪금발의 장모≫(2013), ≪나기빈 단편집≫(2009) 등이 있다. 또 주요 논문으로는 <'미스테리야-부프'에 나타난 종말-혁명-유토피아>, <<에고>에 나타난 서술형식과 솔제니친의 역사인식>, <≪소네츠카≫의 서사구조와 고전의 귀환> 등이 있다.

부랴트인 이야기

작자 미상
옮긴이 김은희
펴낸이 박영률

초판 1쇄 펴낸날 2019년 8월 25일

지식을만드는지식
02880 서울시 성북구 성북로 5-11 (성북동1가 35-38)
전화 (02) 7474 001, 팩스 (02) 736 5047
출판등록 2007년 8월 17일 제313-2007-000166호
전자우편 zmanz@commbooks.com
홈페이지 www.commbooks.com

ZMANZ
5-11, Seongbuk-ro, Seongbuk-gu, Seoul, 02880, KOREA
phone 82 2 7474 001, fax 82 2 736 5047
e-mail zmanz@commbooks.com
homepage www.commbooks.com

ISBN 979-11-288-3154-6
979-11-288-3155-3(큰글씨책)
979-11-288-3156-0(PDF 전자책)
책값은 뒤표지에 있습니다.